Fanny Stevenson (1840–1914) ist aus einer unglücklichen Ehe ausgebrochen und nimmt in Paris Kunstunterricht, als sie den schottischen Schriftsteller Robert Louis Stevenson kennen lernt und heiratet. Die 19 gemeinsamen Jahre verbringt das abenteuerlustige Paar in verschiedenen Ländern Europas, in Amerika und dann in der Südsee. Leidenschaftlich, unerschrocken und pragmatisch zugleich, ist Fanny ihrem Mann Muse, Kritikerin, Gefährtin. Nach seinem frühen Tod geht sie zurück in die USA, wird erfolgreiche Immobilienmaklerin und gibt das Werk ihres Mannes heraus. Ihr Tagebuch, noch von ihr selbst für den Druck vorbereitet, erscheint posthum.

Roslyn Jolly ist Dozentin für Englische Literatur an der University of New South Wales in Sydney. Zu ihren Forschungsgebieten zählen die englische und amerikanische Literatur des 19. Jahrhunderts, insbesondere Reiseliteratur. Dazu hat sie zahlreiche Artikel veröffentlicht und nun dieses kostbare Südseetagebuch herausgegeben.

www.frederking-thaler.de

Bibliografische Information Der Deutschen Bibliothek

Die Deutsche Bibliothek verzeichnet diese Publikation in der Deutschen Nationalbibliografie; detaillierte bibliografische Daten sind im Internet über http://dnb.ddb.de abrufbar.

NATIONAL GEOGRAPHIC ADVENTURE PRESS
Reisen · Menschen · Abenteuer
Die Taschenbuch-Reihe von
National Geographic und Frederking & Thaler

1. Auflage Juli 2007, erstmals im Taschenbuch

Tagebuchtext auf der Grundlage des Originals von Fanny Van de Grift Stevenson: *The Cruise of the ‚Janet Nichol'*, Charles Scribner's Sons, 1914. Versehen mit Einführung und Anmerkungen von Roslyn Jolly und 2004 veröffentlicht von der University of New South Wales Press Ltd, unter dem Titel *The Cruise of the Janet Nichol among the South Sea Islands.*

Aus dem Englischen von Ilse Rothfuss, München
Einführung und Anmerkungen: Roslyn Jolly
Text: Fanny Van de Grift Stevenson
Lektorat: Gudrun Honke, München
Fotos: Robert Louis Stevenson Collection im Writer's Museum, Edinburgh
Umschlaggestaltung: Dorkenwald Grafik-Design; S. Wöcker, München
Herstellung: Büro Sieveking, München
Druck und Bindung: Clausen & Bosse, Leck
Printed in Germany

ISBN 978-3-89405-823-4
www.frederking-thaler.de

Das Papier wurde aus chlorfrei gebleichtem Zellstoff hergestellt.

Roslyn Jolly (Hrsg.)

Kurs auf die Südsee

Das Tagebuch der
Mrs. Robert Louis Stevenson

Aus dem Englischen
von Ilse Rothfuss

NATIONAL GEOGRAPHIC
FREDERKING & THALER

Für Simon und Alice,
meine Reisegefährten

R.J.

Inhalt

MARSHALL IS
Majuro
Jaluit
Nemorik
Butaritari
Maraki
Apiang
Apemama
GILBERT
Kuria
Aranuka
Nanouti
Peru
Tapetuea
ISLANDS
Onoatoa
Tamana
P
A
NEW
GUINEA
SOLOMON
IS.
Funafuti
ELLIC
Janet Nichol
NEW
HEBRIDES
Erowango
LOYALTY IS.
Mare Island
NEW
CALEDONIA
Noumea
O
AUSTRALIA
Sydney
Janet Nichol
NEW ZEALAND
Longitude
150°
East
160°
from
170°
Greenwich

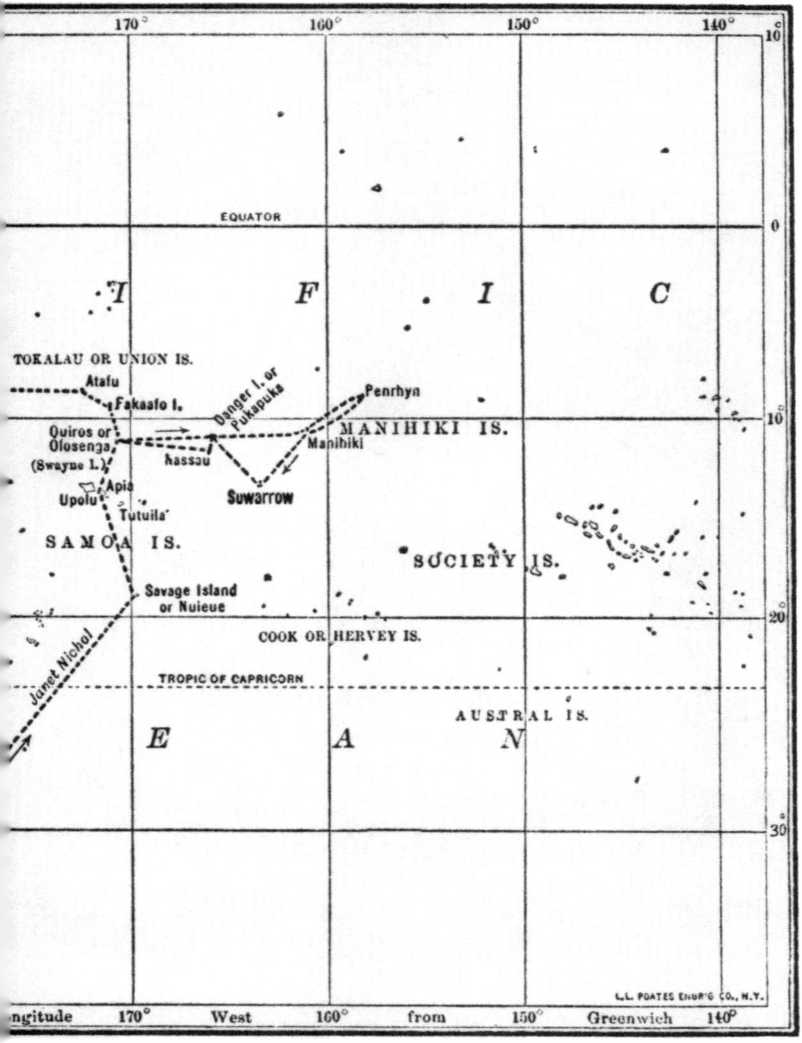
170°
160°
150°
140°
10°
EQUATOR
0
I F I C
TOKALAU OR UNION IS.
Atafu
Fakaafo I.
Danger I. or Pukapuka
Penrhyn
Quiros or Olosenga
(Swayne I.)
Nassau
MANIHIKI IS.
Manihiki
Apia
Upolu
Tutuila
Suwarrow
SAMOA IS.
SOCIETY IS.
Savage Island or Nuieue
Janet Nichol
20°
COOK OR HERVEY IS.
TROPIC OF CAPRICORN
AUSTRAL IS.
E A N
30°
L.L. POATES ENGR'G CO., N.Y.
ngitude 170° West 160° from 150° Greenwich 140°

Penryn Island

Die Stevensons in der Südsee Einführung von Roslyn Jolly

1946 wird Austin Strong, Dramatiker und Drehbuchautor, von *Reader's Digest* gebeten, einen Essay über »Die unvergesslichste Persönlichkeit, die mir je begegnet ist« zu schreiben. Er wählt seine Großmutter Fanny Van de Grift Stevenson.

Ich sehe sie vor mir – eine kleine Frau in einem blauen Kleid. Barfuß sitzt sie auf dem Dach der Achterkabine eines Handelsschoners, der in der Südsee unterwegs ist. Verwegen hat sie ihren Panamahut aufgesetzt, er beschattet ein Gesicht von atemberaubender Schönheit. Einen großen, silbernen Revolver in jeder Hand haltend, schießt sie mit tödlicher Treffsicherheit auf Haie, die von den Matrosen begeistert eingefangen und auf die Heckreling gehievt werden.

Die Anekdote hat alle Merkmale einer Familienlegende. Es stimmt zwar, dass Fanny Stevenson eine Meisterschützin war und sich auf einem Handelsschiff einmal an der Jagd auf Haie beteiligte, aber Austin Strong hat diese Szene wohl kaum selbst miterlebt. Was er auch gar nicht behauptet: Er sieht seine Großmutter in dem Moment, da er den Essay schreibt, in einer imaginären Gegenwart, in einer Mischung aus Erinnerung, eigenem Erleben und Hörensagen. Seine Charakterisierung vermittelt einen authentischen Eindruck ihrer Lebendigkeit, Kraft und des Glamours, die ihn in seiner Jugend fasziniert haben und ihm für immer im Gedächtnis geblieben sind. Wer aber war die Frau, die ihren Enkel so nachhaltig beeindruckte?

Fanny Vandegrift (sie änderte später die Schreibung ihres Namens, damit er aristokratischer aussähe) wurde am 10. März 1840 in Indianapolis geboren. Indianapolis war keine Stadt des Grenzlands – im Westen lagen Illinois und Missouri, Iowa und Wisconsin –, vielmehr beherbergte der Ort eine Gesellschaft im raschen amerikanischen Übergang von der Wildnis zur Zivilisation. Die Cowboys zogen nach Westen, Farmer nahmen das Land in Besitz; Indianapolis, Hauptstadt des Staates Indiana, entwickelte sich zu einem Handels- und Industriezentrum. Die Vandegrifts besaßen eine Farm, lebten aber in der Stadt. (Fannys Vater war ein erfolgreicher Immobilienmakler und Holzhändler.) Spätere Lebensumstände brachten Fannys zahlreiche »Frontier«- oder Pionierqualitäten zu Tage; sie war stark, mutig und anpassungsfähig, »geschickt und erfinderisch«, wie Robert Louis Stevenson meinte. Aber diese Eigenschaften sind wohl eher angeboren als erworben, denn Fanny schrieb sie dem »Pionierbackground« zu, den sie gern überbetonte. Sie war sicherlich ein »Wildfang«, galt aber auch beim Kochen, Nähen und bei der Gartenarbeit als ausgesprochen tüchtig. Dennoch war die Pionierkindheit ein von ihr selbst erfundener Mythos, der für sie eine ebenso große Bedeutung erlangte wie die Familienlegende, dass sie von Captain Cook abstammte.

Mit 17 Jahren heiratete sie Sam Osbourne aus Kentucky, den Privatsekretär des Gouverneurs von Indiana. Allem Anschein nach war er ein charmanter Mann, großzügig, ruhelos und absolut unzuverlässig. Nachdem er eine Zeit lang im

Bürgerkrieg gekämpft hatte, suchte er in den Silberminen von Nevada sein Glück, und Fanny folgte ihm 1864 mit ihrer kleinen Tochter Belle. Die Eisenbahn in den Westen existierte noch nicht, und so reisten sie über Panama nach Kalifornien; den letzten Teil der Reise, die Strecke von San Francisco nach Austin, Nevada, legten sie mit der Postkutsche zurück. Fanny war eine von nur sieben Frauen unter all den Männern im Minencamp. Sie führte den Haushalt unter primitiven Bedingungen, lernte Zigaretten drehen, rauchen und mit einem Revolver schießen. Gelegentlich kamen Indianer und spähten durch die Fenster in die Behausungen der Silbergräber, die in ihr Land eingedrungen waren.

Osbournes Mine erwies sich als Fehlschlag, und die Familie zog nach Virginia City, Nevada, das Mark Twain in seinem Reisebericht *Durch dick und dünn* als die für ihr Alter und ihre Einwohnerzahl »lebhafteste« Stadt bezeichnet, die Amerika je hervorgebracht hatte. Ein Ort voller »Schwindelminen« und »Spielpaläste mit unbeschränkten Einsätzen«, mit »Destillen alle 15 Schritte«. Sam, der sich als untreuer Ehemann erwiesen hatte, verließ seine Familie und ging mit einem Freund zum Silberschürfen nach Montana. Fanny zog nach San Francisco, wo sie sich und ihre Tochter als Schneiderin durchbrachte. Von Sam hatte sie nur gehört, dass er bei einem Indianermassaker getötet worden sei. Wie sich herausstellte, war es ein Gerücht: Sam kehrte zurück, und es folgte eine Reihe von Trennungen und Versöhnungen, die sich über viele Jahre hinzogen. Zwei Söhne, Lloyd und Hervey, kamen zur Welt; die Ehe ging aber in die Brüche, als Fanny die Seitensprünge ihres Ehemanns satt hatte und einen Schlussstrich zog: Sie beschloss, mit ihren Kindern nach Europa zu gehen und dort mit ihrer inzwischen 17-jährigen Tochter Belle Kunst zu studieren. Beide waren an der

Kunstakademie von Virgil Williams in San Francisco eingeschrieben gewesen, wo Fanny auch in Künstler- und Schriftstellerkreisen verkehrt hatte. 1875 überquerte sie (finanziell von ihrem Mann unterstützt) mit ihren drei Kindern den Atlantik. Sie ließ sich zunächst in Antwerpen, dann in Paris nieder, wo Mutter und Tochter sich im Atelier Julian einschrieben. Fanny wurde jedoch zunehmend von der Pflege ihres jüngeren Sohnes Hervey in Anspruch genommen, der an der schmerzhaften und entstellenden Skrofulose litt. Als Hervey, erst vier Jahre alt, im April 1876 starb, brach Fanny seelisch und körperlich zusammen. Ihrem zweiten Sohn hatte der Arzt Landluft verordnet, und ein Künstlerfreund gab ihr den Rat, sich im Hôtel Chevillon in Grez am Rand des Waldes von Fontainebleau einzumieten. Fanny und ihre Kinder verbrachten dort den Sommer. In jenen Jahren hatte sich das Hotel zur Künstlerkolonie gemausert. Maler und Schriftsteller nahmen dort Aufenthalt, unter ihnen auch der junge Schotte Robert Louis Stevenson.

Stevenson wurde am 13. November 1850 als einziges Kind des Bauingenieurs Thomas Stevenson und dessen Frau Margaret, einer Pfarrerstocher, in Edinburgh geboren. Schon früh wurde Stevenson zum Außenseiter, der die Gesellschaft von Arbeitern und Prostituierten den respektablen Kreisen vorzog, in denen seine strenggläubigen Eltern verkehrten. Seine Jugendjahre waren von erbitterten Glaubensauseinandersetzungen und einem Konflikt mit seinem Vater um die Wahl seines Studiums beherrscht. Stevenson gab die Ausbildung zum Ingenieur – die Familie baute schon seit drei Generationen Leuchttürme – auf und studierte Jura, um dem Wunsch seines Vaters zu entsprechen, der dies zur Bedingung für eine Existenz als freier Schriftsteller machte. Gleichzeitig lehnte er sich gegen den strengen Calvinismus auf, in dessen Sinne er erzogen worden war. In den Psychodramen seiner Jugendzeit spielte der Vater die Rolle des ewigen Antagonisten und sein Cousin Bob Stevenson die des Vertrauten und intellektuellen Gefährten. Die beiden jungen Männer gaben sich als Bohemiens und strebten ein Künstlerdasein an – Bob als Maler und Louis als Schriftsteller. Bob war es auch, der Stevenson 1875 in die Künstlerkolonie von Grez einführte, und 1876 weilten sie dort erneut. Stevenson hatte im Vorjahr sein Jurastudium abgeschlossen und machte seine ersten Gehversuche im Reich der Literatur. Nach Grez kam er direkt von einer Kanufahrt in Belgien, die ihm den Stoff lieferte für sein erstes Buch, *An Inland Voyage*. Mit 25 stand er ganz im Bann seines Literatentums und der Möglichkeiten, mit Schreiben den Lebensunterhalt zu verdienen. Die wichtigste emotionale Bindung seiner Jugend, seine platonische Liebe zu einer verheirateten älteren Frau, Mrs. Frances Sitwell, hatte sich gelöst und zu einer engen Freundschaft gewandelt, und der junge Mann war bereit für ein neues romantisches Abenteuer.

Stevenson fühlt sich wohl auf Anhieb zu Fanny hingezogen. Die Familienlegende, nach der er sich auf den ersten Blick in sie verliebt, ist vielleicht übertrieben, aber zweifellos kommt es dazu in den drei Wochen, die sie zusammen im Herbst 1876 in Grez verbringen. Im November schreibt er einem Freund, dass er »verdammt verliebt« sei. Fannys Gefühle für ihn entwickeln sich langsamer – sie wendet sich zunächst seinem Cousin Bob zu –, aber das Verhältnis festigt sich über den Winter, als der angehende Schriftsteller sie mehrfach in Paris besucht. Den Sommer 1877 verbringen sie wieder gemeinsam in Grez mit Malen, Reden, Boot fahren und Sonnenbaden im Garten des Hôtel Chevillon, und wahrscheinlich kommen sie dort zu einer Art Einverständnis. Im Dezember 1877 sind sie jedenfalls ein erklärtes Liebespaar, denn Stevenson schreibt seinem Freund W.E. Henley beglückt: »… liebe ich nicht, und werde ich nicht geliebt?«, und beklagt seine Einsamkeit, als er ohne Fanny in Schottland weilt: »Wie werde ich es hassen, ins Bett zu gehen, wo kein lieber Kopf auf dem Kissen wartet.« Sidney Colvin, ein weiterer Freund Stevensons, liefert eine Beschreibung von Fannys äußerer Erscheinung, die etwas von ihrer androgynen Schönheit und erotischen Ausstrahlung vermittelt:

Trotz ihres stämmigen Körperbaus war sie biegsam und geschmeidig in all ihren Bewegungen; ihre Hände und Füße waren klein und schön geformt, wenn auch nicht für ein untätiges Leben bestimmt oder gebraucht; der Kopf war unter seinem stark gelockten dichten schwarzen Haarschopf von einer Bildung und einem Charakter, der mit der festen Kinnpartie und der klar und fein gezeichneten Nase und Lippen an Napoleon erinnerte; die Augen waren lockend und geheimnisvoll, wenn sie sich unversehens von Feuer und Laune zu Düsternis oder Zärtlichkeit wandelten …

Die Tatsache, dass Fanny zehn Jahre älter war als Stevenson, erhöhte vermutlich noch ihre Anziehungskraft: Die Gefühle, die Stevenson seinem Kindermädchen Alison Cunningham entgegengebracht hatte, und seine Anhänglichkeit gegenüber der schönen Mrs. Sitwell zeigen, dass ihm eine Neigung zu Eigen war, sich zu älteren Frauen hingezogen zu fühlen. Auch dass Fanny Amerikanerin war, machte sie attraktiv. Ein paar Jahre nachdem sie sich kennen gelernt hatten, schrieb Stevenson über seine eigenen jugendlichen Vorstellungen von Amerika:

Ein Amerikaner wird die Aufbruchstimmung nur schwer verstehen können. Aber er muss sich einen jungen Mann vorstellen, der, in betagten und strengen Kreisen aufgewachsen, vergangenen Bräuchen gefolgt ist und dem Misstrauen gegen seine neu erwachten Instinkte beigebracht wurde; plötzlich hört er von Vettern, alle in seinem Alter, die ihr eigenes Haus führen und fernab von Tradition und Beschränkung leben; dies muss er sich vor Augen halten, und er wird eine ungefähre Vorstellung von dem Gefühl bekommen, mit dem beherzte junge Engländer sich der amerikanischen Republik zuwenden. Ihnen scheint es, als würde dort im Westen der Lebenskampf noch immer an der frischen Luft geführt und unter freien, barbarischen Bedingungen, als wäre er noch nicht in den Salons eingezwängt und würde nicht – wie ein ungerechtes und schleppendes Schiedsgerichtsverfahren – mit Kompromissen, Kostümen, Verfahrensregeln und mit trauriger, sinnloser Selbstverleugnung geführt.

Fanny Osbourne muss ihm wie die Personifizierung dieses Geistes amerikanischer Freiheit und Wildheit erschienen sein. Wie Henry James später zu Owen Wister bemerkte (dem Autor des ersten Westernromans, *Der Virginier*): »Wenn Sie Schluchten und Canyons lieben, werden Sie auch sie lieben«. Und was faszinierte Fanny Osbourne an dem exzentrischen, oft kränklichen jungen Schriftsteller? Zweifellos das Bohemienhafte, das ihn umgab, und dahinter der solide Wert eines Zugangs zur hohen Kultur, den sie sich von ihm versprach. Inzwischen hatte sie ihre Wahl zwischen »den beiden verrückten Stevensons« (Bob und Louis) getroffen, die so »voll reiner Lebensfreude« waren, dass »ihre bloße Gegenwart beflügelnd wirkte«. Warum aber Louis und nicht Bob? Vielleicht aus dem einfachen Grund, dass sie den wählte, der sie erwählt hatte.

Ihre Affäre nimmt während des nächsten Jahres mehr oder weniger öffentlich ihren Fortgang, vor allem in Frankreich. Vor Fannys Kindern wird die Beziehung nie geheim gehalten und (nach einer Weile) auch nicht vor Stevensons Eltern und seinem gesellschaftlichen Zirkel. Im August 1878 entschließt sich Fanny, nach Amerika zurückzukehren; es ist anzunehmen, dass Sam Osbourne ihr die finanzielle Unterstützung für den Europaaufenthalt entzogen hat und ihr daher keine andere Wahl bleibt, als nach Hause zurückzukehren. Die Versöhnungsversuche sind von kurzer Dauer, denn Fanny geht zwar zunächst zu ihrem Mann nach Oakland, zieht aber bald weiter die Küste hinunter nach Monterey, während er sich mit seiner neuesten Freundin in San Francisco niederlässt. Zögernd beginnt sie eine Scheidung in Betracht zu ziehen. Nach ihrer Abreise aus Europa bricht Stevenson zu einer Wanderung durch die Cevennen auf, die er in *Travels with a Donkey* (*Reise mit dem Esel durch die Cevennen*) literarisch verarbeitet. Dieses Werk, sein erster Erfolg als Schriftsteller und bis heute eines seiner populärsten Bücher, hat eine verborgene emotionale Geschichte: »… ein großer Teil des Werks sind reine Beteuerungen an F.«, teilt Stevenson seinem Cousin Bob mit, »wovon du die meisten verstehen wirst. Das ist für mich der wichtigste Handlungsfaden.« Es ist ein langer Liebesbrief, als Reisebuch getarnt. »Denn an F. schreibe ich nie Briefe«, erzählt er einem anderen Freund. Das ist sachlich falsch (tatsächlich korrespondierten sie in jenem Jahr der Trennung), aber seine Erklärung klingt emotional aufrichtig: »Alles, was man mit Briefen sagen möchte, ist zwischen uns schon geschehen. Wir kennen uns; wozu also noch weitere Erklärungen? Ich kann mich noch so sehr verändern, sie träfe doch ins Schwarze und würde jeden Gedanken wiedererkennen.«

Ende Juli 1879 erreicht ihn ein Telegramm von Fanny, dessen Inhalt – bis heute – nur seiner Absenderin und dem Empfänger bekannt ist. Eine Forderung, ein Plan, eine Bitte, ein verzweifelter Hilferuf? Wie auch immer, das Telegramm setzt die gesamte emotionale Energie frei, die sich in Stevenson in dem Wartejahr angestaut hat. Er handelt prompt und entschlossen und setzt sich über seine Familie und Freunde hinweg, um zu ihr nach Amerika zu reisen. Eine »sentimentale Reise«, aber eine zermürbende: So romantisch der Geist ist, in dem er sie antritt, so erbärmlich erweisen sich die materiellen Bedingungen. Stevensons Eltern sind wohlhabend, aber ohne ihre Unterstützung und ohne nennenswerte eigene berufliche Einkünfte reist er als armer Mann, segelt zweiter Klasse von Glasgow nach New York und fährt mit dem Emigrantenzug weiter nach Kalifornien. Die Eisenbahnfahrt ist eine Strapaze, und Fannys Kritiker werfen ihr diese Reise bis heute vor, denn sie hat katastrophale, dauerhafte Auswirkungen auf Stevensons ohnehin geschwächte Gesundheit. Als er in Monterey eintrifft, sieht er schäbiger und exzentrischer aus denn je, um gut sechs Kilo leichter und die Haut mit abstoßenden »Blasen, Schorf, Schrunden und Krätze« bedeckt. Fanny zögert immer noch, sich von Sam scheiden zu lassen und Louis zu heiraten, und so geht der erschöpfte Stevenson »gebrochenen Herzens« fort und kampiert im Carmel Valley, wo er zusammenbricht und dem Tode nahe ist. Nachdem ihn »zwei Rancheros«, ein Indianer und ein Veteran aus dem mexikanischen Krieg – sein Sinn für das Pittoreske ließ ihn auch in der schlimmsten Notlage nicht im Stich –, gesund gepflegt haben, kehrt er zu Fanny zurück, die sich endlich zu einem Entschluss durchringt und die Scheidung aushandelt, die ihr im Dezember 1879 prompt gewährt wird. Aus Rücksicht auf die Schicklichkeitsgefühle ihres

Exmannes und der Eltern Stevensons schiebt das Paar die Heirat um weitere fünf Monate auf. In dieser Zeit wird Stevenson, der krank, arm und entsetzlich mager ist, von seinen Eltern und Freunden zu Hause unter Druck gesetzt. Sie machen jeden Anspruch und jeden Vorwand geltend, um ihn von Fanny zu trennen, aber Stevenson wankt nicht: »Ich will sie heiraten«, schreibt er im Februar 1880. Die vielen Verzögerungen betrachtet er als Feuerprobe für seine Beziehung zu Fanny. »Nur wenige Paare haben sich vor der Ehe so lange gekannt oder mussten ihre Zärtlichkeit und Treue so unter Beweis stellen«, schreibt er seinem Freund Edmund Gosse. »Ich glaube, wenige Frauen werden mehr geliebt als die meine.« Am 19. Mai 1880 werden sie schließlich in San Francisco getraut. Es ist häufig zu lesen, dass Fanny sich im Heiratsregister als »verwitwet« eingetragen hat und nicht als »geschieden«, während sie sich unumwunden zu ihren 40 Jahren bekennt; weniger Erwähnung findet dagegen die Tatsache, dass Stevenson den Altersunterschied ritterlich auf ein Jahrzehnt herunterdrückt, indem er sein Alter mit 30 angibt; in Wahrheit ist er 29.

Fannys Charakter, der Tenor der Ehe und der Vorgeschmack auf künftige Abenteuer werden bereits in den unkonventionellen Flitterwochen der Frischverheirateten sichtbar. Stevensons Lungenkrankheit macht es erforderlich, hoch hinauf in die Berge zu ziehen, um den Seenebeln der Küstenregion zu entrinnen. Die Unterkunft muss billig sein, und die Stevensons entschließen sich, eine verlassene Silbermine mit dem romantischen Namen »Silverado« zu »besetzen«. Hier verbringen sie zusammen mit Fannys Sohn Lloyd den größten Teil des Juni und Juli. (Die Gegend ist heute als Robert-Louis-Stevenson-Park bekannt.) Dass die Umgebung einer alten Mine Gefahren birgt, nehmen sie in Kauf: Die Plattform kann einstürzen oder die Abraumhalde ins Rutschen geraten und sie unter sich begraben; außerdem ist der Ort mit giftigem Lacksumach verseucht und voller Klapperschlangen, wie sich später herausstellt. (Stevenson hat das Geräusch gehört, weiß aber nicht, was es bedeutet.) Dennoch ermöglicht Silverado das Leben in der Natur, von dem Stevenson immer geträumt hat, und die Erfüllung des Wunsches, den er in *Reise mit dem Esel durch die Cevennen* geäußert hat. »Mit der Frau, die er liebt, in der Wildnis zu leben ist für einen Mann von allen denkbaren Lebensformen die erfüllendste und freieste.« Sie können leben, wie es ihnen gefällt – wie Könige, findet er, und das wird zum Gestaltungsprinzip seiner Erzählung *The Silverado Squatters* (1883). Fanny empfindet es als eine seltsame Metamorphose ihrer Erlebnisse in den Minencamps von Nevada während ihrer ersten Ehe. Jetzt herrscht Einsamkeit statt rauer Gesellschaft, die Gefahren bestehen eher in Ruin und Verfall als in Indianerüberfällen, aber auch hier ist der Einsatz ihrer praktischen Fähigkeiten gefordert, wenn sie unter den primitiven Bedingungen kochen und den Haushalt führen will. Es ist eine »Welt voller Trümmer und Rost, voller Schutt und Geröll«, aber Fanny nimmt das Holz und die Nägel, die überall verstreut liegen, und zimmert ein paar einfache Möbel zusammen. Was sie daraus macht, beschreibt Stevenson in *The Silverado Squatters*:

Das Haus wurde, nachdem wir die schlimmsten Schäden repariert und einige Türen und Fenster mit weißem Baumwolltuch ausgefüllt hatten, ein gesunder und angenehmer Aufenthaltsort, immer luftig und trocken, erfüllt von den Gerüchen der Bergschlucht draußen. Innen hatte es ein wohnliches, ein menschliches Aussehen. Man musste nur in den dritten Raum gehen, den wir nicht benutzten, und seine Steine, seine absinkende Erde, seinen verstreuten Unrat sehen und dann in unsere Wohnung mit den gemachten Betten zurückkehren, den Tellern auf dem Regal, dem Eimer klaren Wassers hinter der Tür, dem Ofen, der in einer Ecke knisterte, und vielleicht dem einfach gedeckten Tisch – und sogleich trat der Kontrast zwischen der menschlichen Ordnung, den sauberen kleinen Nischen, die er sich schafft, um darin zu wohnen, und der reichen Passivität der Natur zu Tage. Und doch war unser Haus überall so klapperig und verfallen, die Luft strich so ungehindert hindurch, die Sonne fand so unzählige Gucklöcher, das goldene Licht draußen schien durch so viele Ritzen herein, dass wir zugleich einige der Annehmlichkeiten eines Daches über dem Kopf und viel von der Fröhlichkeit und Helligkeit eines Lebens al fresco *genossen.*

Es versteht sich von selbst, dass die so geschaffene Ordnung weniger Männer- als Frauenwerk ist, und Stevenson gibt zu, dass seine Haushaltspflichten mit dem Frühstück enden: »Fürderhin wirkte meine Frau allein in dem Palast, während ich je nach Lust und Laune umherwanderte.« Wenn Silverado in Stevensons Fantasie zu einem Palast werden kann, ist das einzig Fannys Anstrengungen zu verdanken.

Im August 1880 kehren die Stevensons mit Fannys Sohn Lloyd nach England zurück. Die nächsten sieben Jahre verbringen sie an verschiedenen Orten, unter anderem im schottischen Hochland, in den Schweizer Alpen, Südfrankreich und in Bournemouth an der Südküste Englands. In dieser Zeit schreibt Stevenson die Bücher, die ihn berühmt machen: *Die Schatzinsel*, *Entführt*, *Dr. Jekyll und Mr. Hyde*. Seine Eltern haben Fanny inzwischen akzeptiert und behandeln sie wie eine Tochter. (Thomas Stevenson kauft ihr sogar ein Haus, »Skerryvore« in Bournemouth.) Aber bei vielen aus Stevensons Freundeskreis stößt die Ehe auf Ablehnung und bleibt immer kontrovers. Die Biografen zeichnen äußerst widersprüchliche Porträts von Fanny Stevenson: Sie pflegt ihren Mann gut und hingebungsvoll, rettet ihm mehrmals das Leben; sie ist eine selbstsüchtige Hypochonderin, die ihm die Aufmerksamkeit missgönnt, die einem Kranken zuteil wird. Sie schirmt ihn von den gesellschaftlichen Anforderungen ab, die sein literarischer Zirkel in London an ihn stellt; sie ist eifersüchtig auf die Freunde seiner Jugend und seiner Junggesellenzeit und setzt alles ins Werk, um ihm diese zu entfremden. Sie ist ihm eine unschätzbare emotionale und berufliche Stütze; sie ist eine schwere seelische und finanzielle Belastung für ihn. Stevensons eigene Einschätzung nach vier Jahren Ehe ist unmissverständlich. Er nennt seine Ehe »die erfolgreichste der Welt« und sagt von seiner Frau: »Ich liebe und bewundere sie mehr denn je; und ich weiß nicht, womit ich ein so wunderbares Geschenk verdient habe … Sie ist alles für mich: Ehefrau, Bruder, Schwester, Tochter und teure Gefährtin; und ich würde sie nicht gegen eine Göttin oder eine Heilige tauschen.« Stevenson hat kämpferische Vorstellungen von der Ehe, das heißt, er zieht spannende Gegensätze einer ungetrübten Harmonie vor. »Die Ehe ist ein langes Zwiegespräch, von Streitereien unterbrochen.« Die Stevensons sind in vieler Hinsicht ein bizarres Paar, nicht nur wegen des Altersunterschieds und der unterschiedlichen Nationalität, sondern auch in Bezug auf die äußere Erscheinung: Während Fanny kräftiger wird, bleibt Stevenson erschreckend mager. Für den Schriftsteller J. A. Symonds, der sie in den frühen 1880er-Jahren oft in der Schweiz sieht, sind »Stevenson und seine Frau ein kurioses Paar, die unkonventionellsten Menschen der Welt«. Edmund Gosse sagt von Fanny: »Sie war einer der ungewöhnlichsten Menschen, die in unserer Zeit gelebt haben, in gewisser Weise ein wilder

Charakter, aber sehr liebenswert, außerordentlich leidenschaftlich und unterschied sich in ihren heftigen Gefühlen und ihrer ungehemmten Art, diese zum Ausdruck zu bringen, von allen anderen – sie war voller Fröhlichkeit und besaß die Gabe, die Dinge pittoresk zu schildern, aber nicht literarisch. Ich glaube, R.L.S. hat nicht wenige seiner Ansichten von ihr übernommen.«

Mein eigener Eindruck ist, dass Fanny in vielerlei Hinsicht eine schwierige Person war. Sie konnte theatralisch, gierig und Besitz ergreifend sein, mit einem starken Bedürfnis, andere zu dominieren und zu kontrollieren. Eine Ahnung von ihrem bisweilen aufdringlichen, ja erdrückenden Einfluss auf Stevensons Freundschaften vermittelt das verstörende Bild, das Dr. Jekyll für Hyde verwendet, »tiefer mit ihm verstrickt als eine Ehefrau, näher als ein Auge«. Es besteht kein Zweifel, dass Fannys Familie mit ihrer bemerkenswerten Unfähigkeit, als Erwachsene für sich selbst zu sorgen, eine finanzielle Bürde für Stevenson wurde, und die Gemütskrankheit, unter der Fanny in den frühen 1890er-Jahren litt, überschattete ihre letzten gemeinsamen Jahre, die von ungeheuren Spannungen und von Verzweiflung geprägt waren. Und doch war sie ihm, wie Stevensons Freund Colvin schrieb, »eine ideale Gefährtin, die begeistert und kritisch Anteil nahm an seinem Werk, die alle seine Zigeunerneigungen und seine Liebe zu einem ursprünglichen und natürlichen Leben teilte.« Dieses Leben brachte die besten Eigenschaften in ihr hervor, die sie schon in den Silverado-Flitterwochen bewiesen hatte: Findigkeit, Improvisationstalent, die Gabe, die Probleme des täglichen Lebens zu bewältigen, die Bereitschaft, bizarre Experimente zu wagen und sich gesellschaftlichen Konventionen entgegenzustellen. In ihren Kämpfen mit der Natur, der Welt der Männer oder den Herausforderungen einer anderen Kultur offenbarte sich die Eigenschaft, die ihr fast alle, ob Freund oder Feind, bescheinigten: Sie war ein Mensch, mit dem man »Pferde stehlen« konnte. Ich kann mir nicht vorstellen, dass sich nur eine der Frauen, die Stevenson vor ihr kannte – die majestätische Mrs. Sitwell, die artigen jungen Damen der Edinburgher Gesellschaft, die seine Eltern bevorzugt hätten, oder die Engländerinnen, die seine Freunde liebten und heirateten –, auf die Reisen, Abenteuer und Unternehmungen eingelassen hätten, die Fanny in der zweiten Hälfte ihrer Ehe mit ihm teilte.

Im August 1887 verlassen Stevenson und Fanny, ihr Sohn Lloyd und ihr Schweizer Mädchen Valentine Roch England und reisen nach Amerika. Stevenson ist seit dem Tod seines Vaters im selben Jahr rastlos und deprimiert, seine Gesundheit ist schlechter denn je, und seine Ärzte empfehlen ihm einen Orts- und Klimawechsel. Man glaubt, dass die kalte, trockene Luft in höheren Lagen heilsam für seine Lunge sei, und so verbringt die Familie den Winter am Saranac Lake in den Adirondacks, nicht weit von der kanadischen Grenze. Bei nächtlichen Temperaturen von minus 40 Grad, wenn sie mit vereisten Kleidern und abgefrorenen Ohren in der baufälligen Bretterhütte erwachen und in den Büffelfellmänteln und Pelzmützen, die Fanny bei einem Besuch in Montreal besorgt hatte, in die Kälte hinausmüssen, beginnen Louis und Lloyd von einer Schiffsreise in ein tropisches Klima zu träumen. S. S. McClure, einer der größten amerikanischen Zeitungsverleger und häufiger Besucher am Saranac Lake, macht aus dieser Idee eine Geschäftsvereinbarung, indem er sich verpflichtet, seine weitreichenden Kontakte zu nutzen, um alle »Reisebriefe« zu publizieren, die Stevenson im Lauf einer solchen Kreuzfahrt verfassen soll. Als Fanny im März 1888 nach Kalifornien reist, um ihre Tochter Belle zu besuchen, ist sie beauftragt, nach einem geeigneten Schiff Ausschau zu halten, und im Mai chartert sie die hochseetüchtige Jacht *Casco* für eine siebenmonatige Südseekreuzfahrt. Die restliche Reisegesellschaft, einschließlich Stevensons Mutter und Valentine Roch, fährt ein paar Wochen später nach Westen, und am 28. Juni 1888 segelt die *Casco* von San Francisco zu den Marquesas, Paumotus (heute Tuamotus) und nach Tahiti. Am 24. Januar 1889 endet die Reise in Honolulu.

Die Reise wird, wie Stevenson vorausgesehen hat, zu einem »wahr gewordenen Lebenstraum«. Die Reisenden erleben die archetypischen Pazifik-Korallenatolle im Paumotu-Archipel und die majestätischere Landschaft auf den Marquesas und Tahiti. Auf den Marquesas begegnen sie Kannibalen und einer tätowierten Königin, der Fanny die Kunst des Zigarettendrehens beibringt. Sie baden in der Lagune bei Fakarava im Paumotu-Archipel und lauschen im Mondlicht unter Palmen den Geschichtenerzählern. In Tautira in Tahiti schließen sie Freundschaft mit einem Unterhäuptling, Ori a Ori, der in einer Verbrüderungszeremonie seinen Namen mit Stevenson tauscht, und mit der schönen Prinzessin Moë, die dem kränklichen Schriftsteller rohen Fisch in Kokosmilch, Limettensaft, Meerwasser und Chili darreicht. Die Reise birgt Gefahren: Für die schweren Seen, in die sie manchmal geraten, erweist sich die *Casco* als nicht ganz tauglich, und in den Gewässern um die Paumotu-Inseln (die damals treffend *Dangerous Archipelago* genannt werden) fahren sie in die Irre. Gleichwohl folgen die Stevensons auf ihrer ersten Südseereise gebahnten Wegen, und ihre Wahrnehmung ist von den Aufzeichnungen früherer Reisender geprägt. Die Kreuzfahrt mit der *Casco* erstreckt sich einzig auf Polynesien, jenen Bereich des Pazifiks, der seit über 100 Jahren die Fantasie der Europäer beflügelt – dank der

Schriften der Entdecker des 18. Jahrhunderts und der Philosophen, die ihre Beobachtungen interpretieren. Deren arkadische, primitivistische Sichtweise schwingt in Fannys Briefen an Sidney Colvin in England mit: »Ach, dass du und ein paar andere Freunde – ganz wenige nur – mit uns auf diesen verzauberten Inseln wäret, dass wir für immer und ewig hier bleiben und mit diesen fantastischen, zu Unrecht als ›Wilde‹ bezeichneten Menschen leben und sterben könnten; ich schreibe dir aus einem Wunderland, wo wir wie in einem Märchen leben, als Gäste einer bezaubernden braunen Prinzessin.« Vorgefertigte Gedanken und Gefühle werden auch von amerikanischen Schriftstellern des 19. Jahrhunderts geliefert, zum Beispiel von Charles Warren Stoddard, einem Freund Fannys aus San Francisco und Autor der *South Sea Idyls*, und von Herman Melville, dessen *Taipi* und *Omoo* die Reisenden auf der *Casco* mit großem Vergnügen lesen. Und vor Ort wird der Schock der Begegnung mit einer fremden Kultur häufig durch eine Folge lokaler Gastgeber und Führer, indigener wie europäischer, gemildert – Priester, Regierungsbeamte und hochgeborene Marquesaner und Tahitianer, die manchmal in England oder Frankreich erzogen worden sind und die Stevensons unter ihre Fittiche nehmen, die sie vorstellen, die übersetzen, erklären und die nötigen Arrangements treffen.

Am Ende der Kreuzfahrt mit der *Casco* sind die Stevensons der Südsee verfallen, aber zu einer größeren Herausforderung bereit. Sie erklären, Honolulu sei ihnen »zu zivilisiert«, und mieten ein Ferienhaus und ein paar Hütten am Strand von Waikiki, wo sie sich erholen, schreiben und auf eine Gelegenheit zu einer zweiten, abenteuerlicheren Kreuzfahrt warten. Alle Orte, die sie mit der *Casco* besucht haben, stehen unter französischer Verwaltung, während Hawaii wirtschaftlich und politisch von den Amerikanern dominiert wird, die es dann später besetzen. Jetzt wollen die Stevensons die unabhängigen Königreiche des westlichen Pazifiks kennen lernen, die »nicht bekehrten« Inseln, wie Fanny sich ausdrückt. Zuerst zeichnet sich nur die Möglichkeit ab, Plätze auf dem Missionsschiff *Morning Star* zu buchen, das die amerikanischen Missionsstationen auf abgelegenen westlichen Inseln anfährt, aber Louis, Lloyd und Fanny reagieren mit übertriebenem Entsetzen auf die Vorstellung, unter Missionaren zu leben und nicht rauchen, trinken oder fluchen zu dürfen. Zum Glück findet sich eine Alternative: Stevenson chartert einen Schoner, die *Equator*, bei einer San Franciscoer Handelsgesellschaft für eine viermonatige Reise durch Mikronesien. Das Schiff soll von Insel zu Insel segeln und seiner gewohnten Bestimmung nachgehen, das heißt Kopra (gedörrtes Kokosnussfleisch) im Tausch gegen Nähmaschinen, Kleider und Konserven an Bord nehmen; im Rahmen der üblichen Handelsroute können die Passagiere zusätzliche Stationen und längere Landaufenthalte verlangen, sofern sie es wünschen. Stevensons Mutter verzichtet auf diese Reise, die als zu rau und wild für sie angesehen wird, und kehrt nach Schottland zurück. Valentine Roch hat die Familie verlassen, kurz nachdem sie in Honolulu eingetroffen sind. An die Stelle der beiden Frauen treten zwei neue Reisegefährten: der Künstler Joe Strong, Ehemann von Fannys Tochter Belle, und Ah Fu, der chinesische Koch, der sich den Stevensons auf den Marquesas angeschlossen hat, wo er als kleiner Junge ausgesetzt worden ist. Die *Equator* sticht am 24. Juni 1889 in Honolulu in See. Windstille und Sturmböen machen alle Planungen zunichte, so dass die Reise schließlich fast sechs Monate dauert statt nur vier. In dieser Zeit besuchen die Stevensons Butaritari, Mariki, Apaiang und Apemama, alles

Inseln, die zur Gilbertgruppe gehören (damals auch »Kingsmills« genannt, heute Kiribati).

Die zweite Südseereise ist völlig anders als die erste, insbesondere für Fanny. Auf der *Casco* sind drei weiße Frauen gewesen; auf der *Equator* ist Fanny die einzige Frau unter 15 Männern. Die *Casco* ist eine Luxusjacht; die *Equator* ein Handelsschiff, zwar neu, aber höchst unkomfortabel für Reisende, denn sie ist überfüllt, bietet wenig Schutz vor Regen oder Hitze und wimmelt von angriffslustigen Kakerlaken. Fanny tröstet sich, indem sie die ernsteren Gefahren, die sie erwarten, gegen die voraussichtlichen Vorteile dieser Reise abwägt: »Natürlich ist man den üblichen Gefahren durch feindselige Inselbewohner und das schreckliche Meer ausgesetzt, aber ein positives Risiko ist weitaus besser als ein negatives, und für Louis und Lloyd ist das alles eine solche Freude. Ich selbst hasse und fürchte die See … aber ich liebe das tropische Klima und die wilden Völker, und ich bin froh, dass meine beiden Jungs so glücklich sind.« Längs der Reiseroute der *Equator* liegen Inseln, wo die traditionellen Autoritäten durch den Kontakt mit weißen Händlern oder Missionaren untergraben, aber nicht durch europäische Verwaltungen ersetzt worden sind. Recht und Ordnung sind hier weit weniger gewährleistet als auf den polynesischen Inseln, die die Stevensons früher besucht haben. Die Problematik wird vor allem in Butaritari deutlich, wo die ganze Stadt nach der Aufhebung eines Alkoholtabus in einem einzigen wilden Gelage versinkt. Es kommt zu Spannungen und Feindseligkeiten, und die Reisenden sind von Krawallen und sogar Mordversuchen bedroht: Die Stevensons fühlen sich genötigt, ihre Revolver zu ziehen und vor den Augen der Inselbewohner ein paar Schießübungen vorzuführen. Hinzu kommen alltäglichere Probleme, denn auf den niederen Koralleninseln ist die Nahrung eintönig, und das Essen kann knapp werden. Der Mangel an frischen Früchten und Gemüse wird zu einem gravierenden Gesundheitsproblem, das Fanny in Apemama zu lösen versucht, indem sie (mit gutem Erfolg) Salatpflanzen anbaut. Außerdem sind die Reisenden mit einer subtileren, aber allgegenwärtigen Herausforderung konfrontiert, insofern die ganze Region für europäische Augen und Ohren einfach fremder und unverständlicher ist als Polynesien. Und Vorläufer, die ihnen den Weg geebnet hätten, sind kaum bekannt.

Natürlich liegt gerade darin der Sinn der Reise, und das Wagnis zahlt sich insbesondere in Bezug auf Apemama und seinen König aus. Tembinoka, der gefürchtete, mit zahlreichen Frauen gesegnete »Napoleon der Gilbertinseln«, ein Despot, Intrigant und fähiger Kopf, ist ein außergewöhnlicher Charakter, den Stevenson in *In der Südsee* wie folgt beschreibt:

Manchmal trägt er ein Weibergewand, manchmal auch Marineuniform; dann wieder (und zwar das am häufigsten) ein Maskeradenkostüm nach eigenem Entwurf: Hosen und einen merkwürdigen Rock mit Schwalbenschwänzen, Schnitt und Sitz nach kostbarster Inselschneidermanier, das Material jedoch stets prächtig, mitunter grüner Samt, mitunter auch kardinalrote Seide. Diese Vermummung steht ihm ausgezeichnet, dagegen sieht er in dem Frauenkleid über alle Begriffe ominös und unheimlich aus.

Tembinoka hat sich trotz der massiven Übergriffe des weißen Mannes an der Macht gehalten. Umsichtig macht er Geschäfte mit den Händlern, die er in drei Kategorien einteilt: »Er betrügen ein wenig«, »er betrügen viel«, »er betrügen zu viel«. Missionare schickt er fort, da er nicht zu Unrecht befürchtet, dass sie seine Autorität untergraben würden. Alle Fremden betrachtet er mit tiefem Misstrauen, und die Stevensons können es als großen Erfolg für sich verbuchen, als sie die Erlaubnis erhalten, auf der Insel zu bleiben. Wie Fanny später schreibt: »… niemand hat je solche Erfahrungen gemacht. Alle Südseebücher sprechen, und nur vom Hörensagen, von dem schrecklichen Tembinok', aber wir haben uns in seine Arme geworfen und monatelang bei ihm gelebt, und wir lernten ihn fast so sehr lieben wie schätzen.« Tembinoka erlaubt ihnen nicht nur, auf der Insel zu bleiben, sondern lässt sogar eine eigene Siedlung – »Equator City« – für sie errichten, wo die Stevensons sechs Wochen lang unter seinem Schutz wohnen. Er vergießt Tränen, als sie abreisen.

Die Stevensons sind zu Recht stolz auf ihre Verbindung zu Tembinoka. Den Aufenthalt in Apemama macht Stevenson zum Höhepunkt seines literarischen Reiseberichts *In der Südsee*, und Fanny bezieht sich in ihrem Tagebuch des Öfteren darauf. Der König gewährt ihnen einen einzigartigen und privilegierten Einblick in eine Welt, die Weißen normalerweise verschlossen bleibt, und der umso bedeutsamer wird, als diese Welt untergehen wird; wie Stevenson fünf Jahre später schreibt, war es »eine echte Seltenheit, etwas, das nie wieder zu sehen sein wird, nachdem die Inselgruppe jetzt annektiert und Tembinok' tot ist«. Trotzdem sind es ihre Erfahrungen auf den anderen Inseln Mikronesiens – Butaritari, Mariki und Apaiang –, die ihnen die zeitgenössische Welt des Pazifiks am eindrücklichsten nahe bringen. Wie Stevenson sagt, macht Tembinokas Wachsamkeit Apemama zu einer Art »sozialer Quarantäne«, aber anderswo auf den Gilbertinseln, wo sich Händler, Missionare und Strandläufer niedergelassen haben, kommt es zu einer starken wechselseitigen Kontamination der indigenen und weißen Kulturen, und die Reisenden erleben die komplexen sozialen Interaktionen und Machtverhältnisse, die daraus resultieren. Das alles findet Eingang in Stevensons Südsee-Erzählungen, insbesondere in *Der Strand von Falesa* und *Ebbe* und wird zum Hauptthema von *Kurs auf die Südsee*.

Als die *Equator* sich Samoa und dem Ende ihrer Charterzeit nähert, schreibt Stevenson an seine Mutter: »Fanny hat die Härten dieser Reise wunderbar überstanden; aber ich glaube nicht, dass ich ihr noch eine dieser Art zumuten kann.« Der letzte Teil der Reise erweist sich als besonders schwierig, eine teuflische Mischung aus heftigen Sturmböen, tödlicher Windstille und »p. d.-Riffen« (*position doubted* – Lage ungewiss). Am 7. Dezember 1889 treffen sie schließlich in Apia, Samoa, ein. Es ist eine Erlösung, wieder festen Boden unter den Füßen zu haben und anständiges Essen zu bekommen, und nachdem sie sechs Monate auf Koralleninseln zugebracht haben, sind die Reisenden von der großartigen Hochlandszenerie fasziniert. Nach kaum mehr als einem Monat haben die Stevensons 300 Hektar Land in Samoa erstanden, um sich dort häuslich niederzulassen, auch wenn sie zunächst nach England zurückkehren wollen, um ihre Freunde zu besuchen und ihre Angelegenheiten dort zu regeln. Mit diesem Vorhaben segeln sie im Februar nach Sydney, wo sie Schiffspassagen auf einem Dampfer via Colombo und Neapel buchen. Aber das Wetter in Sydney ist schrecklich; Stevenson wird Ende März schwer krank und erleidet seinen ersten Blutsturz seit Tahiti. Die Fahrt mit der *Equator* ist ihm so gut bekommen, dass sich eine weitere Inselkreuzfahrt als einziges Heilmittel anbietet, aber der sonst so betriebsame Hafen von Sydney ist wegen eines Dockerstreiks lahm gelegt. Fanny wandert auf den Kais umher und hält

Ausschau nach einem Schiff, das möglicherweise trotz des Streiks zu den Inseln aufbricht. Sie findet heraus, dass die Ancklander Handelsfirma Henderson & Macfarlane Vorbereitungen trifft, den Dampfer *Janet Nicoll* auf eine viermonatige Südseereise zu schicken, und zwar mit einer nicht gewerkschaftlich organisierten »Kanaken«-Crew, die hauptsächlich von den Salomoninseln stammt. Fanny bemüht sich um Plätze, und »die Firma lehnt es ab – verständlicherweise«, wie Stevensons Biograf J. C. Furnas schreibt –, »einen sterbenden Mann und eine exzentrische Frau an Bord zu nehmen, die hartnäckig wiederholte, es sei eine Frage von Leben und Tod, und sie würden niemandem zur Last fallen«. Am Ende setzt Fanny durch, dass Henderson sie an Bord nimmt; sie kann sehr überzeugend sein. Aber die Dockergewerkschaften lassen die *Janet Nicoll* nicht kampflos ziehen; sie halten das Schiff einen Tag über die geplante Abreise hinaus im Hafen fest und verlangen die Wiedereinsetzung einer gewerkschaftlich organisierten Crew, dann boykottieren sie die *Janet Nicoll* und drohen mit einer Arbeitsinspektion. Der Kapitän lässt sich nicht beirren, und die *Janet Nicoll* sticht am 11. April mit Louis, Fanny und Lloyd an Bord in See. Der Ärger mit der Gewerkschaft verfolgt sie bis Auckland, wie Fanny berichtet, aber die umstrittene Reise ist begonnen.

Und so machen sich die Stevensons ganz unerwartet und unter dramatischen Umständen auf ihre dritte Südseekreuzfahrt. Stevensons Gesundheit bessert sich rasch, wenn auch nicht so sehr, wie er gehofft hat; während der gesamten Reise spuckt er immer wieder Blut. Die *Janet Nicoll* schlingert entsetzlich, und die Dampfmaschinen heizen die Kabinen auf, aber insgesamt sind die Bedingungen viel besser als auf der *Equator*. Die Reisenden werden gut verpflegt, haben reichlich Platz und »eine höchst angenehme Schiffsgesellschaft«. Drei der Mitreisenden finden ihre Namen in der Widmung zu Stevensons Novellensammlung *Island Nights' Entertainment* (*Südsee-Nachtgeschichten*) wieder, die er 1893 veröffentlicht. Harry Henderson ist der Mitinhaber der Handelsfirma, die Fanny überredet hat, sie an Bord zu nehmen. Ben Hird, der Superkargo, ist eine bekannte Figur in der Südsee. Mit zahlreichen Inselbewohnern und Händlern ist er bekannt und besitzt ein Wissen über die Inseln wie kein anderer Weißer. Die Stevensons schätzen ihn wegen seiner warmherzigen Art und seiner Charakterfestigkeit, seiner großen Erfahrung und seines Talents, Geschichten zu erzählen. Fanny zitiert ihn oft in ihrem Tagebuch als Informationsquelle. Jack Buckland oder »Tin Jack«, der einzige andere Passagier an Bord, ist ein richtiges Südseeoriginal. Als archetypischer »Wechselmann« – jemand, der in einem fremden Land von Geldsendungen aus der Heimat lebt – verprasst er seine Einkünfte bei einem alljährlichen Zechgelage in Sydney, das mehrere Monate dauert, dann betreibt er den Rest des Jahres Koprahandel auf den Gilbertinseln. Er ist gut aussehend, feurig, sorglos, leichtsinnig und kindisch; ein Witzbold und Zielscheibe des Spotts; großzügig, aber moralisch fragwürdig; dem Aussehen nach eine Mischung zwischen Gentleman-Strandläufer und Inseldandy; und schließlich, wie Ben Hird, eine unerschöpfliche Anekdotenquelle und ein brillanter Geschichtenerzähler. Stevenson porträtiert ihn als Tommy Haddon in *The Wrecker* (*Der Ausschlachter*, verfasst gemeinsam mit Lloyd Osbourne), und Fanny schildert ihn in ihrem Reisebericht als liebenswerten, aber nervtötenden Clown. Außer dem Kapitän und Maschinisten ist das Schiff mit einer Crew aus ungefähr 40 »Kanaken« besetzt. Fanny hatte die »Jungs« ins Herz geschlossen, und die Beschreibung, die sie von ihnen gibt, ist immer positiv. Sie rühmt ihren Fleiß, ihre Frömmigkeit, ihre

Anmut, ihr freundliches Wesen und schreibt begeistert über ihre Liebe zur Musik, zum Tanz und zu allen Formen von Spiel und Zeitvertreib. Sie liefern die Vorlage für die liebenswerte, hart arbeitende, gutmütige Crew in Stevensons Roman *The Ebb-Tide* (*Die Ebbe*), wo einer von ihnen, Sally Day, sogar mit Namen auftritt. Die *Janet Nicoll* segelt von Sydney unter »versiegelter Order«, das heißt, ihre Reiseroute ist geheim, und die Passagiere wissen nie, welche Inseln sie anlaufen werden, und haben auch nichts mitzureden. Zufällig ist Apia eine der ersten Stationen, was den Stevensons die Möglichkeit gibt, die Bekanntschaften zu erneuern, die sie bei ihren früheren Samoaaufenthalten gemacht haben, und sich von den Fortschritten zu überzeugen, die bei den Rodungs- und Bauarbeiten auf ihrem Grundbesitz »Vailima« erzielt worden sind. Von hier aus tritt die *Janet Nicoll* eine verschlungene Reise durch den zentralen und westlichen Pazifik an und ankert vor ungefähr 35 Inseln, um Kopra und Perlmutt an Bord zu nehmen. Manche der Inseln auf dieser Handelsroute sind, wie Stevenson sagt, »alte Bekannte, die man gern wiedersieht«. Butaritari, Apemama und Mariki innerhalb der Gilbertinseln sind ihnen von der Reise auf der *Equator* vertraut, und Fanny nimmt in ihrem Tagebuch ausführliche Notizen über die früheren Besuche auf diesen Inseln auf (wobei sie die letzte »Maraki« schreibt). Aber die meisten Inseln sehen sie zum ersten Mal: das unabhängige Königreich Niue (Nuieue in Fannys Schreibweise), auch als Savage Island bekannt; Danger Island oder Pukapuka, Manihiki, Suwarrow und Penrhyn (auch Tongarewa genannt) in den Cookinseln, die kurz zuvor (1888) zum britischen Protektorat erklärt worden sind; die Tokelau-Inseln, ebenfalls gerade erst zum britischen Protektorat erklärt (1889), die Ellice-Inseln, heute Tuvalu, die zur Zeit der *Janet-Nicoll*-

Reise noch unabhängig sind, aber zwei Jahre später unter britisches Protektorat kommen; Majuro, Jaluit und Namorik in den Marshallinseln, damals unter deutscher Herrschaft; und viele andere kleine Inseln, einige davon unbewohnt oder in Privatbesitz. Der letzte Halt ist Numea in der französischen Kolonie Neukaledonien, die einzige melanesische Insel, die die Stevensons während ihrer drei Kreuzfahrten besuchen.

Letzten Endes ist die Reise nicht so heilsam für Stevensons Gesundheit, wie er erwartet hat, und er klagt, dass »der Charme der Menschen verblasst, je weiter man nach Westen kommt, um sich schließlich ganz zu verlieren«. Ausführliche Berichte von dieser Kreuzfahrt nimmt er in sein Reisebuch *In der Südsee* nicht auf. Darin erzählt er nur von den Reisen mit der *Casco* und der *Equator*. (Als Teil der ursprünglichen Abmachung mit S. S. McClure schreibt er einen »Reisebrief« über Penrhyn, den man mit Fannys Bericht über die Insel vergleichen kann.) Aber die Reise mit der *Janet Nicoll* wird in *In der Südsee* doch wiederholt erwähnt, wenn der Autor Erlebnisse in Majuro, Numea, Manihiki, Niue, Namorik, Funafuti, Arorai und Jaluit zusammen mit Informationen und Anekdoten, die er von Ben Hird übernommen hat, zu vergleichenden Betrachtungen der pazifischen Sitten, Bräuche, Sprache, Religionen und Landschaften heranzieht. Der Einfluss der Kreuzfahrt auf Stevensons Südsee-Erzählungen ist sogar noch bedeutsamer. Der Strandläufer, der eine »leichte Arbeit« sucht, die Geschichte vom Lebendig-begraben-Werden, der Händler, der sich weigert, seine polynesische Frau und seine Mischlingskinder zu verlassen, die Münzenzaubertricks von Mr. Henderson, die Verschwörungen und Vergiftungsversuche der rivalisierenden Händler – all das findet Eingang in die Erzählung *Der Strand von Falesa*. Der seltsame Strohmann in Penrhyn, die Perlenatolle, die Geistersiedlung in Suwarrow mit ihrem romantischen Schiffswracktrödel und die Strafkolonie in Numea tauchen sämtlich in *Die Ebbe* auf.

Fannys Bericht über die Kreuzfahrt liefert uns den Hintergrund für diese Geschichten Stevensons, hat aber noch weit mehr zu bieten. Das Buch besitzt einen beträchtlichen historischen Wert als Darstellung des zentralen und westlichen Pazifiks im Jahr 1890, ein Raum, der verschiedenen Arten und Abstufungen formeller und informeller Kolonialherrschaft unterlag und überall von den Spuren des schändlichen *labour trade*, des Handels mit so genannten Kontraktarbeitern, gezeichnet war. Damit ist die damals übliche Praktik gemeint, Inselbewohner in andere Teile des Pazifiks zu verschleppen, wo sie für Handelsfirmen und auf Plantagen arbeiten mussten, die im Besitz und unter der Kontrolle von Weißen waren. Der Handel begann in den 1860er- und 1870er-Jahren, erreichte 1880 seinen Höhepunkt und währte bis ins frühe 20. Jahrhundert. Die Engländer und Australier rekrutierten Arbeitskräfte für ihre Baumwoll- und später auch Zuckerrohrplantagen auf den Fidschi-Inseln und in Queensland, die Franzosen für ihre Nickelminen in Numea und die Deutschen für ihre Kokosplantagen in Samoa. Amerikanische und peruanische Menschenhändler waren auch in der zweiten Hälfte des 19. Jahrhunderts im Pazifik aktiv und verantwortlich für einige der verheerendsten Angriffe auf Inselgemeinschaften wie die Überfälle auf Penrhyn und verschiedene Inseln der Tokelau- und Ellice-Gruppe in den 1860er-Jahren. In Funafuti erzählte ein ortsansässiger Händler Fanny, dass noch im Jahr 1886 amerikanische Sklavenhändler, die unter peruanischer Flagge segelten, zwei Drittel der Bevölkerung mit falschen Versprechungen auf ihre Schiffe gelockt und fortgeschleppt hatten. Sie wurden nie wieder gesehen. Bis

1890 wurden jedoch die meisten »Arbeitskräfte« auf den westlichen Inseln rekrutiert, zuerst auf den Gilbert- und Marshallinseln, dann zunehmend in Melanesien. Diese Praktik wurde mit vielen Namen umschrieben: *labour trade* und »rekrutieren« waren Euphemismen für das, was andere »Kidnapping« oder einfach nur »Sklavenhandel« nannten. In vieler Hinsicht stellte es de facto ein Wiederaufleben des Sklavenhandels dar, denn es wurde regelmäßig Gewalt und Betrug angewandt, um die Inselbewohner an Bord der Schiffe zu locken. Das war besonders misslich für die Engländer, die stolz darauf waren, dass sie den Sklavenhandel im britischen Empire bereits 1834 abgeschafft hatten. Zudem war die Geschichte der britischen Präsenz im Pazifik im 19. Jahrhundert weitgehend von den britischen Anstrengungen beherrscht, den *labour trade* durch Gesetzgebung einzudämmen: Das erste Gesetz zum Schutz der Inselbewohner (*Pacific Islanders Protection Bill*) wurde 1872 verabschiedet und führte unmittelbar zur Annexion der Fidschi-Inseln, der Gründung der »Western Pacific High Commission« und der Errichtung von immer mehr britischen Protektoraten in der Region. Doch trotz der zunehmenden Reglementierung gab der *labour trade* – der in den Händen einiger der brutalsten und skrupellosesten weißen Männer im Pazifik lag – auch weiterhin Anlass zu Übergriffen gegen die einheimische Bevölkerung, ganz zu schweigen von den katastrophalen langfristigen Auswirkungen. Er führte zu wachsender Feindseligkeit und Misstrauen zwischen Weißen und indigenen Inselbewohnern. Viele Kontraktarbeiter starben an Krankheiten oder Misshandlungen während ihrer Vertragszeit oder auf den Rekrutierungsschiffen. Ganze Familien und Inselgemeinschaften wurden durch die Rekrutierungen zerstört. Einzelne Menschen und sogar große Gruppen wurden verschleppt, manchmal für immer, da es für viele schwierig war, am Ende ihrer Vertragszeit in ihre Heimat zurückzukehren; viele wurden einfach auf die falsche Insel oder in die falsche Siedlung »zurückgebracht«, wo sie damit rechnen mussten, beraubt und ermordet zu werden, und andere nahmen lieber eine zweite Arbeitsperiode auf sich, als dieses Schicksal zu erleiden. Kehrten sie dennoch nach Hause zurück, wurden das soziale Gefüge und die Machtstrukturen in ihren Gemeinschaften oft radikal durch die europäischen Waffen, Handelsgüter und Sitten verändert, die sie mitbrachten.

Fanny Stevensons Bericht bezeugt wiederholt die soziale Entwurzelung und seelische Zerstörung, die einzelne Individuen und Gemeinschaften durch das Rekrutieren oder Kidnapping erlitten. Die *Janet Nicoll* brachte Kontraktarbeiter nach Niue und Pukapuka zurück, und Fanny beschreibt das Schicksal eines Mannes, der »acht Jahre im Exil« gelebt hatte. Nachdem sein Fünfjahresvertrag abgelaufen war, musste er noch weitere drei Jahre warten, ehe er eine Schiffspassage nach Hause bekam. Fanny beobachtet die unterschiedlichen Sitten in Manihiki und den Cookinseln, wo die Einheimischen den europäischen Besuchern ein nahezu überwältigendes Vertrauen und Zuneigung entgegenbrachten, im Vergleich zu Natau (Ellice-Inseln), wo die Übergriffe der Sklavenhändler die Bevölkerung furchtsam und misstrauisch gemacht hatten. Hier beschwört sie die gewalttätige Vergangenheit herauf, während sie beobachtet, wie sich ein Schoner mit Inselbewohnern füllt, die sich auf einem Ausflug durch die Inselgruppe befinden: »Genau so wurden sie vor nicht allzu langer Zeit auf Sklavenschiffen fortgebracht.« Der Eindruck einer nicht gänzlich gebannten Bedrohung wird noch durch Tin Jacks Bemerkung verstärkt: »Welch ein Fangzug wäre das, wenn man Kontraktarbeiter suchte!«

Obwohl das Thema Kontraktarbeit eine düstere Unterströmung in dem Bericht darstellt, steht die Art und Weise der interkulturellen Begegnungen, die Fanny in *Kurs auf die Südsee* beschreibt, nicht unter einem Unglücksstern. In Fannys Bericht nehmen Inselbewohner, Strandläufer, Händler, Missionare und Besucher bei ihren Verhandlungen, Arrangements und Dialogen miteinander überraschend unterschiedliche Macht- und Abhängigkeitspositionen ein. Der Angelpunkt all dieser Beziehungen ist der Handel. Er war die Bestimmung der *Janet Nicoll*, beherrschte aber auch fast alle Interaktionen zwischen den Reisenden und den Einheimischen. Wie alle europäischen Besucher im Pazifik seit den Reisen von Cook und Bougainville waren die Passagiere der *Janet Nicoll* in einem Karussell von Geschenke verteilen, Reziprozität, Kauf und Tausch gefangen und oft unsicher, wo die Unterschiede lagen. Fanny war eine leidenschaftliche und zuweilen aggressive Sammlerin. Ihre Hartnäckigkeit wurde belohnt, obwohl ihre Reisegefährten manchmal Zweifel hinsichtlich der Resultate hegten, wie Stevenson gegen Ende der Reise berichtet: »Das Schiff wälzt sich in dem barbarischen Plunder, den Mrs. Stevenson gesammelt hat; Speere zu zwei Penny sind in der Takelung aufgehängt; sobald das Schiff ins Schlingern gerät, blicke ich der Gefahr ins Auge, dass der Krummsäbel eines Haizahns auf meinen Kopf niedersaust; und wenn ich in der Kabine umhergehe und Lloyd diktiere, ist mein Weg von einer Manihiki-Trommel verstellt, die an der Außenseite eitel mit Insektenpulver bestäubt ist, aber inwendig, so steht zu vermuten, ein einziger verzottelter Klumpen Kakerlaken.« Man erhält den Eindruck, dass Fanny beim Handeln im Allgemeinen bekam, was sie wollte, auch wenn ihre hartnäckige Jagd nach dem begehrten Gegenstand von den Einheimischen vermutlich nicht immer geschätzt wurde. So scheiterten bei einer Begegnung in Penrhyn die Verhandlungen kläglich und wurden unter gegenseitiger Häme und Verachtung abgebrochen.

Häufiger jedoch wird der Handel als etwas dargestellt, das die Inselbewohner und Besucher eher verbindet als entfremdet. Als Veteranin zweier früherer Südseereisen wusste Fanny, was vermutlich gefallen würde, und sie hatte sich nicht nur mit Tabak eingedeckt, der gängigen Währung, sondern auch mit Artikeln, die zum Tauschhandel speziell mit Frauen bestimmt waren: Kleider, bedruckte Baumwollstoffe, künstliche Blumenkränze, Kämme, Halsketten und Goldringe. Ihre Interaktionen mit einheimischen Frauen, die sich aus dem Tauschhandel ergaben, stellen einen der faszinierendsten und bedeutsamsten Aspekte ihres Berichtes dar. Es gibt nur wenige Südseereiseberichte, die von Frauen geschrieben wurden, und Fannys Tagebuch ist umso faszinierender, da es an menschlichen Kontakten über radikale kulturelle Barrieren hinweg ein echtes Interesse spüren lässt. Ihre Erzählung zeigt, dass sie sich stets für die Frauen auf den Inseln interessierte, die sie besuchte, und diese sich für sie. Ihr üblicher Ausdruck war, dass die einheimischen Frauen sie »in Besitz nahmen«: Weiße Frauen waren ein eher seltener Anblick auf den abgelegenen Atollen, und die Inselbewohnerinnen waren fasziniert von Fannys Kleidung, Haut, Körper und den Waren, die sie zum Tausch anbot. Auf Nanomea (Ellice-Inseln) bildet der Ruf »*Fafine! Beritani fafine!*« – Frau! Weiße Frau! – den Auftakt zu einer Handelsszene unter Frauen, in der nach dem Austausch diverser Kleidungs- und Schmuckartikel Fanny selbst als das ultimative Handelsobjekt betrachtet wird: »Eine der Frauen war ängstlich bestrebt, dass ich bei ihr auf der Insel bleiben sollte. Ich glaube ernsthaft, dass sie Hoffnung hegte, mich als eine

Art Schoßäffchen halten zu können.« In dieser und anderen Begegnungen mit einheimischen Frauen stehen Gemeinsamkeiten und Fremdes, Sympathie und Abneigung in einem ständigen Wechselspiel, aber meistens vertraute Fanny darauf, dass das Band, das sie als Frauen einte, die ethnischen und kulturellen Unterschiede überwinden oder zumindest aufwiegen würde. In Natau, wo Sklavenraubzüge das Vertrauen der Inselbewohner in alle weißen Männer zerstört hatten, wandte sich ein junges Mädchen in seiner Angst vor dem Kapitän der *Janet Nicoll* an die *beritani fafine* um Hilfe: »Du bist auch eine Frau; ich kann dir vertrauen; du wirst mich beschützen, nicht wahr?« Das ist natürlich nur die Interpretation der weißen Frau der Gestik und Mimik der anderen, aber Fanny stellt häufig die Sympathie zwischen Frauen als eine Kraft dar, die ethnische und sprachliche Barrieren zu überwinden vermag.

Überall in *Kurs auf die Südsee* wird den Erfahrungen der Frauen auf den Inseln besondere Aufmerksamkeit geschenkt. Da ist Mrs. Lawes, die Frau des Missionars in Niue, die in tiefe Verzweiflung gestürzt wird, als – nach Monaten ohne die Gesellschaft europäischer Frauen – zwei Schiffe mit weißen Frauen an Bord im Laufe eines einzigen turbulenten Tags anlegen und innerhalb weniger Stunden wieder verschwunden sind. Oder Topsy, die junge einheimische Frau eines englischen Händlers in Majuro, die »verrückt nach Kleidern« ist, die ihre mit Kleidern und Schmuck voll gestopften Truhen durchwühlt und entzückt das rotseidene Mieder anzieht, das Fanny ihr schenkt. Fanny interessierte sich für das materielle, soziale und häusliche Leben dieser Frauen – was sie trugen und besaßen, wo sie lebten und wie sie Gäste bewirteten –, und sie war stets bemüht, Inselsitten zu übernehmen. Auch das Rezeptbuch, das sie benutzte, als sie ihren

Haushalt in Samoa führte, weist mit seiner eklektischen Mixtur kultureller Einflüsse deutliche Spuren ihrer Südseereisen auf. Anweisungen zum »Bau eines Südseeofens«, Rezepte für »Butaritari-Pudding«, »Butaritari-Kartoffelkuchen«,»Ingwerbier Apemama«, »Kokosnuss-Miti-Sauce«, »Schweinskopf à la Ah Fu« und diverse Kochanleitungen »für den Schiffsgebrauch« stehen neben Rezepten für Tortillas, Salsa und Enchiladas (Reminiszenen an mexikanische Einflüsse ihrer Zeit in Kalifornien) und konventioneller englischer Küche.

Dieselbe kulturelle Melange zeigt sich auch in Fannys Kleidung und Verhalten. Als der Missionar William Clarke sie im Dezember 1889 zum ersten Mal in Samoa sah (vier Monate vor der Fahrt mit der *Janet Nicoll*), trug sie »ein bedrucktes Baumwollkleid, große goldene Ohrreifen, einen geflochtenen Strohhut von den Gilbertinseln, der mit einem Kranz kleiner Muscheln umwunden war, einen scharlachroten Seidenschal um ihren Hals und einen glänzenden Plaid-Überwurf um die Schultern; ihre bloßen Füße steckten in weißen Leinenschuhen, und über den Rücken hatte sie eine Gitarre geschwungen.« Er hielt Fanny und ihre Familie für eine Truppe armer Wandermusikanten. Im Oktober 1890, zwei Monate nachdem die Kreuzfahrt zu Ende war, begegnete der amerikanische Historiker Henry Adams Fanny während seines Inselbesuchs in Samoa und beschrieb sie als »wilde Apachenfrau«. Er war schockiert, dass sie ohne Strümpfe und Schuhe ging und ihr weites Gewand offenbar nicht gewaschen war. »Ihre Gesichtsfarbe und Augen waren dunkel und kräftig, wie bei einem Mexikaner-Mischling.« Der fremdartige Eindruck, den Fanny ihr Leben lang wegen ihrer ungewöhnlich dunklen Haut erweckte, kann sich nur verstärkt haben, wenn sie sich, wie sie mehrfach in *Kurs auf die Südsee* berichtet, Kleider von den Inselfrauen ausborgte.

Ihrem Ehemann zufolge überschritt ihr Äußeres während der Reise nicht nur Klassen-, sondern auch ethnische Grenzen. »Die ganze Schiffsgesellschaft ... kleidet sich wie Bettler (und im Falle von Mrs. Stevenson wie eine Bettlerin); alle gehen barfuß, alle in Lumpen und viele teilweise nackt.« Hin und wieder blitzt die viktorianische Reisende auf, die außer sich gerät, als sie von einem Inselbewohner zu einem Kanu getragen wird, »ehe ich Zeit hatte, meine Röcke zu richten«, die in Tränen ausbricht, weil ihre nackten Arme und Beine den neugierigen Blicken einheimischer Männer preisgegeben sind. Im Allgemeinen wirkt ihre Haltung jedoch moderner und entspannter; die Fotos im Buch zeigen das kurze Haar, die nackten Füße und weiten, lockeren Kleider, die typisch für Fannys praktischen und unkonventionellen Kleiderstil auf der *Janet Nicoll* waren. Wie weit sie sich von europäischen Normen entfernt hatte, zeigt sich in dem wundervollen letzten Satz des Tagebuches: »Wir kleiden uns alle zivilisiert, um an Land zu gehen; dabei sehen wir höchst fremdartig füreinander aus.«

Das Alter war hier eine befreiende Kraft: Mit 50 musste sich Fanny nicht um den äußeren Schein oder die Schicklichkeit kümmern (sie schlief oft an Deck bei anderen männlichen Passagieren, statt in ihrer eigenen Kabine), und obwohl sie mit ihrem Mann und erwachsenen Sohn reiste, bewegte sie sich nicht unter deren Schutz. Wie in den »Bemerkungen zu einem früheren Besuch auf Butaritari« beschrieben, streifte sie auf der *Equator* »ihre Fesseln« ab, als »man es für zu unsicher erachtete«, sie allein auf die turbulente Insel gehen zu lassen, und ging trotzdem: Das Abenteuer führte zu der Freundschaft der Stevensons mit Nan Tok und Nei Takauti. Ihr Tagebuch erwähnt nur zwei Fälle, bei denen sie es zuließ, dass ihre Unabhängigkeit von Sicherheitserwägungen eingeschränkt wurde. Auf Majuro (Marshallinseln) schlichen Banditen um die Hütte, in der sie schlief; danach »waren alle offenbar der Meinung«, dass Fanny nicht allein am Strand schlafen sollte, und Lloyd wurde dazu abkommandiert, ihr Gesellschaft zu leisten. Wegen der wilden Brandung wurde das Landemanöver in Nassau »als zu gefährlich für mich erachtet, und zu meiner großen Enttäuschung schifften sich die Männer ohne mich aus«. Hier und in Atafu, wo ihr Rheumatismus sie daran hinderte, an Land zu gehen, verließ sie sich auf die Berichte ihres Ehemanns über die Insel. Diese sind zusammen mit Stevensons Schilderung ihrer Ankunft in Niue in ihrem Buch veröffentlicht, so wie Stevenson seinerseits lange Auszüge aus Fannys Tagebuch von der *Equator* (ihre Beschreibung einer für die Gilbertinseln typischen »Oper« auf Butaritari) in sein Reisebuch *In der Südsee* aufnahm.

Aber das Verhältnis der Stevensons im Hinblick auf ihre Reiseschriftstellerei war nicht immer kooperativ; es konnte streitlustig oder sogar von Konkurrenzdenken bestimmt sein. Fanny erklärte, ursprünglich sei ihr Tagebuch »nur eine Sammlung von Beobachtungen als Gedächtnisstütze« für ihren Mann gewesen, aber unter dem Vorwand, ihm behilflich zu sein, versuchte sie auch (bezeichnenderweise), ihn zu beeinflussen. Das Paar war sich uneins, in welcher Form Stevenson seine Südseereisen literarisch verwerten sollte. So wandte sich Fanny im Mai 1889 in einem Brief an Sidney Colvin:

Louis hat das bezauberndste Material der Welt für sein Buch, und ich habe Angst, dass er alles verdirbt. Er hat es sich in seinen schottischen Stevenson-Dickschädel gesetzt, dass er eine ernste Pflicht zu erfüllen hat und sein Buch etwas Wissenschaftlich-Historisches, Unpersönliches sein muss …, das alles auslässt, was er über die Leute selbst weiß. Ich dagegen bin der Meinung, dass kein lebender Mensch ihnen jemals so nahe gekommen ist und sie so gut versteht wie er. Welch eine Idee, den Leuten ein Traktat über die polynesischen Völker vorzusetzen, obwohl sie danach lechzen, von Ori a Ori zu hören, von der Verbrüderung mit Kannibalen, den seltsamen Geschichten, die sie erzählen, und den außergewöhnlichen Abenteuern, die wir erlebt haben. Es ist schon ein Kreuz, mit einem »Genie« als Ehemann geschlagen zu sein! Das ist, als müsse man ein überzüchtetes Pferd bändigen. Und dabei könnte ich mit meiner eigenen schwachen Hand ein Buch schreiben, um das die ganze Welt sich reißen würde.

Bevor sie mit der *Janet Nicoll* in See stachen, schrieb Fanny noch einmal an Colvin, der sich um die Veröffentlichung von Stevensons Werken kümmerte: »Natürlich wird die neuerliche Kreuzfahrt das Buch noch interessanter machen. Ich bin sehr froh, dass Sie die historische und wissenschaftliche Frage angesprochen haben. Das lag mir schwer auf der Seele. Wenn ich das Publikum wäre, so würde ich mich keinen Pfifferling um Louis' Theorien über die Entstehung der Inseln scheren, über ihre historische Entwicklung oder die Frage, woher die Bewohner ursprünglich kamen – nein, mich würden einzig Louis' eigene Erfahrungen interessieren.« Die Auswahl der Erlebnisse und Begebenheiten, die Fanny auf der *Janet Nicoll* in ihr Tagebuch aufnahm, gibt Aufschluss über ihre Vorstellungen, was ihr Mann hätte schreiben sollen, aber Stevenson hielt während der ganzen Kreuzfahrt an seiner gegensätzlichen Meinung fest. Wie Fannys Tagebuch vermerkt, schuftete er sich halb zu Tode, als er, anstatt seine Frau und Lloyd ins Dorf zu begleiten, in der glühenden Mittagshitze Korallenproben für seine »wissenschaftliche

Arbeit« von einem Riff abschlug. Später schrieb Fanny einen übertriebenen und verzerrten, aber sehr amüsanten Bericht über diesen Zwischenfall an Colvin, um den Beweis zu erbringen, dass Stevenson wegen seiner »verbohrten Einstellung zur Reiseschriftstellerei«, wie sie es nannte, »bizarre Abenteuer und Merkwürdigkeiten in Hülle und Fülle« entgangen seien. »Noch nie hatte jemand ein so herrliches Material für ein Buch, und viel vom Besten soll einfach ausgelassen werden. ›Nun gut‹, sage ich, ›wenn du nicht willst, dann werde ich es tun. Ich sammle alle meine Briefe und veröffentliche sie zusammen mit meinen Tagebüchern, wo immer sie eine Lücke auszufüllen vermögen, die du mutwillig offen gelassen hast.‹« Am Ende wurde Stevenson weder seiner Frau noch sich selbst gerecht; *In der Südsee* bietet wenig in der Art auktorialer Erzählung, die Fanny bevorzugte, während Stevenson das Gefühl hatte, dass es ihm nicht gelungen wäre, die fundierte anthropologische Pazifikstudie zu schreiben, die er geplant hatte: ›Ich werde es nie können, denn Fanny hat sehr feste Überzeugungen, und ihr Seelenfrieden ist mir wichtiger als meine Ideen.« Was nun die Veröffentlichung ihres eigenen Reisetagebuchs betraf, so wartete Fanny fast ein Vierteljahrhundert, ehe sie sich daranwagte.

Kurs auf die Südsee endet mit der Ankunft in Numea am 26. Juli 1890. Während Stevenson eine Woche »in der Sträflingsstadt am Ende der Welt« verbringt, wie er es ausdrückt, bleiben Fanny und Lloyd nur eine Nacht und segeln dann mit der *Janet Nicoll* nach Sydney weiter. Es ist eine strapaziöse und gefährliche Reise, denn sie geraten in einen Sturm und erleiden an der australischen Küste beinahe Schiffbruch. Die Familie trifft im August wieder in Sydney zusammen, und Anfang September reisen sie nach Samoa, um mit dem

Hausbau auf ihrem Grundbesitz »Vailima« zu beginnen. Auf den überzähligen Seiten ihres Tagebuchs von der Fahrt mit der *Janet Nicoll* hat Fanny eine »Liste der Dinge« angelegt, »die für Vailima gebraucht werden« – Ackergeräte und Saatgut, Eismaschinen und Wasserfilter, Bücher über Mechanik und Gartenbau –, woran man die Größenordnung ihrer Vorbereitungen und Pläne ablesen kann. Denn die Stevensons haben nicht nur die Absicht, ein Haus zu bauen, sondern sie träumen von einer kleinen Farm mit etwas Viehbestand, Obst und Gemüse für den Eigenbedarf und eventuell sogar einer Kakao- und Kaffeeplantage, mit der sie Erträge erzielen würden. Es ist eine erdrückende Aufgabe, mit überwiegend ungerodetem Buschland zu beginnen, aber sie fordert Fannys »Pioniergeist« heraus. Sie ist schon immer eine leidenschaftliche und fähige Gärtnerin gewesen und experimentiert bald mit diversem Saatgut, was sich zu einer kämpferischen Betätigung in ihrem Sinne entwickelt: Stevenson beschreibt sie, wie sie jeden Morgen »mit dem Fleiß einer Biene oder eines Teufels« aus der Tür tritt, »… um sich in ihrem Garten herumzutreiben und abzumühen«. Fanny führt ein Tagebuch (1956 als *Our Samoan Adventure* veröffentlicht), das einen lebendigen Bericht über ihr tägliches Leben in Vailima liefert, über ihre Kämpfe mit der Farm und ihre Beziehungen zu den Samoanern, die auf dem Grundstück arbeiten. Verständlicherweise schweigt sich das Tagebuch über die mysteriöse Gemütskrankheit aus, die Fanny in den Jahren 1892/93 befällt und ihre Ehe auf eine harte Probe stellt.

Zu jener Zeit verfasst Stevenson eine denkwürdige Beschreibung seiner Frau, »die wunderliche Frau von Vailima«:

Unendlich klein, kurioser grauer Lockenschopf, schönes, wächsernes Gesicht wie das Napoleons, irrwitzige schwarze Augen,

Jungenhände, winzige nackte Füße, eine Zigarette, wildes blaues Kleid einheimischer Machart, das meist mit Gartenerde gesprenkelt ist. In Gesellschaft nimmt ihr Verhalten Züge einer ängstlichen, pedantischen alten Jungfer aus prüderen Zeiten an; fehlte nur noch das Ridikül ...
Höllische Energie, unterbrochen von Zeiten völligen Winterschlafs. Kann alles, vom Hausbau bis zum Ehestreit, alles groß und imponierend in seiner Art ... Verarztet alle, verarztet dich, lässt sich aber selbst nicht verarzten. Ein Partisan, wie er leibt und lebt: leidenschaftlicher Freund, gnadenloser Feind ... Wird entweder gehasst oder sklavisch angebetet; Gleichgültigkeit unmöglich. Die Einheimischen finden sie unheimlich und glauben, dass Teufel ihr dienen. Träumt Träume und hat Visionen.

Am 3. Dezember 1894 wird Fanny von solchen Träumen und Visionen heimgesucht: Schon vorher hatte sie mehrere Tage lang eine starke Vorahnung von einem Unheil gehabt, das ihrer Familie droht. Am Abend erleidet Stevenson eine Gehirnblutung und stirbt noch in derselben Nacht. Ein paar Jahre lang versucht Fanny mit Hilfe ihres Sohns und ihrer Tochter, das Vailima-Anwesen in Gang zu halten, aber 1897 gibt sie den Kampf gegen das Vorrücken des Dschungels auf und verlässt Samoa; das Haus und das Grundstück werden mit Ausnahme von Stevensons Grab später verkauft. (Daraufhin wird Vailima Sitz des zunächst deutschen, dann englischen Gouverneurs von Samoa und nach der Unabhängigkeit Sitz des samoanischen Staatsoberhaupts. Heute ist es Museum.)

Fanny verbringt den Rest ihres Lebens in Kalifornien, zuerst in San Francisco, später in Santa Barbara. Sie kauft mehrere Grundstücke, baut mehrere Häuser und verdient Geld im kalifornischen Immobiliengeschäft, außerdem fließen ihr die Honorare von Stevensons literarischen Veröffentlichungen zu. Sie arbeitet daran, den Ruhm ihres Ehemanns (und die Einkünfte, die sein Werk einbringt) zu bewahren, indem sie die Publikation seiner Biografie von Stevensons Cousin Graham Balfour überwacht und Vorworte für zwei neue Ausgaben seiner Werke schreibt. Als Stevensons Witwe ist sie zugleich die Hüterin und Hinterbliebene einer literarischen Legende. »Sie ist wie eine alte graue Löwin – oder eine abgedankte, gefangene Südseekönigin«, sagte Henry James. Fanny heiratet nicht wieder, aber sie nimmt sich einer Reihe junger männlicher Protégés an: des Künstlers und Humoristen Gelett Burgess, des Romanciers Frank Norris und des Schriftstellers Ned Field. Letzterer, 40 Jahre jünger als sie, wird ihr ständiger Begleiter und Mitglied ihres Haushalts. Fanny reist bis ins hohe Alter, und immer öfter nach Mexiko, aber sie kehrt nie auf die Südseeinseln zurück. Stattdessen besucht sie die Inseln in ihrer Fantasie, nämlich als sie sich endlich entschließt, ihr Tagebuch von der Reise auf der *Janet Nicoll* zu veröffentlichen. Am 18. Februar 1914, nur wenige Tage vor ihrem Tod, beendet sie die Durchsicht der Fahnen. Sie stirbt an einer Gehirnblutung, so wie ihr Mann. 1915 bringen ihre Tochter Belle und Ned Field ihre Asche nach Samoa und setzen sie in Stevensons Grab bei; das Begräbnis wird mit einer Prozession, einer kirchlichen Zeremonie und einem samoanischen Fest begangen. Am Grab wird eine Tafel angebracht, auf der Stevensons Gedicht »Meine Frau« zitiert wird, in dem er Fanny eine Schicksalsgefährtin nennt, »treu durch ein ganzes Leben«.

Kurs auf die Südsee wird 1914 postum veröffentlicht und ist damals wohl nur wenig beachtet worden. Im gesamten 20. Jahrhundert ist das Werk vor allem als eine Quelle für die Stevenson-Forschung bekannt. Aber das Buch beinhaltet mehr als eine Ergänzung zum Südsee-Œuvre ihres berühmten Ehemanns. Wie Stevensons Freund Sidney Colvin über Fanny sagte, waren »all ihre Launen, Gedanken und Instinkte lebendig, echt und originär, und im täglichen Gespräch wie in ihren Briefen bestach sie zugleich durch Einfallsreichtum und Tiefe der Empfindung sowie durch die Wahl und Farbigkeit des Ausdrucks«. Diese Eigenschaften treten in ihrem Bericht deutlich zutage, ebenso ihre Unerschrockenheit, die sie in Szenen und Situationen brachte, wie sie nur wenige europäische Männer, geschweige denn Frauen, jemals erlebt hatten. Ihr Reisebericht und die Fotos (einige davon 1914 in *The Cruise of the Janet Nichol* – so der englische Originaltitel von *Kurs auf die Südsee* – veröffentlicht, andere aus dem Fotoalbum der Stevensons von der Kreuzfahrt ausgewählt) bieten einen einzigartigen Einblick in das Leben der letzten unabhängigen Südseekönigreiche und Inselgemeinschaften am Vorabend der kolonialen Machtübernahme. Es war eine Welt der Könige, Häuptlinge, Missionare, Händler und Strandläufer, und, wie Fanny uns unablässig erinnert, eine Welt mit einer ungeheuren Vielfalt von Frauen und Mädchen, die jede auf ihre Weise Einblick in die traditionellen Sitten und Übergangsformen des Insellebens gewähren, wie sie in ihrem Buch geschildert sind.

Prolog

Wenn jemand sein Tagebuch veröffentlichen will, das zur Zeit der Abfassung nicht für eine Publikation bestimmt war, wird er sich immer gezwungen sehen, Auslassungen vorzunehmen. Aus vielerlei Gründen musste ich *Kurs auf die Südsee* rigoros kürzen. Das Tagebuch war von mir ursprünglich nur als Sammlung von Beobachtungen gedacht, die meinem Mann als Gedächtnisstütze dienen sollten, dort, wo sein eigenes Tagebuch ihn im Stich ließ. Daraus ergab sich später, dass Geschehnisse, die ich in meinem Tagebuch aufgezeichnet hatte, häufig (zu ihrem allergrößten Vorteil) von ihm umgeschrieben und erweitert wurden und dann in seinem Tagebuch Aufnahme fanden. Diese Passagen habe ich gestrichen, wenn auch nicht immer vollständig; desgleichen Dinge, die auf persönliche Belange anderer Personen und natürlich von uns selbst Bezug nahmen. Die Anspielungen auf den »Teufelskasten« könnten, fürchte ich, unverständlich erscheinen. Wie es sich traf, hatte mein Mann in seinem Tagebuch in allen Einzelheiten geschildert, wie es zum Kauf dieses Teufelskastens gekommen war, und ich es für sinnvoll gehalten, nur ein paar zusätzliche Gesichtspunkte zu notieren, mehr aber nicht.

Im Vergleich dazu muss die ausführliche, fast katalogartige Beschreibung der Gegenstände, die ich in den verschiedenen Gebäuden der Insel Suwarrow gesehen habe, den Eindruck erwecken, ich sei hier ins gegenteilige Extrem verfallen. Zu jener Zeit trug mein Mann sich mit dem Gedanken, einen Südseeinsel-Roman zu schreiben, und darin hätte er derlei armseliges und tragisches Treib- und Wrackgut von gestrandeten Schiffen und zerstörten Existenzen verwenden können. Nun habe ich den Passus, selbst auf die Gefahr hin, den Leser zu langweilen, stehen lassen, nicht zuletzt in der Hoffnung, dass auch andere gern jene ungreifbare Aura entdecken möchten, die ich wahrgenommen habe.

Einer der Gründe, weshalb ich ein wenig gezögert habe, dieses Tagebuch zu veröffentlichen, ist die große Zahl heutzutage erscheinender Bücher, die vorgeben, exakte Berichte über unser Leben an Bord oder anderswo zu liefern, und das von Leuten, die wir kaum gekannt oder nie bewusst getroffen haben. Nur ein Beispiel aus einer Vielzahl falscher Darstellungen: Angeblich haben, wie ich las, der Schriftsteller und meine Tochter die Flagge für König Tembinoka gefertigt. In Wahrheit wurde die Flagge aber von mir entworfen, während ich an Bord des Schoners *Equator* weilte, und dann auf denkbar prosaische Weise von einer Firma in Sydney hergestellt. Auf keiner unserer Reisen segelte jemand mit uns, der nicht unmittelbar zur Familie gehört hätte. All die Bücher mit »Stevenson hier« und »Stevenson dort« sind aus dem »Stoff, aus dem die Träume sind« und bis fast ins letzte Detail falsch. Im Gegensatz zur allgemeinen Meinung war mein Mann ein Mensch, der nur wenige enge Freunde um sich duldete, und selbst diesen gegenüber verhielt er sich bis zu einem gewissen Grad zurückhaltend.

Das vorliegende Tagebuch wurde unter äußerst widrigen Umständen verfasst – manchmal auf dem nassen, umgestülpten Rumpf eines Kanus oder Walboots, manchmal das Gesicht über den brennenden Sand des Tropenstrands gebeugt, oft in einem Kopraschuppen inmitten eines Infernos aus Lärm und Chaos, noch häufiger an Bord der schlingernden *Janet* (deren Spitzname »Jumping Jenny« war), untermalt von »Tin Jacks« ununterbrochenen, jeglichen Zusammenhang entbehrenden Schwätzereien – niemals jedoch in einer komfortablen Umgebung. Die unverhältnismäßig große Mühe, die für derart unzulängliche Resultate aufgewendet werden musste, verlieh meinem Tagebuch in den Augen meines Mannes einen gewissen fiktiven Wert, und er hatte den Wunsch, es möge durch eine Publikation dem Vergessen entrissen werden. Das Büchlein kann sich, mag es anderen noch so eintönig erscheinen, zumindest einer Leserin rühmen, denn was mich betrifft, so habe ich den Bericht über die vielleicht glücklichste Zeit meines Lebens mit größter Faszination durchgesehen.

FANNY V DE G STEVENSON
Kalifornien 1914

Namen und Begriffe, die im folgenden Text mit * versehen sind, werden in den Anmerkungen ab Seite 249 erläutert.

Kurs auf die Südsee

Das Tagebuch der
Mrs. Robert Louis Stevenson

Der Frachter *Janet Nichol* war ein maschinenbetriebener Toppsegelschoner von rund 600 Bruttoregistertonnen. Der große, luftige Salon und die Kajüten waren mittschiffs auf dem Hauptdeck untergebracht, mit Türen, die sich nach außen öffneten; der »Handelsraum« lag im äußersten Heck. Das Schiff verfügte über ein komfortables Badezimmer und genügend Platz an Deck, um sich die Beine zu vertreten; überhaupt konnten wir gehen, sitzen oder schlafen, wo immer wir wollten. Ich habe oft im Kartenraum oder auf der Plattform der Kommandobrücke geschlafen; wohingegen die Heckluke, mit einer großen Plane überdacht, der Ort war, den sich die meisten von uns als permanentes Nachtquartier erwählt hatten. Hier schaukelten die einen in der Hängematte, andere ruhten auf Matten, während die Anspruchsvolleren jeden Abend und Morgen Decken und Kissen hin und her trugen. Für mich waren vier Matten in einem Rechteck aufgehängt; locker geflochten, ließen die Matten den Luftzug durch, der meist über die Luke strich, aber leider auch das grässliche Stöhnen eines der Steuerleute, der in meiner Nähe schlief und von Albträumen geplagt war.

Unsere Messe bestand aus Mr. Henderson, einem der Schiffseigner; Kapitän Henry, Segelmeister; Mr. Hird, Superkargo oder Landungsaufseher; Mr. Stoddard, Maschinist; Mr. Buckland, den alle »Tin Jack« nannten (»Tin« ist das Inseläquivalent von Mr.), einem Händler der Gesellschaft, der zu seiner Station zurückkehrte, sowie mein Mann, mein Sohn Lloyd und ich. Die Crew der *Janet* setzte sich aus ungefähr neun weißen Männern und über 40 schwarzen Jungs zusammen, die von den Salomoninseln und den Neuen Hebriden stammten.

Wir verließen Sydney am 11. April bei heftigem Wind und schwerer See. Das schlechte Wetter dauerte an, bis wir in

Auckland eintrafen, was von Hafen zu Hafen sieben Tage in Anspruch nahm.

18. April 1890

In Auckland rechtzeitig zum Abendessen. Bin an Land gegangen und habe mit dem Superkargo und Tin Jack in einem Hotel gegessen. Louis und ich haben in dem Hotel geschlafen, wobei wir uns abgesprochen hatten, dass Tin Jack und Lloyd am nächsten Morgen mit einer Einkaufsliste zu uns stoßen sollten. Gleich nach unserer Ankunft in Auckland ist eine fremde Katze durch ein Bullauge auf das Schiff gesprungen und bleibt jetzt an Bord.

19. April

Habe einen Rock aus feinem schwarzem Tuch für Maka und ein gutes schwarzes Seidenkleid für Mary gekauft. Da die *Janet* in die Weite der Südsee unterwegs ist, ohne einen bestimmten Hafen anzusteuern, hielten wir es für besser, Geschenke mitzunehmen für den Fall, dass wir uns in der Nähe von Butaritari wiederfinden sollten. Ich kehrte vor Tin Jack und Lloyd ins Hotel zurück, die unterwegs Halt gemacht hatten, um Feuerwerkskörper zu kaufen, mit denen Tin Jack seine einheimischen Handelspartner erfreuen wollte. Außer den Feuerwerkskörpern, darunter auch zehn Pfund Kalklicht, hatte Tin Jack noch Patronen, Bühnenschminke, eine falsche Nase und eine Perücke erstanden.

Lloyd hatte Bedenken wegen des Kalklichts und befragte den Mann im Drugstore eingehend, insbesondere wegen der Entflammbarkeit, wobei er darauf hinwies, dass das Kalklicht an Bord eines Schiffes gelagert würde. Der Mann erklärte, es sei vollkommen ungefährlich, »so harmlos wie ein Paket Zu-

-d Mrs Louis Stevenson in company with Nantoki and Natakauti. Buta-

Nantoki and Natakauti – Two strong friends of the party when in

cker«, und er versicherte nachdrücklich, dass es mehr brauche als ein entflammtes Zündholz, um das Kalklicht in Brand zu stecken. »Wünschen Sie es mit oder ohne Rauch?«, fragte er, während er sich umwandte, um alles einzupacken. Der sparsam veranlagte Händler dachte bei sich, dass es geraten sei, für das Geld, das er ausgab, so viel wie möglich herauszuschlagen, und nahm das Kalklicht mit Rauch.

AN BORD
NACHMITTAGS

Einigen Ärger mit der Gewerkschaft, aber nichts Gravierendes. Mr. W., der Buchhändler, der Louis nach einem im Druck erschienenen Porträt erkannt hatte, machte uns am Abend seine Aufwartung. Netterweise erbot er sich, uns Pistolenpatronen zu besorgen. Nach wenigen Minuten Konversation eilte er von dannen, um sich danach umzusehen, und kehrte, als wir gerade im Begriff waren, den Anker zu lichten, mit etlichen hundert oder ungefähr so vielen zurück. Die Feuerwerkskörper wurden zusammen mit anderen Kisten auf das Schiff verfrachtet, und da sie nicht besonders gekennzeichnet waren, stapelte Lloyd alles, einschließlich unserer Patronen, auf seine Koje, bis Tin Jack, mit dem er sich die Kajüte teilte, herunterkommen und die Pakete auseinander sortieren würde. In einem müsste sich eine Pistole befinden. Sie gehört Louis, und Tin Jack hat sie reparieren lassen.

BEMERKUNGEN ZU EINEM FRÜHEREN
BESUCH AUF BUTARITARI

Auf unserer zweiten Südseereise lernten wir auf Butaritari, einer der niedrigen Inseln, die zu den Kingsmill- oder Gilbertinseln gehören, den hawaiischen Missionar Maka und seine Frau Mary kennen. Da Maka und seine Frau abwesend waren, als wir auf der Insel eintrafen, »brachen« wir auf Empfehlung des örtlichen Händlers in das komfortable kleine Holzhaus des Missionarsehepaars ein und nahmen es in Besitz, um uns dort häuslich niederzulassen und in aller Seelenruhe die Rückkehr unserer unfreiwilligen Gastgeber abzuwarten. Nachdem wir auf diese Weise unsere Zugehörigkeit zu den Missionaren bekundet und uns so tief in ihre Schuld gebracht hatten, fühlten wir uns verpflichtet, auf viele Vergnügungen und Freundschaften zu verzichten, die wir sonst interessant gefunden hätten, die von Maka jedoch nicht gebilligt worden wären. Dann stand das große Fest bevor, und die Bewohner der Nachbarinsel Little Makin (von den Händlern »Little Muggin« – Einfaltspinsel – genannt) kamen herüber – sie hatten die Herausforderung der Bewohner Butaritaris angenommen, mit ihnen um die »Meisterschaft« zu tanzen, wie Sportsleute es nennen würden. Solange das Fest andauerte, zog Maka sich in ein diskretes Dunkel zurück und gab uns damit die Möglichkeit, mit dem König von Little Makin bekannt zu werden und den heidnischen Tänzen beizuwohnen. Gleichwohl blieben Maka und Mary unsere allerbesten Freunde, unser zeitweiliger Übertritt zu den Leuten aus Makin änderte daran nichts. Als wir Butaritari verließen, konnten wir nichts Passendes auftreiben, das wir ihnen nach Inselmanier und um unserer Dankbarkeit für ihre nahezu überwältigende Gastfreundschaft Ausdruck zu verleihen, zum Abschied hätten schenken können; daher nun das Seidenkleid und der Gehrock für den Pastor. Zwei andere Freunde, bekehrte Christen von unerschütterlicher Glaubensfestigkeit, für die wir nun ebenfalls Geschenke mitbrachten, ließen wir mit gleich großem Bedauern zurück,

Nan Tok und seine Frau; sie hatten aber keinerlei Ähnlichkeit mit Maka und Mary. Sie stammten nämlich von Butaritari und waren in Makas Augen gänzlich unzivilisiert, da die Dame (in der Südsee gibt es nur Damen, denn das Wort »Frau« ist in der gesamten Gesellschaft, ob hoch oder niedrig, tabu*), eine reiche, hoch stehende Häuptlingsfrau, im gewöhnlichen Leben nur den *ridi** trug, während sie zu offiziellen Auftritten im weißen Hemd erschien, frisch von den Regalen des Händlers, an dem die Faltknicke noch deutlich sichtbar waren. Meine erste Begegnung mit Nan Tok und seiner Frau gestaltete sich ziemlich Furcht erregend. Der König hatte das Alkoholtabu aufgehoben, und infolgedessen befand sich die ganze Insel, einschließlich seiner benommenen Majestät, in einem wilden Trinkgelage, wobei sie »Sauren Toddy« in sich hineinschütteten (den vergorenen Saft der Blütenstängel der Kokosnuss), der das gefährlichste Rauschmittel der Welt ist, da er in seinen Adepten einen hemmungslosen Drang zum Blutvergießen erweckt. In jener zügellosen Zeit stieß ich auf zwei Frauen, die wie wilde Tiere miteinander kämpften, sich die Zähne gegenseitig in die blutüberströmten Gesichter schlugen. »O, was ist denn bloß los?«, rief ich. »Saurer Toddy«, antwortete die Frau, die ich angesprochen hatte, und warf einen verächtlichen Blick über die Schulter, bevor sie von dannen zog.

Unter den gegebenen Umständen erachtete man es für mich als zu gefährlich, unser eigenes kleines Domizil zu verlassen, aber eines ruhigen Nachmittags streifte ich meine Fesseln ab und wanderte auf die Wetterseite der Insel, um Muscheln zu suchen. Hier gesellten sich ein fremder Mann und eine fremde Frau zu mir; keine Vertrauen erweckenden Gefährten, dem äußeren Anschein nach zu urteilen, denn sie sahen recht zerzaust aus, waren beide in nichts als einen winzigen Fetzen schmutzigen alten Sackleinens gekleidet, die Gesichter ausgemergelt und sorgenvoll. Anfangs folgten sie mir, während ich meinem Geschäft des Muschelsuchens nachging, aber bald wurden sie dieser Belustigung offenbar überdrüssig und drängten mich vom Strand ab und landeinwärts; dann ergriffen sie mich bei den Armen, jeder an einer Seite, und zogen mich dreist auf einen engen, gewundenen Pfad, der durch einen Kokospalmenwald führte, wie sie überall auf der Insel zu finden waren. Während ich widerstrebend neben meinen Entführern einherschritt, zog die Dame, offensichtlich um mein Wohlergehen besorgt, eine Lehmpfeife aus einem riesigen Loch in ihrem Ohr, stopfte sie mit einem starken, grob geschnittenen Tabak, zündete sie an, paffte einen Augenblick und steckte sie dann in meinen Mund. Da ich nicht erkennen konnte, ob ihre Absichten feindselig oder was auch immer waren, und mir sämtliche Warnungen, die ich erhalten hatte, durch den Kopf schossen, nahm ich meinen ganzen Mut zusammen und fügte mich in meine Lage. Aber es war eine unheilvolle Erfahrung. Als wir aus dem Palmenwald auftauchten, fanden wir die Stadt in wildem Aufruhr, auf der Straße, die vor unserem Haus entlangführte, tummelte sich ein heulender, kämpfender, betrunkener Mob. Mir fiel ein Stein vom Herzen, als ich feststellte, dass wir unmittelbar vor meiner Haustür standen; die beiden Einheimischen hielten mich fest, bis wir sicher die kleine Veranda erreicht hatten, wo der Mann zu meiner Verwunderung auf die Knie fiel und ein glühendes Gebet gen Himmel schickte.

So begann meine Freundschaft mit Nan Tok und seiner Frau (mein Mann pflegte sie »Baron und Baronin« zu nennen). Sie erzählten uns später, mit welcher Besorgnis sie mich allein durch die Wälder hatten wandern sehen und wie sie nach einer hitzigen Auseinandersetzung über die geeigneten Mittel, die zu ergreifen wären, beschlossen hätten, mich mit Gewalt in Sicherheit zu bringen. Der Zwischenfall mit der Pfeife stellte einen Versuch dar, mich zu beschwichtigen. Den erachteten sie für nötig, weil sie in meinen Augen einen wilden Glanz entdeckt zu haben glaubten, der sie erschreckte. Das Gebet war ein Dankgebet für den guten Ausgang ihres abenteuerlichen Unterfangens und eine Bitte darum, dass sich dies als Beginn einer neuen Freundschaft erweisen möge, die uns allen zum Segen gereiche.

20. April

Wir sind letzten Abend gegen acht Uhr aus Auckland ausgelaufen, wobei das Lichtermeer der Stadt uns eine gute Weile gefolgt ist. Ein halbwüchsiger kleiner Hund war zu unserer Schiffsgesellschaft hinzugekommen.

Zwischen zehn und elf lag Louis in seiner Kabine, völlig erschöpft und heilfroh, dass er sich ausruhen konnte. Tin Jack und Lloyd hatten in Mr. Hendersons Kajüte Platz genommen, tranken Kaffee und redeten über den Boom bei Landankäufen. Ich saß allein am Salontisch und aß dunkles Brot und Butter. Plötzlich drang aus der Kabine, die Tin Jack und Lloyd bewohnen, ein Zischen und Knallen, fast unmittelbar gefolgt von wild auflodernden Flammen und einem grässlichen Gestank nach Chemikalien. Das Kalklicht, angeblich so harmlos wie ein Paket Zucker, war explodiert und hatte die restliche Feuerwerksmunition entzündet. Lloyd und ich wussten als Einzige, dass mitten dazwischen die Patronen lagen, aber wir hüllten uns diskret in Schweigen, obwohl wir jeden Augenblick damit rechneten, fliegende Kugeln vorbeizischen zu hören. Ich rannte in unsere Kajüte und riss eine schwere rote Decke an mich. Im selben Moment griff sich Mr. Henderson einen großen, hübschen Wollteppich aus seiner Kajüte. Ich tastete nach einer Hand, in welche ich die Decke legen konnte, denn der Raum war so von erstickendem Rauch erfüllt, dass man nichts als die vielfarbigen Flammen sehen konnte, die durch den Qualm schossen. Zum Glück war es die Hand des Kapitäns, in der ich meine Decke unterbrachte. Sobald ich die Decke los war, rannte ich zurück und steckte meinen Kopf durch ein Bullauge, um nach frischer Luft zu schnappen; da der Rauch uns in der Kehle würgte, konnten die Bullaugen nicht geschlossen werden, obwohl der Luftzug die Flammen noch stärker anfachte. Im selben Moment hatte sich Mr. Henderson, der für Minuten ohnmächtig auf der Treppe zusammengebrochen war, vorgekämpft, um mich herauszuholen; und so fasste ich seine Hand und lief durch den Salon zur Kajütstreppe und hinauf an Deck.

Louis, der nichts von den an Bord geschmuggelten Feuerwerkskörpern wusste, war überwältigt vom lebhaften Farbspiel der Flammengarben; er stand einige Zeit wie angewurzelt, starrte auf das ungewöhnliche Schauspiel und atmete die giftigen Dämpfe ein. »Weshalb«, so fragte er sich verwundert, »sollte ein Feuer auf See wie eine Weihnachtspantomime aussehen?« Seine Verwirrung war so groß, dass er den Rauch kaum wahrnahm.

Der Kapitän hatte von der Brücke aus dicken Qualm aufsteigen sehen und war verdutzt, zugleich aber ärgerlich; denn er dachte, der Maschinist ließe eigenmächtig Dampf ab. Das Zeug muss daher eine beträchtliche Zeit geschwelt haben, ehe es in Flammen aufging, denn der Luftzug trieb den Dampf durch das offene Bullauge hinaus und nicht in den Salon, und so merkten wir erst in dem Moment, als wir hörten, wie die Raketen durch den Salon pfiffen, dass etwas nicht stimmte. Während der Kapitän auf die vermeintliche Rauchsäule starrte, schoss plötzlich eine Garbe blauen, grünen und roten Feuers durch den Dampf und hoch in die Luft hinauf. Er gab den Befehl, die Hilfsmaschine Wasser pumpen zu lassen und den Schlauch anzuschließen, rannte unter Deck und robbte sich mit der Decke, dem Teppich und dem Schlauch mitten in den Herd des Feuers hinein. So gelang es ihm, die Flammen gerade noch rechtzeitig zu ersticken, ehe das Schiff ernsthaft in Gefahr geriet; er sagte hinterher, wenn der Wind aus einer anderen Richtung geweht hätte oder die Patronen explodiert wären, hätte uns nichts mehr retten können.

Unter unseren schwarzen Jungs entstand nicht die Spur einer Panik; ich habe sogar den Verdacht, dass sie die Aufregung genossen, die die Affäre mit sich brachte. Als wir uns später darüber unterhielten, betonte der Kapitän, wie glücklich er sich schätze, einen Mann am Ruder gehabt zu haben, auf den er sich verlassen könne. Lloyd und ich sagten nichts, aber wir wussten beide, dass kein Mann am Ruder gestanden hatte; der Vertrauenswürdige war mit den anderen unter Deck gelaufen. Um das Schiff sich selbst zu überlassen, dafür war es ein ziemlich riskanter Augenblick gewesen, denn wir hatten den Hafen noch längst nicht hinter uns gelassen, sondern waren gerade in Höhe des Leuchtturms, als das Feuer ausbrach. Ein Dampfer fuhr dicht an uns vorbei, als das Schauspiel am wildesten war. Mit dem grellbunten Feuer und dem dicken weißen Qualm, der aus unseren Bullaugen schoss, müssen wir einen überaus sonderbaren und erschreckenden Anblick geboten haben. Lloyd blickte über die andere Seite unseres Schiffs und sah, dass die Bullaugen dort ebenfalls Qualm ausspien wie Fabrikschlote.

Zu unserer Überraschung waren die Patronenkisten nur leicht angesengt. Unser persönlicher Verlust erwies sich jedoch als beträchtlich. Ungefähr 90 Fotos wurden zerstört und Lloyds gesamte Kleidung, außer dem, was er am Leibe trug. Weder ihm noch mir ist auch nur eine Zahnbürste geblieben. Das Ärgerliche daran ist, dass Tin Jack überhaupt nichts verloren hat. Lloyd ist zutiefst erbittert über die ungerechte Behandlung, die das Feuer ihm in puncto Hosen zuteil werden ließ. Ich konnte ein paar schwarze Jungs gerade noch davon abhalten, einen brennenden Koffer über Bord zu werfen, der vier große Kisten mit Louis' Manuskripten enthielt. Eine schwarze Tasche mit bisher noch unbekanntem Inhalt ist verbrannt, und zahllose kleine Bedarfsartikel, die der Behaglichkeit an Bord dienen, sind verloren. Ich lebe seither in ständiger Angst, dass Louis einen Blutsturz erleiden könnte. Sollte es dazu kommen, werde ich der Versuchung nicht widerstehen können, dem Drugstorebesitzer, der uns wegen ein paar Shilling in solch eine tödliche Gefahr gebracht hat, etwas Verzweifeltes anzutun. Ein grässlicher Gestank hängt noch über dem Ort, und alle fühlen sich krank. Obwohl ich kaum den Rauch im Salon eingeatmet habe, spüre ich einen schweren Druck auf der Brust, und mein Hals und meine Lunge brennen, als würde ich Pfeffer inhalieren. Seit wir aus Auckland ausgelaufen sind, ist das Wasser glatt wie Glas, und das Schiff wurde nicht gerüttelt und nicht herumgeworfen; das Zeug muss sich einfach von selbst entzündet haben. Wäre es ein klein wenig später passiert, hätte Tin Jack in seiner Koje oben geschlafen und wäre zweifellos erstickt.

21. April

Noch immer damit beschäftigt, die Kleider zu trocknen, die Lloyd geblieben sind, im Feuer aber angesengt und durchnässt wurden, und entdecke laufend neue Verluste. Zum Glück ist die Flagge, die ich für König Tembinoka habe anfertigen lassen, unversehrt (eine königliche Standarte, die ich für ihn entwarf). Die Flagge für die Insel hatte ich bereits geschickt, und der Patronengürtel, den Lloyd ihm als Geschenk mitbringt, ist nur ein wenig verrußt. Unsere Kameras blieben wunderbarerweise beide verschont.

Die Flagge war auf einer früheren Reise entworfen worden, nachdem wir Apemama verlassen hatten, die größte der drei Inseln, welche zu den Eilanden gehören, die König Tembinoka unterstehen, dem letzten absoluten Monarchen der Südsee. Der König hatte uns gebeten, ihm eine Flagge zu schicken, und so zeichneten und kolorierten wir eines Abends, während wir noch auf dem Schoner *Equator* unterwegs waren, jeder eine Flagge. Die Schiffsgesellschaft stimmte darüber ab, und es traf sich, dass meine einstimmig gewählt wurde. Die drei Querbalken, rot, gelb und grün, sollten für die drei Inseln stehen, während der schwarze Hai, der über die Balken gezeichnet war, als Symbol für Tembinokas Ahnen gedacht war. Die Abstammung des Königs verlor sich nämlich nicht im Dunkel; vielmehr lieferte er uns nahezu anstößige Details über den Ersten in der Reihe seiner Ahnen, der aus einer Verbindung zwischen einer schönen Dame und einem Hai entsprungen war. Die Zeichnungen, die ich auf der *Equator* angefertigt hatte, wurden einer Firma in Sydney übergeben, die auf solche Aufträge spezialisiert ist; sie gestaltete daraus prächtige Flaggen, ganz nach dem Geschmack Seiner Majestät. Die königliche Flagge zeigte den Hai mit einer weißen Krone auf dem Kopf. Als Motto wählte ich »Ich beiße dreifach«, was nicht nur eine Anspielung auf die drei Inseln des Königs ist, sondern auf die drei dem Hai eigentümlichen Zahnreihen.

Louis hat Schach mit dem Kapitän gespielt, der seit vielen Jahren aus der Übung war. Ich habe Kränze aus künstlichen Blumen geflochten, die als Geschenke für die Inselbewohner gedacht sind. In Sydney habe ich eine Anzahl großer Schachteln mit altmodischen künstlichen Blumen gekauft, die wunderbar frisch und hübsch aussehen, sowie grüne Blätter ohne Drähte. Für ein Pfund und drei Shilling erhielt ich genug für 20 volle Kränze und für 18 weitere, die mit gefärbten Federn aufgeputzt werden können. Ich glaube nicht, dass die Einheimischen mehr Freude daran haben werden, die Kränze geschenkt zu bekommen, als ich bei ihrer Herstellung empfinde. Auf den Atollen gibt es nur jämmerlich wenige Blumen, so dass die Bewohner, die für jeden festlichen Anlass Kränze verwenden, gezwungen sind, alle nur denkbaren Notbehelfe für ihre Girlanden zu ersinnen, die nahezu als unentbehrlich betrachtet werden. (Einer unserer Matrosen erschien mit einer Girlande und einer Halskette aus Orangenschalen zum Dienst.) Mir sind nur zwei Blumen unter die Augen gekommen, die im echten Atoll offenbar heimisch sind, die eine ganz unscheinbar, wie die Blüte der männlichen Papaya, die andere eine Art »Ruhmeslilie«; beide waren von weißlicher Farbe, und soweit ich sehen konnte, wurden sie nur von hochgestellten Persönlichkeiten getragen und nicht von der gewöhnlichen Herde, die sich mit Imitationen aus irgendeinem Bestandteil der Kokospalme begnügte. Ich wünschte, die künstlerischen Seelen, die so viel Häme über meine Einkäufe beim Hutmacher ausschütteten, könnten die unbändige Freude sehen, mit welcher sie in Empfang genommen wurden. Oftmals brachen gesetzte Matronen in hysterisches Schluchzen aus, wenn ich ihnen meine Kränze überreichte, während Könige, Häuptlinge und sogar weiße Händler Intrigen spannen, um eines dieser begehrten Besitztümer zu ergattern.

22. April

Das Wetter ist nach wie vor schön. Habe eine kleine Insel namens Curtis Island gesehen und um halb zehn Sunday Island gesichtet. Der Kapitän steuerte uns freundlicherweise ganz nahe heran, so dass wir ein gutes Foto machen konnten. Am Horizont erschien eine Rauchwolke, vermutlich von einem Dampfschiff; große Aufregung. Ich lief schnell hinunter, um Briefe zu schreiben, und fand Mr. Henderson bei derselben Beschäftigung vor; aber leider bewegte sich der Dampfer, der wie ein Kriegsschiff aussah, von uns fort und näher an die Insel heran, und für den Versuch, ihm nachzujagen, war es zu spät, also müssen unsere Briefe warten. Sunday Island ist die Insel, auf der sich einst eine amerikanische Familie angesiedelt hatte, bis sie von einem Vulkanausbruch vertrieben wurde. In letzter Zeit haben sich ein paar Siedler dort niedergelassen. Lloyd erinnert mich, dass dies die Insel war, die Louis und er einmal in Besitz zu nehmen vorschlugen. Damals wollte ich nichts von dem Plan hören, wegen des Vulkans und der Rattenhorden, die den Ort verpesten. Ich bereute es, als ich das Eiland jetzt sah, und habe nun mein Herz daran gehängt, eine Insel zu besitzen. Es wird täglich wärmer, und ich hoffe, dass ich bald meine Schuhe und Strümpfe wegpacken kann. (Da die meinen sämtlich und die meisten von Louis in Flammen aufgegangen waren, außer denen, die ich an den Füßen trug, dachte ich diese für Zeiten aufzusparen, wenn es erforderlich sein sollte, eine zivilisierte Erscheinung abzugeben.) Mr. Henderson hält nach einer Insel Ausschau, über deren Existenz Zweifel bestehen. Lloyd sagt mir, Mr. Low, der Künstler aus New York*, habe einmal erwähnt, dass einer seiner Freunde tatsächlich auf besagter Insel gewesen sei.

26. April

Ich konnte meine Schuhe und Strümpfe noch nicht wegpacken, denn bald nach meinem letzten Eintrag verschwand die Sonne; mehrere Tage lang wurden wir in einem Sturmwind mit fast ständigem Regen hin und her geworfen. Die Luft ist dick und stickig, heiß und zugleich unterkühlt. Zu meinem Leidwesen habe ich mir eine Erkältung zugezogen und einen heftigen Rheumaanfall erlitten. Der Kapitän hatte ebenfalls Pech: Auch er hat sich erkältet, und außerdem ist ihm eine schwere Tür auf den Finger gefallen und hat seinen Nagel zerquetscht. Vor einiger Zeit war ihm ein Stück Schlacke ins Auge geflogen, welches eine Entzündung verursachte, und jetzt sieht er mit dem anderen auch noch schlecht, eine Folge der giftigen Dämpfe, die bei unserem unfreiwilligen Feuerwerk entstanden sind.

Heute haben wir vor Savage Island oder Nuieue geankert, da wir ungefähr acht Bewohner dieser Insel an Bord haben, die von der Handelsgesellschaft nach Hause zurückgebracht werden. Es war schön, die glücklichen, aufgeregten Gesichter der »Jungs« zu sehen, als wir uns ihrer Heimatinsel näherten. Für den Anlass hatten sie sich alle neu eingekleidet, jeder mit einem Paar robuster neuer Stiefel an den Füßen. Ein paar Dandys trugen samtene Rauchkappen mit Quasten und rote Schärpen. Sie sind kleiner und hellhäutiger als die Menschen, die wir hier bislang angetroffen haben, ihre Züge und ihr Ausdruck erinnern an hübsche, freundlich lächelnde Chinesen. Bevor wir Anker warfen, kreisten kunstvoll gebaute Auslegerboote um das Schiff, und von allen Seiten wurden Begrüßungsrufe laut. Frauen paddelten nicht zu uns hinaus. Für sie ist ein Schiff tabu, aber die Männer wurden von Scharen kleiner Jungen begleitet. Bald wanderten sie alle

Boy from Niue or Savage Island.

über das Schiff und staunten über die seltsamen Anblicke, die sich ihnen überall boten, waren aber auch gewitzt genug, um jederzeit einen ehrlichen oder unehrlichen Penny zu machen. Ich kaufte ein paar Zuckerrohrstangen für eine Stange Tabak und bestellte bei einem Mann einen Hut, für den ich zwei Shilling bezahlen soll. Der Mann hatte einen Hut dabei, verlangte aber vier Shilling dafür wegen der Borte, die um den Hutkopf gebunden war – ein winziges Stück roten Flanells. Ich erstand auch ein paar kleine Modellkanus (eines für Tin Jack) zum Preis von zwei Shilling.

Unsere Matrosen sind »schwarze Burschen«, teils von den Neuen Hebriden, teils von den Salomonen und anderen Inseln. Offensichtlich fällt es ihnen leichter, Englisch miteinander zu reden als ihre eigenen Sprachen; ich hörte einen sagen: »Im Kanu des Burschen dort möchte ich nicht über dieses Wasser fahren.« Der Mann aus Nuieue musterte die Burschen mit großer Neugierde und erkundigte sich, auf welcher Insel man solche Menschen finden könne. Einer der schwarzen Matrosen hat sich als Sally Day eintragen lassen. Heute hörte ich, wie ein anderer ihn höflich Sarah nannte. Savage Island ist eine hoch-niedrige Insel; das heißt, es handelt sich um ein Korallenatoll mit einem Boden, der sich mehr oder weniger uneben bis zu 200 Fuß über den Meeresspiegel erhebt. Erzeugnisse der Insel sind Kopra, Bananen, Baumwolle, Brotfrucht, *bêche de mer* – Seegurken – und Schwämme; regiert wird sie von einem König mit Hilfe von vier Häuptlingen und vier Unterhäuptlingen. Nahrungsbäume und -pflanzen werden sorgfältig kultiviert, die Leute stehen in dem Ruf, fleißig und arbeitswillig zu sein. Kapitän Henry wollte ein Mädchen zu seiner Frau nach Hause mitnehmen, aber es wurde ihm nicht gestattet, da es gegen das Gesetz verstößt, dass ein weibliches Wesen die Insel verlässt.

In mindestens einem der Dörfer von Nuieue herrscht ein absonderlicher Brauch. Ein Tag im Jahr wird als Gerichtstag festgelegt. Jede einzelne Seele, ob Mann, Frau oder Kind, hat sich auf dem Dorfplatz einzufinden. Per Abstimmung wird ein Auspeitscher ernannt und ein Geschworenengericht gewählt, das halb aus Christen und halb aus Heiden besteht. Einer nach dem anderen treten die Leute vor und bekennen öffentlich ihre Sünden, während das Tribunal die Strafe festlegt, welche in Auspeitschen besteht oder in einer entsprechenden Geldbuße. Die Geldbußen können in Gütern jeglicher Art beglichen werden, wobei der Wert des angebotenen Artikels nach dem Preis geschätzt wird, der ursprünglich dafür bezahlt wurde. Zum Beispiel kann ein Mann, der zu einer Strafe von einem Dollar verurteilt wird, die untauglichen Überreste eines zerfledderten Hutes bringen, der im Jahr davor einen Dollar gekostet hat. Die gewählten Geschworenen bleiben aufgrund ihrer Stellung keineswegs vor Strafe verschont. Nachdem das Gericht gebeichtet und seine eigene Strafe festgesetzt hat, ist der Auspeitscher an der Reihe, und sollte Auspeitschen sein Los sein, muss er es auf sich nehmen, sich selbst auszupeitschen. So kann jede Seele am nächsten Tag mit rein gewaschenem Gewissen neu beginnen, bereit für ein neues Sündenregister. Die Beichten scheinen aufrichtig zu sein und lösen bisweilen ungeheure Bestürzung bei jenen aus, gegen die gefrevelt wurde.

Der Wunsch, eine Insel zu besitzen, brennt noch immer in meiner Brust. Hier in der Gegend, näher an Samoa, liegt genau die Insel, die ich haben möchte, leider bereits im Besitz eines Mannes aus Tahiti. Sie heißt Nassau und soll unbewohnt sein.

Letzte Nacht lief eine riesige Ratte über mein Bett, und Mr. Henderson hatte dasselbe unerfreuliche Erlebnis. Im

Laderaum der *Janet* haust eine Anzahl reinweißer Ratten mit roten Augen, die auf mysteriöse Weise ganz von allein auf das Schiff gekommen sind. Der Kapitän will nicht zulassen, dass ihnen Schaden zugefügt wird, was ich reizend und sentimental von ihm finde. Es war amüsant zu beobachten, welche Verblüffung unser Hund zeigte, als wir vor Anker gingen und er seinen Kopf durch ein Bullauge streckte, um einen Blick auf Auckland zu erhaschen. Schon allein der Schwanz drückte erschrockene Überraschung aus. Unser Zweiter Steward (ein weißer Mann) ist im Zustand unbändigen Entzückens. Er hat seinen Posten unter dem Ersten Steward in der romantischen Hoffnung angenommen, Samoa zu sehen, wovon er einmal eine Beschreibung in einer Zeitung gelesen hatte. Alle paar Minuten höre ich seine vor Aufregung zitternde Stimme: »Was halten Sie davon, Mrs. Stevens?« Im einen Moment drückt er mir eine Stange Zuckerrohr in die Hand: »Kosten Sie das, Mrs. Stevens, es ist Zuckerrohr! So etwas habe ich noch nie vorher gesehen!«, dann wieder heißt es: »Kokosnuss! Kokosnuss! Das ist eine grüne Kokosnuss, Mrs. Stevens; so etwas habe ich noch nie in meinem Leben gesehen.« Es ist zwecklos, ihm zu erklären, dass dies alles ein alter Hut für mich ist; er hört nichts und plappert mit glänzenden Augen weiter. Von einem weißen Heizer, der auch noch nie in den Tropen war, habe ich gerade Folgendes vernommen: »Geht einfach hin und beschwindelt mich, dieser Eingeborene! In der grünen Kokosnuss hier ist gar nichts außer Wasser.«

Mr. Henderson hat uns soeben im Vertrauen erzählt, dass unsere nächste Insel Upolu, Samoa, sein wird, und jetzt sind wir in einer genauso fieberhaften Aufregung wie der Zweite Steward. Am Mittwochnachmittag um vier Uhr werden wir in Apia eintreffen, und am nächsten Morgen bei Tagesanbruch fliegen wir nach Vailima. Während wir die Angelegenheit besprachen, rief der Kapitän, dass eine weiße Ratte in seiner Kabine herumlaufe und er wolle sie fangen und zähmen, also beeilte ich mich, ihm zu helfen. Die Ratte habe sich unter seinem Bett verkrochen, sagte er, und es sei die entzückendste Ratte der Welt. Während er ihre Schönheit rühmte, schoss sie hervor, sprang ihn an und schleuderte von dem Aufprall wie ein weißer Baumwollknäuel gegen meine Brust. Der Kapitän lachte und stieß schrille, hysterische Schreie aus, in die ich einstimmte, während die entzückendste Ratte der Welt davonhuschte.

27. April

Das Wetter ist wirklich abscheulich, so kalt, dass ich ein Flanellmieder überziehen musste. Tin Jack und Lloyd sind gestern Abend zur Handelsstation gegangen und mit dem weißen Händler zurückgekehrt, einem dünnen, bleichen Mann mit einer Hakennase und sanften, furchtsamen braunen Augen. Aus lauter Langeweile wollte ich gerade schlafen gehen, als Mr. Henderson mit dem Schrei »Schiff ahoi!« heraufgerannt kam. Und tatsächlich stampfte ein großes Schiff durch die aufgepeitschte See. Kapitän Henry hielt es für einen Amerikaner, der vom schweren Wetter hereingetrieben worden war. Um die Spitze der Insel herum stiegen die Brecher, wie er sagte, an die 40 Fuß hoch. Während wir das fremde Schiff beobachteten, drehte es bei und segelte zu unserer großen Enttäuschung davon, da es vermutlich nur hergekommen war, um eine Peilung vorzunehmen. Nachdem ich gestern Abend mein Tagebuch zugeklappt hatte, holte Mr. Henderson die Seekarte hervor und zeigte uns die Inseln, die er besitzt, und die vermutliche Position der Victoria-Insel, nach welcher er Ausschau hält. Ich schlug ihm vor, um Letztere eine Münze zu werfen, und er willigte ein. Louis warf ein Geldstück hoch, und ich gewann. Doch zuerst muss ich Victoria Island finden.

Nuieue hat sich noch nicht von den Auswirkungen des letztjährigen Hurrikans erholt, so dass wir uns nicht mit Leckerbissen eindecken können. Es gibt keine reifen Kokosnüsse, wenige Bananen und gar keine Brotfrucht. Jemand sagte mir, dass ich Frühlingszwiebeln bekommen könnte. »Wie werden sie angebaut?«, fragte ich und meinte damit, ob sie die Zwiebeln säen oder Setzlinge pflanzen. »Auf den Gräbern«, war die ziemlich verstörende Antwort.

Letzte Nacht hat Mr. Henderson einer Ratte den Schwanz ausgerissen. Er wollte die Ratte aus einem Loch ziehen, aus dem ihr Schwanz hervorlugte, aber der Schwanz löste sich ab und die Ratte lief davon. Der Kapitän sagt mir, dass man in Nuieue für gewöhnlich unter einer Fliegenplage leidet. Im Moment ist es zu kalt, aber normalerweise sind die Bewohner schwarz vor Fliegen, wenn sie in ihren Kanus hinauspaddeln, vor allem am Rücken. Jemand hat mir einen Korb Bananen geschickt, die fast zu süß und fetthaltig sind; außerdem köstliche Orangen. Ich habe die Bälge unserer Kameras, wo sie von Kakerlaken angefressen waren, mit Heftpflaster ausgebessert.

28. April

Sind um die andere Seite Nuieues zur Missionsstation gedampft, mit einem Händler und einem jungen Iren namens Hick an Bord; außerdem einer Frau und einem Jungen von der Insel. Hier erblickten wir zu unserer Überraschung das Schiff, das wir gesichtet und aus den Augen verloren hatten; es entpuppte sich als die *John Williams.*

Wir schauten zu, wie sie hin und her stampfte, bald dicht unter den Klippen, bald an der *Janet* vorbeiziehend, bald uns den Atem raubend, wenn sie über Stag ging und im Wenden überholte, bis wir dachten, dass sie Blätter an ihrem Klüverbaum hätte. Wir holten tatsächlich die Kamera herauf, um ein Foto von dem Schiffbruch zu machen, der unserer Meinung nach bevorstand. Hinterher erklärte man uns, dass es nur Kapitän Turpie war, der seine Seemannskünste vorführte.

Die *John Williams* ist ein Missionsschiff auf dem Weg nach Samoa. Sie hat einen englischen Missionar und seine Familie an Bord sowie eine Deutsche, die eine Schule für samoanische Mädchen eröffnen will. Der Missionar von Nuieue ist Mr. Lawes, ein dunkler, fremdländisch aussehender Mann. Wir hörten nichts als Gutes über ihn von Händlern und Einheimischen.

Wir landeten und stiegen die Klippe hinauf, die teils Pfad, teils Treppe war, während unsere Jungs bereits mit Koprasäcken beladen zum Beiboot zurückmarschierten, das an der Mole hin und her schlingerte, von ein paar schwarzen Burschen festgehalten, die sich daran klammerten, als ginge es um ihr Leben. Die einheimischen Christen, die zur Missionsstation gehörten, standen auf dem Pfad aufgereiht, um uns zu begrüßen. Als Erstes drängten die Männer nach vorn, kicherten und schüttelten uns die Hände; dann die Frauen, deren farbenprächtige Kleider uns schon vom Schiff aus aufgefallen waren, da sie auf der Klippe leuchteten wie eine Blumenrabatte. Dann die Kinder, die nach gespieltem Schrecken folgten und wieder flohen, aber lachten, als sie fortrannten. Ich befand mich in einiger Entfernung von Louis, der Folgendes in mein Tagebuch schrieb: »Sie brandeten gegen mich wie ein Meer; ich stand eingekeilt zwischen einem halben Dutzend ausgestreckter Hände, ringsum lächelnde

Gesichter, ein glockenreiner Begrüßungschor, der aus der Schar aufstieg. Ich entrann den Sirenen durch ein Tabakgeschenk, das sich später als mein Verderben erwies, in dem Augenblick, da ich mit Lloyd hinausging, um zu fotografieren. Eine Traube Mädchen folgte uns, drückte und umarmte mich und durchwühlte meine Taschen. Es kam einer hässlichen Szene denkbar nahe, und doch war es hübsch; Häme oder Grobheit stellten sich nicht ein, die Mädchen umschwänzelten und beraubten mich wie wohlerzogene, übermütige Kinder einen Lieblingsonkel. Meine eigene Ration geschnittenen Tabaks und meine Papiere hielten sie in Ehren; aber eine kleine Weile später, als ich mir eine Zigarette drehte, stellte ich fest, dass meine Zündholzschachtel fehlte. Ich hegte nur geringe Zweifel, wer die Schuldige sei; ein molliges kleines Mädchen, mehr wie eine Hawaiianerin, mit koketter Miene und Kopfhaltung, welche durch die prächtige rote Blüte in ihrem Haar auffiel, hatte mich mit besonderer Gründlichkeit durchsucht. Ich forderte meine Zündhölzer zurück. Sie schüttelte zuerst den Kopf; dann holte sie aus einem unbekannten Versteck meine Schachtel hervor, zog ein einzelnes Zündholz heraus, steckte die Schachtel wieder weg und überreichte mir mit feinem Lächeln und bemerkenswerter Anmut und Würde, in der Art einer vornehmen Gastgeberin, das Zündholz!« (Er hat den Passus später verwandt, aber da die Sätze in mein Tagebuch gehören, glaubte ich sie stehen lassen zu können.)

Tin Jack wurden Spione gezeigt, wie sie die Namen der Frauen notierten, die sich entgegen aller Regeln an Bord aufgehalten hatten. Sie werden morgen allesamt bestraft werden. Flatterhaftes Betragen ist, wie uns zu Ohren kam, nicht statthaft und wird mit Geldbußen geahndet. Man sollte meinen, dass die öffentlichen Kassen reich gefüllt sind.

Ehe ich wusste, wie mir geschah, hatte mich der Händler in das Missionsgebäude geschleust, ein wohl errichtetes Haus aus Koralle, mit einem hohen, weiten Dach aus getrockneten Kokoswedeln, die anmutig miteinander verflochten und mit Seil aus Kokosfaser zusammengebunden waren. In einem inneren Raum trafen wir auf die Passagiere der *John Williams*, Mr. und Mrs. Marriott sowie die deutsche Lehrerin. Die Marriotts reisten mit den allerliebsten kleinen Zwillingen, die man sich denken kann, zwei Jahre alt und fast genau gleich. Louis und Lloyd verschwanden sofort, um Fotos zu machen. Der König, der allem Anschein nach geliebt und geachtet wird, hielt sich im Busch draußen auf, weshalb sie auf sein Konterfei verzichten mussten. Nachdem ich eine angemessene Zeit in Anbetung der Zwillinge verbracht hatte, folgte ich den Fotografen, wobei der Händler mich führte und die *John-Williams*-Gesellschaft in Begleitung von Mr. Lawes (dem ortsansässigen Missionar) folgte. Wir kamen an einer Kuh, einem Stier und zwei Pferden vorbei, ein seltsamer Anblick in diesen Breitengraden. Wir entdeckten zahlreiche Blumen, die im Unterholz blühten – Jasmin, Flamboyants und eine gelbe, einer Wunderblume ähnelnde Blüte. Wo ein Stück gerodet war, wuchs Gras. Strömendes Wasser gibt es nicht, aber durch kleine Spalten im Fels wird in einer Tiefe von sieben Faden Brackwasser gefunden. Man erzählte mir auch von einer großen Spalte, in welche Steinstufen geschnitten worden sind und wo ein unterirdischer Fluss in einem Wasserfall hinabstürzt.

Der Händler, der uns schon drei Tischtücher aus *tappa*, dem heimischen Rindenstoff, zu einem horrenden Preis verkauft hatte, blieb mir hartnäckig auf den Fersen, drängte mich in sein Haus, wo er mir eine Matte zeigte, für die er ein Pfund verlangte, obwohl sie höchstens ein paar Dollar wert war. Ich weigerte mich, sie zu kaufen, woraufhin er mir zwei kleine, recht hübsche Matten verehrte. Ich fand, dass er sie mir schuldig wäre, und nahm sie ohne Gewissensbisse an. Der junge Ire, der uns ins Haus gefolgt war, öffnete seine Kiste und nahm eine riesige gelbe Muschelkette heraus, einen Korb aus Kokosschalen und einen merkwürdigen, bleischweren, sorgfältig gemeißelten Stein, den die Inselbewohner beim Kämpfen verwenden. Er bestand darauf, dass ich alle diese Objekte annehmen müsste. Ich war hoch entzückt über den Kampfstein. Der Händler versprach, mir ein Paar »Friedensstöcke« zu besorgen, wenn wir auf seine Seite der Insel zurückkehrten. Von diesen Stöcken machen die Frauen Gebrauch, wenn sie der Meinung sind, dass ein Kampf lange genug gedauert hat. Sie stürzen sich zwischen die Kämpfer, schwenken die beiden Friedensstöcke, und die Sache ist beendet. Die Friedensstöcke sind aus dunklem, fast schwarzem Eisenholz gefertigt, ungefähr drei Fuß lang, geformt wie Speere und mit Kokosfaserschnur und gelben Vogelfedern an der Stelle verziert, wo die Hand sie natürlicherweise hält. Die Federn waren vermutlich die gleichen, die in Hawaii für Königsmäntel verwandt werden. Während ich schreibe, erscheint Tin Jack in einem Hut Nuieuer Machart, aus geflochtenem Pandanus, der Form nach eine hundertprozentige Nachahmung des zivilisierten Zylinders und unbeschreiblich komisch.

Als wir ins Missionshaus zurückkehrten, blieben wir beim neu erbauten Königspalast wegen eines Stücks Eisenholz stehen, das ich zum Reparieren des Kamerastativs benötigte. Die Königin, eine hübsche, lächelnde junge Frau, stand in der Tür und zeigte uns, wo wir uns umsehen sollten. Als ich vor dem Missionshaus ankam, untersuchte ich das Ohr des Haushunds und stellte fest, dass er an Soor litt. Louis und ich erinnerten uns, wie das Heilmittel für ihn hieß, und sagten es Mr. Lawes. Ich bat darum, Louis und Lloyd die Zwillinge zu zeigen. Die kleinen Elfchen waren erschöpft von dem Schlingern und der stickigen Luft auf der *John Williams* und hatten beide in den letzten Tagen unter Krämpfen gelitten. Ich fand, dass sie fast zu sehr wie kleine Engel aussahen. Ich kämpfte einen vergeblichen Kampf, unsere Gesellschaft dazu zu bewegen, Mrs. Lawes' Einladung zum Abendessen abzulehnen. Es war aber auch zu hart: Monat um Monat vergeht in tödlicher Monotonie. Plötzlich liegen zwei Schiffe vor ihrer Tür, beide – kaum zu glauben – mit weißen Frauen an Bord, und sie hat kaum Zeit, mit ihnen allen zu sprechen, und in ein oder zwei Stunden sind sie wieder fort. Die arme Mrs. Lawes hatte ein wildes Flackern in den Augen, als die Passagiere beider Schiffe und die meisten Offiziere sich in einem großen Kreis um ihre Tafel versammelten. Es war ein ausgezeichnetes Mahl, das ich von Herzen genossen hätte, wäre ich mir nicht wie eine Kannibalin vorgekommen, die gerade dabei war, Mrs. Lawes zu verspeisen. Aber das ist das Schicksal einer Missionarsfrau. Ich bin sicher, dass sie ein Nervenfieber bekommen hat, als wir fort waren. Sie fand einen Augenblick, um Louis ihr Leid zu klagen: Wenn wir doch nur hübsch nacheinander gekommen wären und nicht alle auf einmal, wie ein Wasserschwall, dann wäre sie überglücklich gewesen. So werden wir nichts als einen Eindruck von Hast und Eile und höllischem Durcheinander hinterlassen. Während wir bei Tisch saßen, lief die *John Williams* so nahe an den Strand, dass wir erschraken und Mr. Marriott in Panik geriet, da er alle seine weltlichen Besitztümer an Bord hatte. Die *John Williams* hat Sydney am Freitag, den 11., verlassen, am selben Tag wie wir, und jetzt treffen wir uns hier und möglicherweise noch einmal in Samoa. Wir hatten gerade unser Mahl beendet, als die Dampfpfeife für uns ertönte, und wir eilten alle zum Boot. Die *John Williams* lichtete ebenfalls den Anker.

Wir hatten Handelsware an Bord, die auf der anderen Seite der Insel ausgeladen werden musste. Dort stieg Lloyd vom Schiff und brachte mir meine Friedensstöcke, für die er zwei Shilling das Paar bezahlte. Eine große Zahl Einheimischer kam an Bord, darunter die bildschöne Schwester und die Tochter eines Häuptlings. Ich reichte ihnen beiden einen Kranz, den sie mit großer Freude und Stolz entgegennahmen. Tin Jack kostümierte sich mit seiner Perücke, dem falschen Bart und der falschen Nase. Die Einheimischen erschraken heftig, und nicht wenige Frauen waren den Tränen nahe.

29. April

Stürmisch die ganze Nacht, aber heute Morgen lugte die Sonne hervor, und es sieht wirklich hoffnungsvoll aus. Der Kapitän hat den ganzen Tag bis vier Uhr an meinem Einfall gearbeitet, die Kamera mit Eisenholz aus Nuieue zu reparieren. Ich habe letzte Nacht kaum geschlafen wegen des schweren Schaukelns und Schlingerns der *Janet*. Eine schwarze Katze ist aufgetaucht; sie hat sich in Nuieue an Bord geschlichen. Sie sollte mit dem Auckland-Hund auf Rattenjagd gehen. Ich hatte die boshafte Absicht, dem Kapitän so etwas vorzuschlagen, aber ich hätte mir gar keine Gedanken darüber machen müssen, denn als dem Hund eine Ratte gezeigt wurde, verfiel er vor Schreck beinahe in Krämpfe. Ich habe all meine Sachen fertig gepackt, um in Samoa an Land zu gehen.

30. April

Heute Morgen Tutuila passiert. Kaum noch Hoffnung, Upolu vor morgen zu erreichen, wegen einer widrigen Strömung, schaffen es kurz nach Sonnenuntergang aber doch noch. Wir fuhren einige Zeit an Upolu entlang, die Landschaft ganz bezaubernd: steile Berge, nicht so hoch wie in Tahiti oder Hawaii und nicht so seltsam abstoßend wie das Gebirgsland der Marquesas, sondern von großer Schönheit der Silhouette und der Farben, wobei der dichte Dschungel vom Schiffsdeck aus wie weiches grünes Moos aussah. Durch das Glas konnte ich einen hohen, schmalen Wasserfall ins Meer stürzen sehen. Hin und wieder drang vom Land her eine Brise zu uns herüber, erfüllt mit betäubenden Gerüchen nach Erde, nach wachsenden Bäumen, süß duftenden Blüten und Früchten und über allem der reine, gesunde Geruch der Brotfrucht, die in heißen Steinen buk. Bald tauchten Schiffsmasten auf und der Rauch von Apia. Die Signalflagge wurde auf die Fockstange hinaufgezogen und von einem der schwarzen Jungs eifrig festgezurrt. Der Lotse kam rasch an Bord. Es war noch nicht ganz dunkel, aber wir hielten es für besser, auf der *Janet* zu Abend zu essen, obwohl wir darauf brannten, uns an Land zu begeben. Während wir aßen, näherten sich immer mehr Leute in Booten dem Schiff, um uns auf Samoa willkommen zu heißen. Louis und ich brachen auf und ließen Lloyd zurück, der uns im Beiboot folgen sollte. Es war wie ein Traum, am Strand von Apia entlangzuschlendern, Hände zu schütteln und *talofas* nach allen Seiten auszuteilen. Wir verbrachten den Abend an Land, und nachdem wir für den frühen Morgen Pferde bestellt hatten, fielen wir völlig erschöpft ins Bett.

1. Mai

Um sechs Uhr aufgewacht, als die Pferde eintrafen. Als wir das letzte Mal nach Vailima ritten, war die Straße nur ein Saumpfad und vom Busch nahezu vollständig überwuchert. Jetzt können wir zu zweit oder sogar zu dritt nebeneinander reiten, wenn uns der Sinn danach steht. Tin Jack war hoch entzückt, als er die wild wachsenden Ananasfrüchte sah, und beklagte seinen Fehler, dass er sich auf einer niedrigen Insel angesiedelt hatte. Lloyd ritt zu einem Dorf an der Straße voraus, mit einem Paket voller Süßigkeiten für ein paar kleine Mädchen, die für uns zu tanzen pflegten, als wir in der Nähe im Busch gelebt hatten. Lloyd wartete bereits auf uns, als wir ihn einholten; nur eines der Mädchen war in der Gegend. Nach dem Dorf tauchte die Straße in den Wald ein. Die hohen, von Lianen überwucherten Bäume, in deren Astgabeln Farne wuchsen, warfen einen willkommenen Schatten, und wir ritten langsam, um alles in vollen Zügen zu genießen.

In Vailima trafen wir auf einen Trupp schwarzer Jungen, die Bäume und Gestrüpp abholzten und verbrannten. Ich glaube, es handelt sich um Jungen, die deutschen Pflanzungen entlaufen sind. Zahlreiche edle Bäume von großer Höhe und starkem Umfang sind aber noch stehen geblieben. Ein kleines Holzhaus war errichtet worden, von dessen Balkon wir die Masten der ankernden *Janet* sehen konnten und über sie hinweg weit hinaus auf die See.

Es ist seltsam, wie wenig über Samoa bekannt ist, selbst bei seinen Bewohnern. In Sydney habe ich Erkundigungen wegen eines Turbinenrads eingezogen, für den Fall, dass ich in Vailima eines benötigen sollte. Der Mann, den ich konsultierte, versicherte mir, es sei völlig nutzlos, etwas Derartiges in Angriff zu nehmen, denn ein Freund von ihm, der soeben aus Samoa zurückgekehrt war und dort lange Zeit gelebt hatte, habe ihm gesagt, dass in Upolu kein einziger Baum von nennenswerter Größe mehr stände und es keinerlei Hartholz mehr gebe. In Wirklichkeit findet man jedoch eine Fülle prächtiger Nutzholzbäume, sehr hart und schön von Farbe. Eines dieser Nutzhölzer, ein hellgelbes, ähnelt Seidenholz, und ein anderes scheint eine Art Mahagoni zu sein. Wir fotografierten, und nach ein paar Stunden rissen wir uns widerstrebend los.

Ein einheimischer Mann, ein alter Freund, hielt uns auf dem Rückweg nach Apia an. Damit wir ihm nicht entrinnen konnten, fiel er unserem Pferd in die Zügel. Eine Frau, mit der wir bekannt waren, ging vorüber; sie drehte sich um und blieb stehen, gurrend wie eine Taube, und in jedem ihrer Glieder und Züge drückte sich freudige Überraschung aus.

Nach einem behelfsmäßigen Mittagessen öffnete ich ein paar Kisten, die wir hier gelassen hatten, und nahm verschiedene Gegenstände heraus, die sich als Geschenke eigneten. Im Hauptladen fanden wir unseren Buschfreund und seine kleine Tochter, die mit einem großen Korb Orangen auf uns warteten. Louis gab dem Mädchen einen Shilling und forderte es auf, sich von den Regalen ein Stück bedruckten Kattuns auszusuchen. Die Kleine war von der Großartigkeit des Angebots überwältigt und wählte nach langem Überlegen schließlich das hässlichste Stück der ganzen Palette. Ich gab einer alten Frau ein bedrucktes Kleid, woraufhin sie schnurrte wie eine Katze und mir die Hand küsste. Unser alter Freund Sitione (im letzten Krieg verwundet)* kam her, um mit uns zu reden. Er sah sehr krank aus, trug den Arm bandagiert in einer Schlinge. Der Doktor sagt Louis, es stehe schlimm um den Arm und er befürchte, ihn amputieren zu müssen. Auch mit Sitiones Auge, das verbunden war, stimmte irgendetwas nicht.

Sitione litt an den Folgen einer alten Wunde, die er in einem der letzten Kriege erhalten hat. Einzelne Knochen in seiner Schulter wurden zerschmettert und schließlich entfernt; Sitione erholte sich vollständig, es blieben nur ein oder zwei Narben, die anzeigten, wo der Doktor operiert hatte. Sitione, so wurde mir erzählt, war verwundet worden, als er eine ausgemacht tapfere und wagemutige Tat vollbracht hatte. In einem der vielen samoanischen Kriege war sein Stoßtrupp ein Stück zurückgefallen und hatte eine offene Fläche zwischen sich und dem Feind gelassen. Sitione bemerkte, dass einer seiner Freunde gestürzt war und sich nicht mehr zu erheben vermochte. Der Feind stürmte bereits vorwärts, um den Kopf des Mannes zu erbeuten, wie es ihr Brauch ist, als Sitione im Angesicht ihrer Gewehre zurückrannte, seinen Freund hochriss und ihn in Sicherheit brachte, von einem Kugelhagel verfolgt, der hinter ihm herpfiff, und mit einer zerschmetterten Schulter.

Ein kleiner Junge brachte einen Korb Chilischoten, die ich mit an Bord nehmen wollte. Gemüse war nicht zu bekommen, da der Garten des Chinesen, der einzige in Samoa, von einem Hochwasser weggeschwemmt worden war. Um halb drei kehrten wir auf die *Janet* zurück, wo Dr. Stübel, der deutsche Generalkonsul*, Kommandant von Prittwitz und Gaffron, Kapitän der deutschen Korvette, die im Hafen von Apia lag, und ein anderer Deutscher, dessen Name ich vergessen habe, uns einen Besuch abstatteten. Wir unterhielten uns eine Weile und tranken ein Glas Champagner; dann ertönte die Pfeife, unsere Freunde sagten uns Lebwohl, und gegen vier lichteten wir den Anker und dampften los. Unser kleines Haus im Busch war vom Schiffsdeck mit bloßem Auge sichtbar.

3. Mai

Gegen drei Uhr sichteten wir eine Insel, die unter verschiedenen Namen bekannt ist – Swayne's Island, Quiros oder Olosenga –, eine kleine, runde niedrige Insel, die eine dreieckige, brackige Lagune einschließt, wie ein Zierteich in einem Park. Sie wird von einem Mischling namens King Jennings bewohnt, einschließlich seiner Familie und ungefähr 80 Leuten, die von verschiedenen Inseln stammen. Der erste Jennings, der Vater von King Jennings, war ein Amerikaner, der eine Samoanerin geheiratet hatte. Er verließ Samoa im Zorn, nachdem er ein Kriegsschiff für die Regierung gebaut hatte, für welches die Bezahlung verweigert wurde. Die Antriebskraft des Schiffs rührte von hölzernen Schaufelrädern her, die mit einer Kurbel von Hand gedreht wurden; daher ist es kaum verwunderlich, dass seine extreme Langsamkeit und die Mühe, die es kostete, das Schiff in Bewegung zu setzen, als Gründe für eine Beschwerde und für die Zahlungsverweigerung vorgebracht wurden. Es war komplett mit großen Geschützen bestückt und besaß die vollständige Ausrüstung eines richtigen Kriegsschiffs. In seiner Wut und Enttäuschung schüttelte Jennings den Staub Samoas von seinen Füßen und errichtete mit seiner Frau und seinen Kindern ein eigenes kleines Königreich auf Quiros. Hier sprengte er eine Passage durch das Riff, baute zwei Schoner aus Inselholz, machte sie mit Fässern flott und verkaufte sie an die deutsche Firma in Samoa*.

Eine Flagge wurde auf Quiros gehisst, das Sternenbanner mit etwas, das aussah wie eine Taube im Feld. Wir fragten mit einiger Neugierde, was es mit der Taube auf sich habe. Sie erzählten uns von einem Nachtvogel, der herbeigeflogen sei und monatelang über der Siedlung geschrien habe; das bedeutete Krankheit, und um den Unheilsvogel zu besänftigen, sei er in die Flagge aufgenommen worden.

Die Insel verfügt über eine gute Straße, großartige Häuser, eine Kirche und eine Schule, in der ein importierter Mischlingslehrer residiert. Von einem großen Gebäude, das der Lagerung von Kopra diente, hatten Männer schon einen improvisierten hölzernen Steg zum Landeplatz hinunter verlegt, auf dem die Koprafuhrwerke fahren konnten. Dieses geschäftige Treiben kam abrupt zum Stillstand, als Mr. Henderson erklärte, dass er erst auf der Rückreise Fracht aufnehme. Quiros ist eine reiche niedrige Insel, besitzt Anbaufläche im Überfluss und soll recht ansehnliche Revenuen einbringen, die noch größer sein könnten, wenn King Jennings es wollte.

Mr. Henderson und Louis gingen an Land; während sie fort waren, versuchte ich, mit den Chilis aus Samoa und den Zwiebeln von den Gräbern in Nuieue eine mexikanische Sauce zuzubereiten, eine so genannte *salsa*. Die Chilis verbrannten mir entsetzlich die Hände, und die Sauce war zu scharf, um Verwendung zu finden, außer als Suppenwürze, wozu sie sich ausgezeichnet eignete.

Mr. Henderson und Louis kamen mit ein paar heimkehrenden Kontraktarbeitern zurück, die bis Danger Island mitfahren sollten. Einer, der eine Arbeitsverpflichtung für fünf Jahre unterschrieben hatte, musste dann noch drei weitere Jahre auf ein Schiff nach Hause warten. An dieser Enttäuschung wäre er fast gestorben. Ich bin dankbar, dass er jetzt eine Gelegenheit erhielt. (Die Kontraktarbeiter sterben manchmal an Heimweh. So auch ein schwarzer Junge namens Arriki, den wir von einer deutschen Firma anheuerten; er starb, nachdem wir aus Samoa abgereist waren. Der Mann, an den die deutsche Firma ihn übergeben hatte, erzählte mir, wie Arriki und sein Freund die Köpfe hängen ließen, missmutig und schließlich wahnsinnig wurden. Bald danach starben beide ungefähr zur selben Zeit, ohne sichtbare Erkrankung, aber der Mann erklärte, er kenne die Symptome – »einfach nur schlichtes Heimweh nach einer Kannibaleninsel«. In einem vertrauensvollen Moment hatte Arriki mir einst sein Leben auf seiner Heimatinsel beschrieben. Anscheinend bestand es aus einer einzigen Flucht von einem unsicheren Ort zum anderen, den Tod immer hart auf den Fersen. Sowohl sein Vater als auch seine Mutter waren getötet und verspeist worden, desgleichen fast alle seine Freunde; und doch starb Arriki an Heimweh.)

Ich kann ein Pferd auf der Insel grasen sehen, und Louis hat ein Fuhrwerk ausgemacht.

4. Mai

Sind in der Nacht durch einen leichten Sturm gefahren und haben um vier Uhr morgens Danger Island gesichtet. Beim ersten Landeplatz ist eine Stelle im Riff, wo Leute, die mit dem Boot kentern, hinabgezogen werden und nie wieder auftauchen. Unsere Quiros-Passagiere befinden sich in einem Zustand fieberhafter Aufregung; Damen auf der Achterluke, die ihre sauberen Kleider überstreifen und den Kamm von Hand zu Hand gehen lassen. Der Mann, der acht Jahre lang im Exil ausgeharrt hatte, packte Louis' Hand und rief mit vor Aufregung bebender Stimme »coco nuk!« – Kokosnuss. Als wir näher kamen, lösten sich die drei Inseln der Gruppe allmählich voneinander. Danger Island oder

Pukapuka ist als Einzige bewohnt. Die Insel wird von einem König regiert, der keinem seiner Untertanen gestattet, ohne seine königliche Erlaubnis Kokosnüsse zu sammeln, und da er selten jemandem mehr zugesteht, als für seine Nahrung ausreicht, wird nur wenig Kopra hergestellt. Hier werden die Nüsse, entgegen dem üblichen Brauch, in der Schale getrocknet, damit das Fleisch nicht von Kakerlaken gefressen wird, und folglich ist das Kopra sehr fein und weiß; aber die Menge ist so gering, dass es sich nicht auszahlt, einen Händler auf der Insel zu stationieren.

Wir konnten beobachten, wie die Bewohner sich in großen Mengen am Strand versammelten. Sicherlich waren sie überwältigt vom Anblick des Schiffs mit seinen zusammengerollten Segeln, das so schnell gegen einen starken Wind kreuzte, denn die *Janet* war das erste Dampfschiff, das jemals Pukapuka erreichte. Sobald unsere Passagiere erkannt wurden, erhob sich den ganzen Strand entlang ein Freudenschrei, und sogleich ließen die Leute Kanus zu Wasser und paddelten zu uns heraus. Als sie mit uns auf gleicher Höhe waren, ließ Kapitän Henry die Dampfpfeife ertönen. Die Ankömmlinge waren entsetzt; alle hielten abrupt inne, und die Menge am Strand erstarrte zu Stein. Unsere Pukapuka-Passagiere ermunterten die Leute in den Kanus, näher zu kommen, riefen ihnen vom Deck des Schiffs etwas zu, aber es dauerte einige Zeit, bis jene sich ein Herz fassten und wieder zu paddeln begannen. Der König, ein schäbig gekleideter Mann von ziemlich unwürdiger Erscheinung, befand sich mitten unter ihnen.

Das Wiedersehen zwischen den lange getrennten Freunden war wunderschön und anrührend. Ich mag ihre Art, Zuneigung zu zeigen, lieber als unsere. Sie nahmen sich an den Händen und drückten leicht ihre Gesichter aneinander, mit einem zarten Schnuppern, so wie ich oft weiße Mütter ihre Säuglinge liebkosen gesehen habe. Eine ältere Frau hatte leider schlechte Nachrichten erhalten; sie sah sehr bekümmert aus, und als ein kleiner Junge auf sie zulief und sie begrüßte, schlang sie ihre Arme um ihn und weinte laut. Alle anderen jedoch sprudelten über vor Freude und Aufregung. Die Schafe, welche die Besucher zum ersten Mal sahen, wurden neugierig in Augenschein genommen. Eine Gruppe gestandener Männer mittleren Alters hielt sich in sicherer Entfernung und pfiff den Schafen, als wären es Hunde. Da keine Antwort darauf erfolgte, hatten sie sich gerade etwas näher herangewagt, als eines der Schafe unversehens eine Bewegung machte. Die Menge wich in höchster Bestürzung zurück, und ein Mann, der unter den Ersten gewesen war, jetzt aber eine hintere Position einnahm, fragte mit bebender Stimme, ob der Biss dieser Tiere gefährlich sei.

Bevor uns unsere Passagiere verließen, schüttelten sie allen die Hand und sagten uns Lebwohl; sie sagten »Good bye, Sir« zu Louis und »Good bye, Mister« zu mir. Als sie fortpaddelten, zog ich mein Taschentuch heraus und winkte. Eine Frau, stolze Besitzerin eines eigenen Taschentuchs, winkte zurück und fuhr damit fort, bis ich es schließlich satt hatte. Ich denke gern an den schönen Abend in Pukapuka, an den Klatsch, die Neuigkeiten, daran, wie Geschenke ausgetauscht, wie einander Schätze und fremdländische Kuriositäten gezeigt wurden.

6. Mai

Manihiki um halb zwölf gesichtet, eine vorgelagerte niedrige Koralleninsel mit eingeschlossener Lagune, nur spärlich bestanden mit Kokospalmen und Pandanusbäumen.

lanitiki :- Natives with adopted white ma

Quiros, der erste spanische Seefahrer im Pazifik, gab einer Insel den Namen »Gente Hermosa« (Schöne Menschen). Man glaubte immer, dass er sich dabei auf Olosenga oder Quiros bezogen hätte; obwohl Quiros seit Menschengedenken unbewohnt war, bis zur Ankunft des Amerikaners Jennings. Es ist aber gut möglich, dass der Seefahrer Manihiki oder die Nachbarinsel Rakahanga als Insel der schönen Menschen bezeichnete. Jedenfalls fällt auf, dass Manihiki selbst auf kleinsten Weltkarten immer eingezeichnet ist, vermutlich weil seine bezaubernden Menschen bei den Seeleuten so viel Aufmerksamkeit erregten, dass die Insel eine künstliche Bedeutung erwarb, die in keinem Verhältnis zu den paar Quadratmeilen Riff steht.

Die tägliche Nahrung der Manihikianer besteht fast gänzlich aus Kokosnüssen. Pandanussamen werden gekocht oder gekaut, aber nie zu Nahrungsmitteln verarbeitet, wie es auf den Gilbertinseln üblich ist. Schweine und Geflügel sind in Hülle und Fülle vorhanden, werden aber nur zu hohen Anlässen geschlachtet, beispielsweise bei Hochzeiten oder Todesfällen. Milchferkel werden nicht geschlachtet, nur große Tiere, je größer, desto besser. Weiße Frauen leben nicht auf Manihiki, aber drei weiße Männer – ein abtrünniger Händler, ein entlaufener Marinesoldat und ein junger Engländer, der als Schiffbrüchiger auf einer Nachbarinsel gestrandet war. Die drei Männer leben von der Gutmütigkeit der Einheimischen, und obwohl sie nicht gern Kopra oder »Kokosnusssteak« essen, wie es auch heißt, scheinen sie dabei nicht schlecht zu gedeihen.

Wir landeten am Strand, da kein Eingang in die Lagune existierte. Der Anblick des Riffs war nicht gerade beruhigend, als wir darauf zuruderten, aber unsere Männer schleusten uns durch eine enge, gewundene Passage, und wenige

ing of Manihiki with the island judge on right hand.
In front a beachcomber.

Manihiki dances.

Minuten später schüttelten wir Hände und tauschten Grußworte aus mit den Bewohnern, einer freundlichen, lächelnden Menge, einschließlich vieler schöner Kinder. Wir waren entzückt, als sich herausstellte, dass wir zu einer höchst interessanten Zeit eingetroffen waren, zur Zeit der jährlichen Jubelfeierlichkeit. Niemand konnte uns sagen, wie diese Gepflogenheit, die sich auch auf anderen Inseln außer Manihiki eingebürgert hat, ursprünglich zu Stande kam. Während einer Woche im Jahr werden alle Gesetze aufgehoben, und die Insel gibt sich sorglos dem Vergnügen hin, ohne Angst vor Folgen; es wird gesungen, die Kokosholztrommel geschlagen und nach alten heidnischen Sitten getanzt. Zu jeder anderen Zeit ist die Bestrafung für heidnische Tänze äußerst streng.

Die drei »Strandläufer« waren gut gekleidet, in Jacken und Hosen, und sahen bestens aus. Einer der Männer gab zu, dass seine gegenwärtige Lebensweise vielleicht »den Anschein, als schmarotze er von den Eingeborenen« erwecken könnte, was ihm zu schaffen machte; aber sie waren sichtlich stolz auf ihre hohe Stellung als Weiße, mit Ausnahme des Exmarinesoldaten, der von seinen Gefährten verachtet wurde, da er sich »kanakisiert« hatte. Dennoch war es unübersehbar, dass sie in einer gewissen Abhängigkeit lebten; sie versicherten jedoch, sie hätten es gut getroffen. Kopra war nicht unbedingt ihre Leib- und Magenspeise, aber, wie einer von ihnen anmerkte: »Wir haben kein Recht, uns zu beklagen; sie geben uns, was sie haben.« Sie hatten Monate ohne Tabak verbracht, den sie nur schwer entbehren konnten. Wenn ein Schiff anlegt, rauchen die Einheimischen, Männer, Frauen und Kinder, häufig den starken Handelstabak, bis sie ohnmächtig umfallen, manchmal von Krämpfen geschüttelt wie bei einem epileptischen Anfall.

Der Händler, ein Mischling, hatte schon mit seinem Boot am Schiff angelegt und war zu uns hochgeklettert, seine Frau, eine stämmige, gutmütige, verständig aussehende Person, wartete indessen am Strand auf uns. Sie ergriff umgehend Besitz von mir, als eine ihr zustehende Person, und ich wurde im Triumphzug zu ihrem Haus geleitet, dicht gefolgt von der Menge. Hier labten wir uns an Kokosnüssen, während die gesamte Einwohnerschaft, soweit sie sich in den Raum zu drängen vermochte, uns unverwandt anstarrte. Auch die Fenster waren besetzt, was uns von der frischen Luft abschnitt, so dass es ziemlich stickig wurde. Kinder wurden in die vorderste Reihe gesetzt, damit die älteren Leute über ihre Köpfe hinwegsehen konnten. Eine alte Frau flößte mir großes Unbehagen ein. Sie starrte mich mit herabhängendem Kiefer an, ihr Blick blieb an mir haften, und nichts lenkte auch nur eine Sekunde ihre Aufmerksamkeit von dem schockierenden und wundersamen Schauspiel ab, das ich in ihren Augen bot. Es gibt Einheimische, die sagen, die erste Begegnung mit Weißen sei schauderhaft, da sie wandelnden Leichen gleichen würden. Ich erschrak selbst einmal beim Anblick einer weißen Menge, nachdem ich lange Zeit nur braunhäutige Menschen gesehen hatte. Louis hat eine Theorie, dass wir Weißen ursprünglich Albinos gewesen sind. Und unsere Farbe ist bestimmt nicht schön. Ich erinnere mich, dass mir als Kind der Ausdruck »fleischfarben« widerlich war, und ich konnte es nicht ertragen, die Farbe in meinem Malkasten zu sehen.

Der Raum war ordentlich und sauber, wie alle Häuser im Dorf. In den meisten standen ein Bettgestell aus importiertem Hartholz mit einer fröhlichen Patchworkdecke sowie ein Sofa, sehr hoch und breit, mit einem Überwurf. In einem inneren Raum lagen große Haufen Perlaustern, nicht von allerbester Qualität, soweit ich sehen konnte, und viel kleiner als die, welche auf den Paumotu-Inseln gesetzlich erlaubt sind. Die Muschel wird in der Lagune von einheimischen Tauchern gesammelt. Es werden nur sehr wenige Perlen gefunden, vermutlich, weil die Muscheln so jung aus dem Wasser geholt werden. Wir verabschiedeten uns von dem Händler und seiner Frau und wanderten quer über die Insel, die sehr schmal ist; Louis meint, ungefähr 150 Yard, ich hingegen glaube, es sind keinesfalls mehr als 100. Unterwegs passierten wir eine Schar Tänzer, in zwei Reihen vor dem »Sprechhaus« aufgestellt, die Frauen auf einer Seite, die Männer auf der anderen. Der Tanz ähnelte dem auf den Marquesas, und zwar mehr, als wir es je gesehen hatten. Die europäische Kleidung, welche die meisten Leute zu unserer Begrüßung trugen, verdarb die Wirkung, obwohl viele sich mit Kränzen und Kopfschmuck aus gefärbten Blättern geschmückt hatten. Die heimischen Farbstoffe geben schöne, weiche Farben, Gelb, Rot und Rosa, welche die Inselbewohner auch für Hüte und Matten verwenden, Letztere bisweilen von erlesener Feinheit und geschmeidig wie Tuch.

Die Lagune war kristallklar und mit winzigen Inseln gesprenkelt. Eine beträchtliche Zahl kleiner Schiffe lag vor Anker; vermutlich waren sie beim Muschelsammeln gewesen. Trotz des bezaubernden Anblicks verweilten wir nicht lange an den Ufern der Lagune, denn wir wurden von einem ranzigen, fischähnlichen Geruch vertrieben. Auf dem Rückweg besichtigten wir die Kirche und das Sprechhaus. Im Sprechhaus, einem vorzüglich errichteten Korallenbau, befanden sich Gefangenenblöcke, die der Bestrafung von Übeltätern dienten. Die Blöcke bestanden aus einem Paar ringartiger Handschellen, eine über der anderen einen Fuß breit über dem Boden neben einem Pfosten befestigt. Die Kirche, ein strohgedeckter Korallenbau ohne befestigten Fußboden, war wirklich schön. Die Sitze, mit Rückenlehne, sind in Reihen angeordnet, und auf jedem lag eine feine, schmale Matte. Zu beiden Seiten ziehen sich Galerien entlang, die Balustraden kunstvoll geschnitzt und mit gelben, roten und rosaroten Farbstoffen gebeizt. In der Mitte einer Balustrade war das Wort »Zion« eingeschnitzt. Die Kanzel bestand aus einer Unmasse Schnitzwerk, mit Perlmutt inkrustiert; über den Altar, der sie einfasste, hatte man feine, samtweiche Fransenmatten gedeckt, die in vielfältigen Farben gearbeitet waren.

Unter vielen anderen machten wir die Bekanntschaft eines Mannes, der in Samoa gewesen war, wohin ihn ein Unwetter vertrieben hatte. Ein anderer Mann und drei Mädchen waren bei ihm gewesen. Ein Sturm brach los, berichtete er, die See stieg unglaublich hoch, Luft und Himmel wurden schwarz. Dann kenterte plötzlich das Boot, und er rief: »Schwimmt, meine Mädchen, schwimmt – schwimmt im Meer!« Mit ihrer Hilfe gelang es ihm, das Boot umzudrehen, von der Fracht aus grünen Kokosnüssen und Kopra sammelten sie auf, was immer sie konnten, und nahmen Kurs auf Samoa. »Und hatte denn niemand Angst?«, fragte ich. »Nur der andere Mann«, gab er mir zur Antwort. Später lernten wir zwei der Mädchen kennen; die eine machte einen gescheiten Eindruck und hatte während ihres Aufenthalts in Apia ein wenig Samoanisch und Englisch aufgeschnappt. Wir fragten sie nach ihrem Namen. »Anna«, antwortete sie stolz. Die andere nannte sich Anna Maria.

Lloyd hatte den König in seiner königlichen Robe fotografiert, einem Paar weißer Segeltuchhosen und einem schwarzen Samtrock; über alles hatte er eine Art schwarzen Poncho geworfen, mit goldenen Fransen gesäumt. Den Hals Seiner Königlichen Hoheit zierte ein Flittergoldstern, und auf seinem Kopf trug er eine Krone aus roten und weißen Pandanusbättern. Am späteren Abend erschien er in einem Paar schwarzer Hosen und einem Gehrock. Wie seine Untertanen war der König nicht von gebietender Statur. Keiner der Insulaner, die wir bisher auf unserer Kreuzfahrt gesehen haben, kann es mit der stolzen Grazie aufnehmen, die den Bewohnern der Kingsmill-Inseln zu Eigen ist, noch sind sie so feinen Aussehens, wenn auch höchst liebenswert in ihrer Art. Als sich nach dem Abendessen die Frau des Händlers und die Frau des Missionars zum Tee an Deck einfanden, gab ich jeder einen Kranz, was beide überaus entzückte. Wir heuerten ein Kanu an, das uns für den Abend wieder an den Strand bringen sollte; der Mann, dem das Boot gehörte, lud uns zu sich ein, aber vorher wollte ich Anna ein Geschenk vorbeibringen, ein bedrucktes Kleid.

Habe Annas Haus gefunden und mein Geschenk überreicht. Man setzte uns Kokosnüsse vor, was uns in große Verlegenheit brachte, doch Louis dachte zum Glück daran, *paea* zu sagen (eine ziemlich vulgäre tahitianische Vokabel, die bedeutet: »Ich bin voll bis obenhin«). Sie begriffen sofort und schienen sehr amüsiert. Anna überreichte mir einen selbst gefertigten Hut, und dann begleiteten wir den Bootsmann zu seinem Haus. Eine Schar junger Mädchen folgte uns und zankte sich, welche von ihnen mich als Erste erwählt hatte. Am Ende war die Angelegenheit offenbar gütlich geregelt worden, denn eines der Mädchen lief zu mir her, während der Rest zurückblieb, und fasste mich mit den Worten »Du gehörst mir!« bei der Hand.

Die Frau des Bootsmanns, eine verständig aussehende Person mit einem traurigen Lächeln, war krank, wie er sagte; später erfuhren wir, dass sie an Auszehrung litt. Wieder Kokosnüsse, und auch diesmal retteten wir uns mit *paea*. Als wir uns verabschiedeten, schenkte die Frau mir eine große Matte und einen schönen Hut. Ich hatte nichts, was ich ihr im Tausch dafür schenken konnte, und so nahm ich den Kranz von meinem Hut (ich trage immer einen für den Notfall) und gab ihr außerdem eine Orange (ein seltener Luxus), die ich in meine Tasche gesteckt hatte. Später schickte ich ihr eine Bahn bedruckte Baumwolle von bester Qualität.

Vom Haus des Bootsmanns gingen wir zum Sprechhaus, wo die Tänzer versammelt waren. Als wir aus dem Busch auf die Hauptstraße gelangten, hörten wir das Klappern hohler Stöcke und winselnde Schreie wie von jungen Hunden; in regelmäßigen Abständen wurde durch Ausrufen etwas Wichtiges verkündet. Es war Sperrstunde. Um acht Uhr paradieren hohe Würdenträger auf der Straße, knallen Stöcke zusammen und rufen: »Bleibt in euren Häusern!« Niemand hört darauf, aber es ist Etikette, der Hauptstraße fern zu bleiben, solange die Offiziere ihre Runde machen. Wir sahen, dass die Leute in der Nähe der Korallen blieben, und machten es genauso. Als wir heute Abend an Land kamen, begegneten wir einem etwa vierjährigen Mädchen, das einen nackten Jungen trug, und Louis tätschelte ihm die Schulter; der Kleine heulte auf, woraufhin das Mädchen lachte und davonrannte.

Während wir nun warteten, bis die Prozession vorübergezogen war, schlich sich das Mädchen im Dunkel von hinten an Louis heran, schob die Hand in seine und schmiegte sich eng an ihn. Ihr Name war Fani, auch Etetera; sie hatte das Ebenmaß einer kleinen Statue, war straff wie Gummi, genau wie ihre Schwester und genau wie »Johnny Bull«, der den ganzen Nachmittag Hand in Hand mit Louis umherspaziert war. Es ist ein sehr markanter Typ: hohe, schmale Stirn und breite, hohe Wangenknochen, die Nase gebogen und abgeflacht (Letzteres möglicherweise künstlich herbeigeführt), der Mund groß, mit fein gemeißelten Lippen, der Bogen der Oberlippe scharf konturiert, die Augen, wie sich von selbst versteht, wunderbar; insgesamt ein starker Eindruck von Gutmütigkeit und gesundem Menschenverstand.

Einen Teil des Abends konnte sich Louis eines zweiten Trabanten rühmen, in Gestalt eines schönen Jungen, so dass er zwischen diesem und Fani spazierte, Hand in Hand mit beiden; aber Fani war seine Favoritin. Die ganze Insel nahm sichtlich Anteil; der König, wenngleich nicht allzu erfreut, duldete es, dass Fani im Sprechhaus während der Tänze neben Louis auf dem Ehrensofa saß. Immer wieder fühlten Frauen sich bemüßigt, die Ähnlichkeit zwischen Fani und Fanny und Etetera und Teritera (Louis' tahitischer Name) anzusprechen. Auf einem Tisch vor uns standen Lichter – eine Muschelhälfte mit Kokosöl, auf dem ein Faserstrang schwamm, und eine Glasflasche mit demselben Öl und einem Docht. In die Flasche war seitlich ein rundes Loch geschnitten, zur Bequemlichkeit der Zigarettenraucher.

Während wir dasaßen und auf den Tanz warteten, tauchte Tin Jack mit seiner falschen Nase und seiner Perücke auf. Zuerst herrschte allgemeine Bestürzung, aber die meisten Anwesenden durchschauten dann die Verkleidung und zeigten sich überaus belustigt. Nur ein alter Würdenträger kam nicht hinter den Scherz und fragte mich mehrmals mit einer Stimme, die vor Angst bebte, ob der Teufel des weißen Mannes vor ihm stehe. Louis' kleines Mädchen zuckte nicht einmal zusammen, sondern schaute die ganze Zeit mit lächelndem Vertrauen auf in sein Gesicht.

Der Raum war so dunkel, dass wir die Tänzer kaum sehen konnten, weshalb Louis und ich übereinkamen, ein paar Besuche zu machen und uns zurück auf das Schiff zu begeben. Wir waren eingeladen worden, die Nacht bei Leuten zu verbringen, an deren Haus wir am Nachmittag vorbeispaziert waren, und beabsichtigten, dort einzukehren. Inzwischen kannten alle meinen Namen und riefen mich Fanny. Als wir der Meinung waren, dem Bootsmann Genüge getan zu haben, sagten wir, dass wir jetzt die Leute besuchen wollten, die uns eingeladen hatten, bei ihnen zu übernachten; der Mann bot sich an, uns dorthin zu führen, brachte uns aber stattdessen zu dem Haus, in das Fani gehörte. Es war ein sehr großes Haus, und seine Bewohner schliefen wohl schon alle, wurden aber mit einem Schlag wach und gerieten in einen Zustand fieberhafter Erregung, abgesehen von einem Greis, der in seinem Bett liegen blieb und trübselig gähnte. Louis verständigte sich mit beachtlichem Erfolg in einer Mischung aus Samoanisch und Tahitisch. Wir tranken Kokosnuss, bis wir *paea* waren, und erhoben uns, um Abschied zu nehmen. Ein großer Fisch wurde zu unseren Füßen in einen Flechtkorb gelegt, dann hochgehoben und zu unserem Boot getragen. Es war ein schönes Geschenk, da Fisch eine echte Rarität darstellt. Fanis Vater folgte mir mit einer gewaltigen Anzahl großer Schwämme, die an eine lange Stange gebunden waren.

Wieder wurden wir von unserem Ziel weggeschleppt, diesmal von dem Bootsmann, der uns abermals zu seinem Haus geleitete und, fürchte ich, seine kranke Frau weckte, die dennoch über das ganze Gesicht strahlte. Haben *paea* plädiert und unsere Gesichter in Richtung Boot gewandt, nachdem wir an unserer ursprünglichen Absicht endgültig verzweifelt waren.

Zurück auf der Straße, passierten wir den Schulhof, wo eine doppelte Reihe Leute sang und tanzte. Die Männer hockten auf einer Seite des Wegs, die Frauen auf der anderen; zur Mitte hin führte ein ältlicher, sehr achtbar aussehender Mann, mit dem Habitus eines Diakons, den Tanz an, einen Stab in seiner Hand. Wir wurden mit Willkommensrufen empfangen, und unverzüglich stellte man eine Bank für uns auf. Ich war neidisch auf die große Stadttrommel, die aus ausgehöhltem Kokosholz gefertigt und mit Haihaut bezogen war, ganz ähnlich einer Trommel, die ich seinerzeit auf den Marquesas erworben hatte, und bevollmächtigte den Händler, sie für mich zu kaufen.

Mit der Ankunft von Mr. Henderson, der die Straße herunterschlenderte, steigerte der Diakon sich fast in eine Ekstase, hüpfte plötzlich den Weg entlang und schüttelte seinen Körper und seine Beine in überaus grotesken und Heiterkeit erregenden Verrenkungen. Wir blieben noch eine Weile sitzen, bis wir uns endlich von der bezauberndsten aller niedrigen Inseln losrissen, die wir bisher gesehen haben, allerdings folgte uns immer noch Fanis Vater mit seinen Schwämmen. Ich gab dem Bootsmann eine Bahn bedruckten Stoffs für Fani mit, genug, um ein Kleid für ihre Mutter und sie selbst daraus zu nähen. Vom Standpunkt der Inseletikette gesehen, hatte ich das Richtige getan, aber es war trotzdem ein Jammer, denn je weniger Fani ihren schönen braunen Körper bedeckte, desto besser sah sie aus.

7. Mai

Fani, ihr Papa und ihre Schwester am frühen Morgen mit einem Korb grüner Kokosnüsse und drei Packen gefärbter Pandanusblätter auf dem Schiff. Fani ergriff sofort Besitz von Louis' einer Hand, die Schwester von der anderen, während der reizende »Johnny Bull«, fast genauso früh an Bord wie sie, lächelnd dabeistand und, sobald er seine Chance gekommen sah, einen Arm um Louis' Hals schlang. Johnny

Bull war ein Junge von 15 Jahren; ein Mischling, wie mir gesagt wurde, obwohl man es ihm nicht anmerkte. Louis wurde, nachdem Fani ihn adoptiert hatte, als zur Familie gehörig betrachtet. Es lässt sich leicht erraten, wie die Kopraesser zu ihren »Quartieren« kamen und wie korrekt die Weißen sich hier verhalten haben müssen, dass dieses kleine Geschöpf im Dunkeln so selbstverständlich zu Louis kam wie ein Kind zu seiner Mutter. Die Schwestern blieben bei ihm, bis die Schiffspfeife ertönte. Sie waren ausgesprochen wohlerzogene, gehorsame Kinder, weder scheu noch vorlaut. Zweifellos hätte Louis von diesem Tag an Kopra auf Kosten des Vaters essen können.

Einer der Strandläufer hatte vor Starbuck Island Schiffbruch erlitten, sein Schiff war die *Garston*; dabei verlor er alles, was er besaß, und sagt, er brenne darauf, von hier fortzukommen, und dass er es satt habe, von Kokosnüssen zu leben; doch als sich ihm die Chance bot, auf der *Janet* seine Heimreise abzuarbeiten, fragte er besorgt, ob es »leichte Arbeit« sei, und verweigerte jede andere. Louis überließ ihm den Löwenanteil einer Dose Tabak, erwies ihm damit aber keinen Gefallen. Die Hände der Einheimischen, die ihn adoptiert hatten, streckten sich von allen Seiten nach dem Tabak aus, und eine Zigarette war das Einzige, das dem Strandläufer blieb.

Sind zu einer anderen Station auf derselben Insel gesegelt, ein misslicher Platz, um an Land zu gehen, so dass Lloyd und ich es vorzogen, an Bord zu bleiben, aber Louis war unternehmungslustiger und stieg mit Mr. Hird ins Beiboot. Sie wurden beinahe ins Wasser geschleudert, als das Boot seitlich auf das Riff krachte. Die schwarzen Jungs sprangen alle hinaus, von Brechern umtost, die über ihnen zusammenschlugen, und hievten es wieder herunter. Die Stadt soll überaus bezaubernd sein, höre ich, mit einer geraden, sandigen Durchgangsstraße, von Bordsteinen gesäumt; die Häuser mit Veranden, manche der Veranden mit geschnitzten Balustraden. Die Hitze ist enorm. Louis saß auf dem Sofa im Missionarshaus, während die Bootscrew auf dem Boden ausgestreckt lag und mit getrockneten Kammmuscheln gefüttert wurde, die auf einer Schnur aus Kokosfaser aufgefädelt waren. Gleichzeitig wurden sie von dem Missionar ins Gebet genommen, einem prachtvollen, wettergegerbten, schroffen, grau melierten Raratonganer, der sich allgemeiner Achtung erfreut. Zwei alte Männer fragten nach Neuigkeiten und berichteten ihre, wovon die jüngste lautete, dass Tahiti von den Franzosen erobert worden sei*. Die Franzosen seien »Windbeutel«, fügten sie in einem Nachsatz hinzu, was erfrischend britisch klang. »Ein weißer Mann sagen, Queen, er tot?«, fragte ein Mann besorgt. Wir versicherten ihm, dass es sich um die Queen von Deutschland handle und nicht um Viktoria. »Mich dünkt«, sagte Louis, »*in petto*, sie meinten vielleicht Queen Anne.« Sie waren alle wohl bewandert in der königlichen Familie und getreue Untertanen, denn die Insel hatte den Union Jack gehisst. Der einzige »weiße Mann« in der Ansiedlung war ein Chinese, der sich nach Currypulver verzehrte. Es erwies sich als unmöglich, wegzukommen, ohne die halbe Siedlung mit uns zu führen, und selbst als wir dachten, dass alle fort wären, wurden zwei junge Mädchen und ein Junge entdeckt, die als blinde Passagiere mitfahren wollten. Wir kehrten zum ersten Ankerplatz zurück, aber zu dem Zeitpunkt lag ich in tiefem Schlaf.

8. Mai

Penrhyn um fünf Uhr gesichtet, aber keinen Versuch gemacht, in die Lagune einzufahren, da die Passage äußerst gefährlich ist, und die Nacht war schwarz, mit schweren Sturmböen. Lloyd und ich mussten unseren Schlafplatz auf der Achterluke verlassen und uns in den Handelsraum flüchten, wo wir auf dem Boden schliefen. Am nächsten Morgen stieg ich hinauf, um meine nassen Kissen und Matten zu inspizieren. Plötzlich hörte ich einen Schrei: »Mrs. Stevenson, nicht bewegen!« Ich blieb wie angewurzelt stehen und wagte kaum zu blinzeln, war aber neugierig, den Grund für den Befehl zu erfahren. Ich fand ihn bald heraus; der Kapitän riss den Zipfel einer großen Plane hoch und zeigte mir die offene Luke, an deren Rand ich stand. Auf der letzten Reise hatte sich ein Seemann schwer verletzt, als er in die Vorderluke hinabgestürzt war. Er blieb zwei Stunden bewusstlos dort liegen, ehe er als vermisst gemeldet und nach ihm gesucht wurde.

9. Mai

Wir fahren sehr früh am Morgen in die Lagune ein; eine höchst gefährliche Passage, da der Weg durch das Riff kaum breiter wirkt als das Schiff selbst; der Kapitän spricht von zwei Schiffsbreiten. Unsere Route war, bis wir den Anker warfen, so reichlich mit Hindernissen gespickt wie ein Pudding mit Rosinen. Je ein Felsblock ragte zu beiden Seiten von uns auf, einer vor uns streifte fast den Bug, und ein weiterer, den wir glücklich passiert hatten, lag direkt hinter uns. Wir hatten alle Herzklopfen und waren voller Bewunderung für die meisterhafte Art, in der Kapitän Henry sein Schiff manövrierte. Es wandte sich nach rechts, nach links, schoss vorwärts – bald schnell, bald langsam – wie ein Turnierpferd, das seine Kunststücke vorführt. Der einheimische Lotse auf dem Masttopp wurde fast wahnsinnig vor Angst. Es war das

Penrhyn Island.

erste Mal, dass er es mit einem Dampfer zu tun hatte, und er war überzeugt, die *Janet* würde jeden Augenblick auf Grund laufen. Ganz erschöpft von so viel atemberaubender Spannung, ankerten wir endlich unversehrt vor dem Dorf, einer Ansammlung von Häusern, wie sie hier gang und gäbe sind, die sich auf einem schmalen Streifen Land oder vielmehr Koralle zusammendrängten. Eine große Welle war vor kurzem von einer Seeseite zur anderen über das Dorf hinweggerollt. Unsere Männer arbeiten hart, um die Kisten für das Perlmutt, das wir laden, hinauszuschaffen, und die Helfer fertigen neue Kisten an, wobei sie sich beeilen, so sehr es ihre Natur ihnen gestattet. Auf dem Meer dümpelt eine ganze Flotte Perlenfischerboote vor sich hin. Eines ist gerade hereingekommen, voll beladen mit Leuten; die Farben sind bezaubernd: das schillernde Meer, die Kleidung der Männer in Rot und Blau, das von den hellsten bis hin zu den dunkelsten Schattierungen reicht, die gelben Boote, mit Grün bekränzt, die wunderbaren Brauntöne der Haut der Insulaner und über allem die strahlende Sonne und die leuchtenden Schatten. Und schon schwimmen Jungen zum Schiff hinaus, auf Planken gestützt (Wrackteile), ihre Kleider, zu einem Bündel geschnürt, hängt an Stöcken über ihrem Kopf. Ich kann die Stimmen der Mädchen und das In-die-Hände-Klatschen hören, während sie am Strand singen und tanzen. Ich sehe einen Mann einen Pfad entlangeilen, ein kleines Kind an seiner Seite und ein schwarzes Schwein, das ihm folgt wie ein Terrier. Manchmal bleibt das Schweinchen einen Augenblick stehen, schnüffelt oder wühlt am Fuß einer Palme, aber immer mit einem Blick über die Schulter; wenn die Entfernung zwischen ihm und seiner Familie allzu groß wird, stürzt es ihnen nach und trottet ein, zwei Sekunden lang brav neben seinem Herrn her.

Nach dem Mittagessen fuhren wir in einem der Perlenfischerboote zum Dorf hinüber und landeten vor dem Haus des weißen Händlers. Schon von weitem war mir auf seiner Veranda eine sonderbare Gestalt ins Auge gefallen. Als wir näher herankamen, sah ich, dass es die Galionsfigur eines gestrandeten Schiffes war, eine hochmütige Dame in prächtigem Kostüm. Sie reckte ihren Kopf stolz in die Luft und besaß eine edle Hakennase. Rings um das Handelshaus lagen riesige Stapel Holz, und in einem der Räume fanden wir ein jämmerlich verstimmtes Klavier und weitere Hinweise auf das Wrack eines großen Schiffes. Es sei ein Holzschiff gewesen, wurde uns gesagt, jenes, welches vor nicht allzu langer Zeit gleich draußen vor dem Riff zu Bruch gegangen war. Die weitsichtigeren Inselbewohner sind dabei, aus den Planken etliche Häuser zu bauen. Einer der schiffbrüchigen Matrosen ist immer noch hier, ein freundlicher, sanftäugiger junger Bursche aus Edinburgh, der sich jetzt auf dem besten Weg befindet, Strandläufer zu werden. Glücklicher Junge! Seine Zukunft ist gesichert; keine schwere Arbeit mehr, keine beißenden Fröste und keine eisigen Winde; er wird in einem Traumland leben und sterben, geliebt, geehrt und zärtlich umsorgt in all den Sommertagen seines Lebens. Er spricht bereits die hiesige Sprache, nicht nur fließend, sondern in vornehmster Inselart, die Brauen nach der allseits geschätzten Mode hebend und senkend, während er älteren Damen Dinge zuflüstert, die zweifellos besser unübersetzt bleiben.

Als die Galionsfigur angeschwemmt wurde, erschraken die Leute fürchterlich über das Aussehen der »weißen Dame«. Unartige Kinder schüchtert man heute noch mit der Drohung ein, sie zu ihr bringen. Die Frau des Händlers ist eine Manihikianerin, reinlich und wohlgesittet; wir tranken

Kokosnuss mit ihr und wurden der Tochter des einheimischen Missionars vorgestellt, einem unförmig großen, fetten Mädchen im Alter von 13 Jahren, das aber wie 20 aussah. Ich glaube, ihre Eltern stammen von einer anderen Insel. Lloyd fotografierte die stolze Dame mit einer Schar Kinder und Mädchen um sie herum gruppiert, während der sanftäugige Schotte traulich an ihrer Schulter lehnte. Die Mädchen sträubten sich in kunstvoll inszeniertem Schrecken und mussten eingefangen und wieder an ihre Plätze gebracht werden, von welchen sie, wie ich glaube, keine zehn Pferde weggebracht hätten. Als die Aufnahme im Kasten war, wanderten wir durch das Dorf, eine große, schnatternde Menge auf unseren Fersen. Dies ist die am wenigsten gewinnende Bevölkerung, die mir seit Mariki unter die Augen gekommen ist, und ich bin sicher, dass sie nicht besser sind, als sie aussehen. Während wir umherspazierten, hob ich beiläufig eine hübsche kleine Muschel vom Strand auf; die dicke Missionarstochter sammelte unverzüglich vier weitere Muscheln und drängte sie mir auf. Als ich sie aber in meiner Hand hielt, schossen lebende Krallen aus dem Innern und zwickten mich, so dass ich erschrocken aufschrie und die Muscheln auf den Boden warf, woraufhin alle in Lachen ausbrachen und ein dreister junger Mann ein abgestoßenes Operculum auflas und grinsend meinte: »Kaufen; eine Perle.« »Niemals«, erwiderte ich mit höflichem Spott, »könnte ich dich eines so wertvollen Schmucks berauben; binde es um deinen Hals.« Der kleine Scherz wurde offenkundig verstanden und mit schallendem Gelächter begrüßt. Der Junge blieb einen Augenblick zerknirscht zurück; doch bald kam er wieder her, diesmal mit einem Hundeknochen. »Kaufen«, sagte er. »Sehr gut. 20 Pfund.« »Niemals«, antwortete ich diesmal, »könnte ich dir eine Waffe wegnehmen, die deinem Mut so angemes-

Penryn:-

Trader's verandah with figure-head from wreck

sen ist.« Natürlich bediente ich mich zugleich der Pantomime, nicht nur der Sprache. Die anderen jungen Männer, die vor Lachen schrien, taten so, als schreckten sie vor seinem kriegerischen Aussehen zurück, und er zog von dannen, ohne mich noch einmal zu behelligen. Ein paar Mal boten uns Männer und Frauen minderwertige Perlen zu unverschämten Preisen an. Tin Jack und ich lachten sie aus, wenn sie die Perlen kleinlaut wieder wegsteckten. Sie wussten genauso gut wie wir, dass ihre Ware wertlos war.

Lloyd und Louis stellten ihr Kamerastativ mitten im Dorf auf und wanderten umher, um sich nach lohnenden Motiven umzusehen. Während sie fort waren, hielt ein ernst dreinblickender Mann einen Vortrag über den Apparat, zur sichtlichen Verwunderung und Erbauung der Menge. Im Laufe seiner Erläuterungen ahmte er Louis' und Lloyds Gang nach, zeigte, wie Lloyd die Kamera trug, während Louis umherging und sich umschaute. Ich nahm auf einem Baumstumpf Platz, um auf sie zu warten, als alle Mädchen und Frauen sich sogleich auf den Boden setzten, so dass sie einen Halbkreis um mich bildeten, und mich mit harten, runden Augen anstarrten.

Nach dem Fotografieren statteten Louis und ich dem Missionar einen Besuch ab. Der Missionar und seine Frau waren zu Hause und erwarteten uns offensichtlich. Die Frau ist ungeheuer dick, mit kümmerlichen Zügen und einem unangenehmen Ausdruck; der Mann sieht recht verständig und überlegen aus. Mehrere Frauen und der Lotse, der uns in die Lagune manövriert hatte, ließen sich auf dem Boden vor uns nieder. Eine der Frauen, eine unschöne Person, die intelligenter aussah als die anderen, brachte mit ihrem Gebaren tiefere Entrüstung zum Ausdruck, als ich jemals für möglich gehalten hätte. Sie begehrte zu wissen, in welchem Verhältnis wir zueinander standen. Louis und ich waren Mann und Frau; diese Aussage wurde mit einem Wutschrei zur Kenntnis genommen, aber bei der Mitteilung, dass Lloyd unser Sohn sei, heulte sie regelrecht auf; selbst Lloyds Name schien Anstoß zu erregen. Über meinen entbrannte eine lebhafte Diskussion, da sie ihn offensichtlich schon gehört hatte. Wir tranken Kokosnuss unter den missbilligenden Blicken der klugen Dame, und nachdem wir von der Frau des Missionars eine Perlmuschel mit einem Korallengewächs an der Seite zum Geschenk erhalten hatten und eine weitere, etwas angeschlagene von seiner Tochter, gab ich im Tausch dafür den Kranz von meinem Hut, und damit gingen wir fort.

Louis und Lloyd kehrten zum Schiff zurück, ich aber blieb mit Tin Jack zurück, um mir die Kirche anzusehen. Mit Ausnahme dreier kleiner Mädchen waren alle zu faul, uns den Weg zu zeigen; und so folgten wir, in Begleitung unseres Trios, einem breiten Weg aus lockerem, rieselndem Korallensand. Die Kirche war ein gefälliger, solider Bau aus weißen Korallen, mit Bänken und Bibelstützen, aber auf die Ausschmückung hatte man keinerlei Mühe verwandt. Der Raum war groß genug, um doppelt so viele Menschen aufzunehmen, wie im Dorf lebten. Wie auf den meisten anderen Inseln unterliegt es der herrschenden Mode, ob die Bevölkerung »missionarisch« – religiös – ist oder nicht. In Penrhyn kann die Gemeinde sich jeden Moment gegen den Pastor stellen und ihm sagen, dass er die Insel sofort zu verlassen hat, da sie es leid sind, »missionarisch« zu sein. Sie feiern ihre »Jubelwoche«, was bedeutet, dass die ganze Insel sich in ein gigantisches Zechgelage stürzt, zu welcher Zeit Penrhyn kein angenehmer, geschweige denn ein sicherer Aufenthaltsort ist. Auf dem Rückweg hielten wir beim Schulhaus an, einem großen, übel riechenden Raum, dessen einzige

Möblierung in einem Tisch bestand, die Beine mit Perlmuttplatten inkrustiert und auf einem Podest stehend. Das einzige wirklich reinliche Haus war das des Händlers, und er hatte eine Frau aus Manihiki.

Die Gesetze von Penrhyn, mitunter reichlich komisch, werden strikt durchgesetzt. Mit dem »Bleibt in euren Häusern!« ist nicht zu spaßen, denn nach neun Uhr gibt es kein Entrinnen. Letzte Nacht wurde unser Koch in einem Haus eingeschlossen, in dem er zu Besuch weilte, und erst am nächsten Morgen nach dem Frühstück wurde ihm gestattet, wieder herauszukommen. Es ging auch ein Gerücht, dass Tin Jack nach der Sperrstunde gesehen wurde, wie er, die Polizei auf den Fersen, zum Haus des Händlers rennen musste, wo er bis zum Morgen Unterschlupf fand. Unsere Matrosen haben heute die Einheimischen auf irgendeine Art beleidigt und wurden von einer aufgebrachten Menge verfolgt, als sie zurück zum Schiff flüchteten. Die Kinder sind viel gewinnender als ihre Eltern, einige, besonders die kleinen Mädchen, sogar recht hübsch und wohlerzogen. Es ist viel leichter, sie zu bändigen und ruhig zu halten, als weiße Kinder unter ähnlichen Umständen. Jedes Fetzchen über Bord geworfener Orangenschalen wurde von ihnen aufgelesen und in ein Schmuckstück verwandelt. Ein Stück Schale, zu einem Stern ausgeschnitten, ein Loch in die Mitte gestanzt, streiften sie über die Knöpfe ihrer Kleider und Hemden, während sie lange Schnüre über der Brust hängend oder um Kopf und Hals geschlungen trugen. Der kleine Mischlingsjunge des Händlers war in die winzigste Blue Jeans gekleidet, die man sich denken kann, dazu ein rosa Baumwollhemd und kleine goldene Ohrringe in den Ohren.

Niemand aus unserer Gesellschaft drängte sich danach, an Land zu gehen. Ich schickte einen Farbdruck mit einer »häuslichen Szene« zur Frau des Händlers hinüber, als Dank für die korallenbewachsene Muschel, die sie mir geschenkt hatte. Die Muschel gab ich später dem Koch und eine andere dem Zweiten Steward, der mittlerweile vor Aufregung und Freude dem Wahnsinn nahe war. Wir verbrachten einen sehr geschäftigen Tag, an dem Perlmutt geladen und in Holzkisten verstaut wurde, die weiterhin auf dem Vorschiff gezimmert werden. Die schwarzen Matrosen arbeiten bestens und sind überaus willig und gutmütig. Sie machen ein Spiel aus allem, und trotz ihrer kleinen Statur und ihrer schlanken, eleganten Gestalt manövrieren sie große Gewichte mit äußerster Leichtigkeit und Geschicklichkeit. Die kleinen Jungen von der Insel arbeiten so hart wie jeder andere beim Verstauen des Perlmutts mit. Ein nackter kleiner Bursche von ungefähr zehn war taubstumm, wie mir gesagt wurde, aber ich hätte es nie vermutet.

Sobald sich auf dem Schiff etwas rührte, kamen die jungen Mädchen zu uns herausgeschwommen wie ein Schwarm Fische. Die See war dicht mit schwarzen Köpfen gesprenkelt. Ihre Kleiderbündel streckten sie mit einer Hand in die Höhe, um sie trocken zu halten und später auf den unteren Stufen der Schiffsleiter Toilette zu machen. Ein Mädchen stellte sich am Fuß der Leiter auf und nahm die Kleider in Empfang; wenn die Besitzerin tropfnass aus der See auftauchte, wurde ihr das Gewand über den Kopf geworfen, so dass sie in größter Schicklichkeit und voll bekleidet heraufstieg.

Louis hatte bald seine eigene Gefolgschaft, drei oder vier Mädchen, zwischen acht und zehn Jahren alt. Sie setzten sich zu ihm und sangen ihm vor. Eines dieser Kinder muss die Tochter der entrüsteten Dame gewesen sein, die wir im Missionarshaus getroffen hatten, denn ihre Ausdrucksstärke war dieselbe. Sie war jedoch erfreut, Loia (Lloyd) ihre Anerkennung zu bekunden. Wenn Louis den Versuch machte, sich von den kleinen Sirenen zu entfernen, wurde er entschieden zu seinem Platz zurückbeordert, und das Singen ging mit doppelter Kraft weiter. Sie hatten schrille Stimmen und sangen nicht schlecht. Louis kaufte eine Dose »Lutschbonbons« aus dem Handelsraum und Kautabak, womit er seine kleinen Anhängerinnen bewirtete. Orangen und Zwieback wurden freigebig an die Leute verteilt, und die Überreste von unserem Tisch wurden ständig herumgereicht. Der Koch erzählte uns, dass selbst der Inhalt des Abfalleimers leer gegessen werde, wobei Kürbisschalen einen bevorzugten Leckerbissen darstellten. Abgesehen von den Lutschbonbons teilten die kleinen Mädchen großzügig mit ihren Freunden, aber die Jungen erwiesen sich als selbstsüchtiger. Ein kleiner Bursche, der eine ganze Kürbisschale ergattert hatte, lief wie ein knurrender Wolf auf dem Deck auf und ab, auf der Suche nach einem Versteck, wo er seine Beute verschlingen konnte, ohne von seinen Freunden behelligt zu werden.

Tin Jack setzte ohne mein Wissen (ich hätte ihn aufgehalten, wenn ich es erfahren hätte) die Perücke, den falschen Bart und die falsche Nase auf; seine Erscheinung löste eine regelrechte Panik aus. Eines der Mädchen konnte nur mit Mühe daran gehindert werden, vom Oberdeck über Bord zu springen, und viele schrien und rannten umher, mit vor Schreck hervorquellenden Augen; Louis' kleine Mädchen liefen zu ihm und mir und klammerten sich an uns. Eine bildschöne, hoch gewachsene junge Frau bewahrte tapfer Haltung, bis Tin Jack sie packte, worauf sie ihm durch die

Hände glitt, ein schlaffes Häufchen auf dem Boden. Ich bemühte mich nach Kräften, in seine Nähe zu kommen, um ihn von dem grausamen Scherz abzubringen, aber er sprang in der verschreckten Menge hin und her, und ich konnte mir durch das Chaos und den Lärm kein Gehör verschaffen. Das Mädchen, das über Bord zu springen versucht hatte, fiel auf Säcke, die auf dem Perlmutt lagen, schlug die Hände vor das Gesicht und weinte laut. Ich kletterte zu ihr hinüber, um sie zu beruhigen und ihr zu erklären, dass es nicht der Teufel war, sondern nur Tin Jack mit einer Maske. Die Kinder erholten sich als Erste von ihrem Schreck, da sie Tin Jack bald erkannten, entweder an seiner Stimme oder seinem Gang oder etwas anderem, das charakteristisch für ihn war. Schon am Nachmittag kehrten sie auf das Schiff zurück, hatten andere Kinder mitgebracht und verlangten kühn, dass auch ihnen der fremde Teufel gezeigt werde. Alle bösen Geister, und es gibt deren viele in Penrhyn, werden Teufel genannt.

Als wir über abergläubische Vorstellungen reden, die auf Penrhyn verbreitet sind, erinnert sich Mr. Hird an einen grausigen Zwischenfall, der sich ereignete, als er auf der Insel Station machte. Ein Mann, der halbseitig gelähmt war, verfiel in Krämpfe, die heftige Kontraktionen auf der gelähmten Seite auslösten. Ein Angehöriger des Kranken zimmerte unverzüglich einen Sarg. »Aber der Mann ist doch nicht tot«, gab Mr. Hird zu bedenken. »O doch«, war die Antwort, »er ist tot genug; das passiert nun schon zum dritten Mal, und jetzt begraben wir ihn.« Mr. Hird lief zu dem einheimischen Missionar, aber seine Einwände stießen auf taube Ohren. Gleichwohl hielt er seinen Protest bis zum letzten Moment aufrecht. »So seht doch her«, bat er eindringlich, »die Glieder des Mannes beben noch.« »Ach, das ist nur lebendes Fleisch«, erhielt er zur Antwort, und jemand versetzte dem armen Kerl

girls singing – Penryn Ss.

einen Schlag, damit das »lebende Fleisch« Ruhe gab. Der Glaube besagte, dass der Geist des Mannes längst entwichen wäre und ein Teufel, der den Körper für seine Zwecke benutzen wollte, das Fleisch am Leben erhalten hätte. Mr. Hird meint, dass der Mann bewusstlos war, als er begraben wurde, und sicher bald gestorben ist.

Ein anderes Mal hatten ein paar Leute bei einem Toten gewacht; vor Erschöpfung schliefen sie ein, außer einem Mann, der zum »Aufpasser« bestimmt war. Nach einer Weile nickte er ebenfalls ein. Die Gesellschaft wurde von heftigem Lärm geweckt. Der Aufpasser erklärte, dass er eingeschlafen sei, und als er plötzlich die Augen aufschlug, habe der Tote sich aufgerichtet. »Ein Toter, der sich aufsetzt!«, rief er empört. »Aber ich hab's ihm gegeben! Ich hab ihn niedergeschlagen, und jetzt ist er still, wie sich's gehört.« Und tatsächlich war er mausetot von dem Schlag, den er erhalten hatte.

Eine weitere Geschichte, die Mr. Hird auf Penrhyn miterlebte. Ein vortrefflicher, aber strenger Mann starb, und seine Familie wurde durch das Erscheinen seines Geistes auf das Schwerste belästigt. Sie hatten zu seinen Lebzeiten genug unter seiner Unnachgiebigkeit gelitten und zitterten nun, dass sein Geist zurückgekehrt sei, um die Ordnung aufrechtzuerhalten, die er ihnen aufgezwungen hatte. Am Tag nachdem der Geist gesehen worden war, wurde das Grab geöffnet, der Tote herausgenommen und die Grube vertieft, bis sie auf Wasser stießen; dann wurde der Leichnam im Sarg umgedreht und mit dem Gesicht nach unten begraben.

Gegen fünf Uhr zogen wir den Anker hoch und wagten die abenteuerliche Ausfahrt aus der Lagune, nachdem wir eine Frau und ihre beiden Kinder als Passagiere für Manihiki mit an Bord genommen hatten. Als wir ein gutes Stück draußen vor der Lagune waren, kam ein Boot mit einer Ladung Holz von dem Wrack hinter uns hergefahren; die zusätzliche und unerwartete Arbeit, das Holz an Bord zu hieven und zu verstauen, wurde von unseren schwarzen Jungs nicht mit Murren aufgenommen, sondern fröhlich begrüßt, als handle es sich um ein unterhaltsames Spiel, das sie sich selbst ausgesucht hatten.

Die Passagiere schliefen bei uns auf der Achterluke. Das Baby schrie in der Nacht, und die Mutter beruhigte es, indem sie in die Hände klatschte, dabei gähnte sie lauthals, mit einem Geräusch wie das Fauchen eines wilden Tieres; natürlich habe ich nicht gut geschlafen. Zum ersten Mal ist der Wind achtern, und auf dem Schiff steht die Luft, es ist stickig.

11. Mai

Die Augen des Kapitäns, die schrecklich entzündet waren, haben sich sehr gebessert dank einer Augensalbe von Swan, dem Drugstorebesitzer auf Fidschi, welche wir in unserer Medikamentenkiste hatten.

Abends gegen neun Manihiki erreicht. Mr. Henderson brannte ein blaues Licht ab, das mit Signalfeuern am Strand beantwortet wurde. Wir ankerten nicht, sondern kreuzten hin und her, da wir nur gerade so lange bleiben wollten, um unsere Passagiere auszuschiffen. Louis beabsichtigte, mit dem Boot an Land zu fahren, aber da es nicht vor zehn Uhr losfuhr, gab er den Plan auf und ging zu Bett. Ich stellte ihm ein kleines Päckchen zusammen für Fani, und Mr. Hird trug es dann zu ihr, ein paar Süßigkeiten sorgfältig in eine Serviette aus Japanpapier gewickelt und mit einem hellgrünen Band verschnürt. Die Kleine war im Bett und schlief, wachte aber auf, um ihr Päckchen in Empfang zu nehmen, welches vor dem nächsten Tag zu öffnen sie sich standhaft weigerte, obwohl die ganze Familie ihr zusetzte, sie einen Blick hineinwerfen zu lassen. Sie appellierte an Mr. Hird, der sie in ihrer Entscheidung bestärkte, und so kehrte sie auf ihre Matte zurück und schlief wieder ein, ihr Geschenk in der Hand.

Ich versuche ein kleines Porträt von Tin Jack zu malen, der ein schöner Mensch ist, aber in den wenigen Augenblicken, in denen er zähneknirschend posiert, sitzt er mit dem Rücken zu mir, die Augen auf die Uhr geheftet, und zählt die Minuten bis zu seiner Befreiung. Wir nehmen einen Mann, eine Frau und einen Jungen von der Insel mit nach Suwarrow, unserem nächsten Halt. Mr. Hird hatte einen sonderbaren Traum oder vielmehr eine sonderbare Vision von dem weißen Händler, der tot in Suwarrow lag und auf sein Begräbnis wartete. Mr. Hird war so erschüttert, dass er sich die Zeit notierte und jetzt voller Angst ist.

13. Mai

Bin um sechs aufgewacht, nach nächtlichen Kämpfen mit den Matten, die der Wind mir mehrmals beinahe fortgerissen hätte, und stellte fest, dass wir direkt vor Suwarrow lagen. Zum Frühstück schenkte mir Kapitän Henry eine prächtige Hibiskusblüte, und Mr. Henderson legte ein paar Bananen und einen Tahitiapfel neben meinen Teller, Produkte des Landes. Gegenwärtig leben nur sechs Leute auf Suwarrow; mit unseren drei Passagieren, der Junge mitgezählt, wird ihre Zahl auf neun anwachsen.

Ich ging an Deck, um einen Blick auf die Insel zu werfen, und man sagte mir, dass die Flagge auf Halbmast wehe. Der Händler war also tatsächlich gestorben; die Stunde seines Todes stimmte mit jener von Mr. Hirds Vision überein. Der arme Kerl hatte verzweifelt darauf gedrungen, abgelöst zu werden, als das Schiff das letzte Mal dort angelegt hatte, weshalb einer unserer einheimischen Passagiere hergebracht wurde, der seinen Platz einnehmen sollte. Ein hübscher weißer Lattenzaun fasste das Grab ein. Ich fragte, an welcher Krankheit er gestorben sei. »Krankheit da drin«, war die Antwort, wobei auf die Leber gedeutet wurde, »schon lange er nicht aufstehen; ganze Zeit hinlegen. Schmerz – schreien – schreien wieder – dann sterben.«

Suwarrow und die dazugehörigen Inseln sind von Mr. Henderson mit Kokospalmen bepflanzt worden. Ein paar Pandanusbäume hier und da und mehr Sorten Grünkräuter als auf den niedrigen Inseln üblich. Es wächst auch eine große Menge feines, fedriges Gras, das aber leider als Viehfutter nicht zu gebrauchen ist. Mr. Henderson hat es, glaube ich, mit Ziegen und auch Schafen versucht; sie haben das Gras gierig gefressen, sind aber dabei nicht gediehen, sondern bald dahingesiecht und verendet. Bei näherer Untersuchung stellte sich heraus, dass die Gräser nicht verdaut wurden, sondern in Knäueln in den Gedärmen hängen blieben. Die Kokospalmen tragen nicht viele Früchte, obwohl die meisten schon vor acht Jahren gepflanzt wurden; Mr. Henderson meint, man habe sie nicht tief genug eingesetzt. Er erklärt uns, dass sie vier Fuß unter den Boden gebracht werden müssen, da die Schösslinge ungefähr fünf Fuß hoch sind. Bananen, in importierter Erde gepflanzt, gedeihen tadellos, ein paar Sorten haben sich auch gut an den heimischen Boden gewöhnt; ebenso wie Chilischoten von den hohen Inseln. Die Tahitiapfelbäume stehen in voller Frucht, der Hibiskus quillt über vor Blüten, und die Baumwollpflanzen, die nicht heimisch sind, die jetzt aber wild wachsen, blühen prächtig.

Suwarrow ist zu einer früheren Zeit sicherlich eine blühende und bedeutende Siedlung gewesen. Man hat das Gefühl, dass sich hier dramatische Ereignisse zugetragen haben und dass die Geschichte der Insel wild und romantisch sein muss. Gegenwärtig gleicht die Insel eher dem verlassenen Stützpunkt eines Piraten. Der Pier ist exzellent gebaut und hat vermutlich viel Geld und Arbeit gekostet; eine Anzahl Häuser drängt sich in der Nähe zusammen und vermittelt auf den ersten Blick den Eindruck, es handle sich um ein Dorf; Leuchtbojen, die den Seemann leiten, sind vorhanden, und auf der gegenüberliegenden Seite der Insel befindet sich ein »Ausguck«. Gelegentlich werden Schildkröten gefangen, auch große Krebse und Fisch von ausgezeichneter Qualität. Außerdem Vögel, außerordentlich schmackhaft, und in der entsprechenden Jahreszeit werden wohlschmeckende Eier in großer Zahl gesammelt. Ein Vogel, kleiner als eine Taube, legt ein Ei, das so groß ist wie das einer Henne und in keinem Verhältnis zu seiner eigenen Größe steht.

Ich schlenderte als Erstes zur Wetterseite hinüber; hier fand ich es wunderbar kühl, aber die Flut war hoch und drängte mich auf den Kiesstrand, und so kehrte ich zurück, nicht ohne mir unterwegs ein schönes, klares Felsenbecken zu merken, in dem ich morgen zu baden gedenke. Der Raum, in dem ich schreibe, sieht aus, als sei er für eine Kirche oder Schule bestimmt; aber das ist natürlich nur eine Vermutung. Es ist ein großer Raum, lang und schmal, mit Doppeltüren auf jeder Seite, einer einzelnen Tür an einem Ende und vier unverglasten Fenstern. Die Fenster sind mit fußbreiten Latten geschützt, so angebracht, dass sie sich herauf- und herunterbewegen lassen wie Jalousien; sowohl die Türen als auch die Latten sind grün gestrichen. Das Dach, an der Spitze offen, ist säuberlich mit Blättern gedeckt, die von Pandanusbäumen oder Kokospalmen stammen. Auf einem Tisch, ursprünglich stabil, aber jetzt wacklig und brüchig, lagern die Bücher des Verstorbenen: *Chetwynd Calverley* von W. Harrison Ainsworth, *The Mystery of Orcival* von Émile Gaboriau und ein Notizbuch mit den Adressen nächster Angehöriger. Hinter dem Tisch steht eine Entkörnungsmaschine für Baumwolle, die »Magnolie«, mit einem leidlich getroffenen Bild der Blüte auf der Vorderseite. Ich saß eine Weile auf den beiden Holzbänken, die den Raum möblieren, und studierte die Wände, auf welchen Namen gekritzelt waren: Etelea, Mitemago, Saviti, Patawe, Polohiu, Salhisi, Kari, Fuehau, Laku, Mitima, Paopave, Munuokoa und viele andere.

In einem anderen großen Haus, das aus einem einzigen, wellblechgedeckten Raum bestand, stieß ich auf alle nur denkbaren Schatzfunde aus Schiffen, die vor Suwarrow gestrandet waren. An einem Ende des Hauses sind Schiffsblöcke, Werg, seltsame antiquierte Feuerwaffen, Eisenteile eines Schiffs und die beiden Stiegen seiner Kajütstreppe aufgestapelt. Weiter entdeckte ich ein einzelnes Ruder und eine Werkzeugkiste mit Seilhenkeln an beiden Enden und dem Wort »Schweden« darauf, oben mit Segeltuch verschlossen; ein Eisentor, zwei Steuerräder, eine Winde, eine Kupferkelle zum Schöpfen von Tran, voller Grünspan, der Griff aus Holz und Eisen; zwei Schwimmwesten, eine mit dem Aufdruck »Levi Stevens«; kleine Kisten mit Glasboden, um den Meeresboden abzusuchen, Räder, Lukendeckel und was nicht alles. Am anderen Ende des Raums führt eine Leiter zu einem Dachboden hinauf, wo Guano-Siebe, eine Harpune, eine doppelgriffige Säge und eiserne Muschelkörbe aufgestapelt sind. Zwei riesige Eisenkessel, rot gestrichen, stehen zu beiden Seiten der Tür seewärts.

Gleich neben diesem Haus stand das »Büro«, mit einem kleinen, an einer Seite abgeteilten Verschlag. Ich durchsuchte die Fächer in dem Verschlag und fand ein Päckchen dünner Schildpattplatten und ein großes Paket mit dem Haar einer einheimischen Frau. Verschimmelte Karten hängen an den Wänden, die Decke ist mit zehn rostigen Entermessern verziert, alte Kontobücher stehen herum, und ein Sack Baumwolle liegt auf dem Boden, als sei er gerade fallen gelassen worden. An einer Seite des Raumes befindet sich eine breite weiße Borte, worauf jemand mit schwarzen Buchstaben »PEERLESS, vor Suwarrow Island gestrandet« gemalt hat. In einer Ecke lagert eine Kiste mit alten Eisenstücken, die mit in die Erde gegeben werden, wenn man Kokospalmen pflanzt, und daher »Kokosdünger« heißen. Das erinnert mich daran, dass die Paumotuaner einen rostigen Nagel und einen Schiffszwieback mit ihren Kokosnüssen einpflanzen. Im Außenbereich sind 16 verrottende Musketen auf einem Gestell aufgereiht. Alle Arten von Werkzeug füllen die Regale, Nägel, Äxte, Buschmesser, Sardinen- und Lachsbüchsen und eine Reihe modriger Schuhe, alle in Kindergröße. Unter den Schuhen entdeckte ich eine Spielzeugtruhe und eine Kiste mit abgeworfenen Federn.

Nachdem ich ein weiteres Gebäude durchquert hatte, das verschiedenstes Wrackgut enthielt, unter anderem blauweißes Porzellan, kam ich zum Haus des Stationsmanagers, einem großen Bau mit Holzboden und strohgedecktem Dach. Hier fand ich einen Einheimischen mit Abrechnungen beschäftigt, seinen alten Hund zu den Füßen, die er in den Union Jack gewickelt hatte, um sie warm zu halten. Dieser Raum war offensichtlich von einem Seemann entworfen und gab einem das Gefühl, man befinde sich auf einem Schiff. Statt Fenster wies der Raum Bullaugen auf, drei auf jeder Seite, sowie zwei weitere, welche die Vordertür einrahmten. Schwarz gestrichene Deckel, die den Anschein von Eisen erwecken sollten, konnten auf die Bullaugen geschraubt werden wie Bullaugenklappen an Bord eines Schiffs. Die Türen, eine an jedem Ende, öffneten sich in zwei Flügeln, die in der Mitte geteilt waren. Möbliert war der Raum mit zwei Bettgestellen aus heimischem Holz, bespannt mit Seil aus Kokosfaser als Matratze. Vom Dach herunter hingen ein paar Bananenbüschel. An der Wand der Totenschein des Verstorbenen, in solchen Fällen der einzige Beweis, dass der Tod natürliche Ursachen hatte und nicht Folge eines Verbrechens war. Ich schrieb den Totenschein ab:

Samuli lee aho 2 …
he motu nai mate he malu va he tau
fro ia gauali 2 1889 Ka Papu
Ko Maro tolu ne ha nie ne tamu
Ka Patiti ma miti San ma
J ketiti ma Paemani Koe tau wine
Kwenia kia mounina kelie iki lagi ke
he tan ban nei kua hobooko kiai a tautala
June ati 2 – 1890

Als Nächstes kommt das »Regierungshaus«, wie Louis es nennt, sorgfältig mit Stroh gedeckt, die Böden aus Holz und mit Holzverkleidungen aus einem Wrack in zwei Räume unterteilt; die Räume sind durch einen weiten, offenen Gang miteinander verbunden, dessen gewölbtes Dach und Seiten mit Messing eingefasst sind. In einem Raum steht ein Tisch mit einer Bibel und anderen Büchern darauf, ein selbst gefertigtes Sofa, mit einer Matte bedeckt; zwei mit Zeitungen ausgelegte Eckregale, die spitz zugeschnitten sind; wo sie überstehen, sind sie mit diversen Büchern voll gestellt; Truhen, eine Kompassschachtel und eine irdene Wasserkaraffe ohne Hals stehen herum. An den Wänden hängen ein paar recht hübsche Stiche, manche gerahmt und einer verglast. Auf jeder Seite des Hauses befinden sich kleine, rechteckige Fenster, von stabilen Holzladen geschützt, die herunterfallen, wenn sie nicht von einem Stock oben gehalten werden. Die Vorder- und Hintertüren sind massiv und ebenfalls in der Mitte geteilt. Im Hinterzimmer stehen zwei selbst gefertigte Bettgestelle, mit Seil bespannt, eines mit einem Moskitonetz. Truhen stehen auf dem Boden, Matten liegen verstreut, und eine Rolle aus feinen Matten ist an der Decke festgezurrt. Vor dem Haus, an der Giebelseite, stehen zwei große, rostige Eisenkessel, wie sie auf Schiffen verwendet werden. Im Hof, der säuberlich mit weiß getünchten Pfählen umzäunt ist, sind zwei kleine Geschütze aufgebaut; daneben wachsen ein paar Tahitiapfelbäume. Als ich zur Kirche, wie ich sie nenne, zurückkehrte, kam ich durch ein Werkzeuglager, einen großen Raum, der mit rostigem Werkzeug gefüllt war. Zwei kleine Fässer mit frischem Wasser warten dort, für den Fall, dass ein Boot anlegt, das dringend Wasser benötigt. Eine riesige, in den Boden eingelassene Zisterne, die mit Regenwasser gefüllt ist, das auf den Wellblechdächern aufgefangen wird, hält man, glaube ich, stets verschlossen.

Wir ließen den Hund, den wir in Auckland an Bord genommen hatten, und zwei Katzen zurück und kehrten dieser romantischsten Insel der Welt den Rücken, voll Bedauern, dass ihre Geschichte immer ein ungelöstes Rätsel für uns bleiben wird.

16. Mai

In Danger Island angekommen. Boote werden zu uns herausgeschickt, um Mr. Henderson zu informieren, dass trotz aller bei unserem letzten Aufenthalt hier gegebenen Versprechen kein Kopra bereitliegt, da es die Zeit ist, in der die Inselbewohner Mitgliedsbeiträge für die Kirche einsammeln und das »Me«-Meeting abhalten. »Kein Tabak«, verkündet Mr. Henderson schadenfroh, während er die Leute vom Schiff herunterbeordert. Den Kapitän fragt er zu meiner Freude: »Können Sie es bis heute Abend nach Nassau schaffen?« Der Kapitän bejaht; und wir kommen noch in derselben Nacht an und kreuzen bis zum Morgen vor der Insel. Wir signalisieren Nassau ein blaues Licht, und die Bewohner antworten mit einem Feuer, halten es die ganze Nacht am Brennen, offenbar in der Angst, dass wir davondampfen, wenn sie es erlöschen lassen.

17. Mai

Nassau ist eine kleine hoch-niedrige Insel, die eine mittlerweile zum Teich geschrumpfte Lagune umschließt. Die Insel hat die Form eines Dreiecks und einen Umfang von rund fünf Meilen. Wir konnten erkennen, dass das Terrain vom Strand zu einem ansehnlichen Hang anstieg, und zwischen den Tahitiapfelbäumen sah ich Gras sprießen. Mit dem Fernglas machte ich einen Brotfruchtbaum aus. Nassau hat keinen Ankerplatz, das Landemanöver wurde als zu gefährlich für mich erachtet, und zu meiner großen Enttäuschung schifften sich die Männer ohne mich aus; nach der Beschreibung, die sie mir gaben, als sie zurückkehrten, und nach dem Anblick, der sich vom Meer aus bietet, muss es die schönste aller hoch-niedrigen Inseln sein. Schweine und Hühner sind in Mengen vorhanden, und alle Früchte der hohen Inseln gedeihen im Überfluss; Schildkröten in Hülle und Fülle, sowohl die Suppenschildkröte, bei Ratsherren hochbegehrt, als auch die Schildkröte, die das Handelsschildpatt produziert. Der Besitzer der Insel hatte das Eiland seit zwei Jahren nicht mehr betreten, so dass die wenigen Menschen, die dort lebten, sich im Stich gelassen fühlten. Sie schickten zwei Schweine an Bord und offerierten Mr. Hird ein großes Stück Schildpatt, welches er wegen seines Wertes ablehnte. Ungefähr 40 Kisten Kopra standen zum Verkauf bereit, aber da die See hoch und der Ankerplatz schlecht war, verzichtete Mr. Hird darauf, sie an Bord zu nehmen. Mr. Henderson überließ ihnen jedoch, was sie »erhandeln« wollten, einen Wert von ungefähr 15 Dollar, als Geschenk.

Als Louis zurückkehrte, gab er mir folgende Schilderung seines Besuchs, ganz von Anfang an:

Als Erstes sahen wir frühmorgens die ganze Bevölkerung am Strand versammelt. Als wir näher heranfuhren und ein Beiboot herunterließen, tanzten die zwei Frauen vor Freude herum wie die Springteufel, was ein befremdlicher Anblick war. Alle drei Männer kamen zum Rand des Riffs heraus. H. machte ihnen von der Brücke ein Zeichen, ins Wasser zu springen und zu schwimmen, was zwei, Joe und Jim, befolgten, während das Boot ihnen auf halbem Weg entgegenruderte. Wir konnten sehen, wie sie hineinkletterten, Johnny, der am Ruder stand, feierlich die Hände schüttelten und sich setzten. Sie hatten viele alte Freunde an Bord, besonders Joe, und es war ein Anblick für Götter, wie die groteske Kreatur zu ihnen hintanzte, ganz wie ein Clown in einer Pantomime. Ein wenig später, als er Lloyd unter einer Decke hervorkommen sah, wo er Platten in der Kamera gewechselt hatte, führte er eine Pantomime auf, welcher Schrecken ihn durchzuckt hätte, dass wir fast starben vor Lachen. Er nannte alle »alter Junge« und lachte unablässig entweder selbst oder war die Ursache für das Gelächter anderer. Er sagte, sie hätten keinen Fisch. »Hab kein Kanu«, erklärte er. »Warum baust du dir nicht eins?«, fragte einer von uns. »Zu viel Arbeit«, schrie Joe mit unsagbarer Wonne. Er ist sehr stark und in Wahrheit äußerst fleißig, nur ist er so gewitzt, dass er nicht daran denkt, etwas Überflüssiges zu tun. Nach dem Frühstück begaben wir uns an Land. Der dritte Mann und ein Hund empfangen uns auf dem Riff; und sonderbarerweise hat der Hund Angst vor uns. Im Haus werden wir mit Mrs. Joe, Mrs. Jim und den fünf Kindern bekannt gemacht, die ganze Gesellschaft benahm sich wie ein verrücktes Volk, tanzte, klatschte und lachte vor lauter Aufregung. Weiter landeinwärts, ein gartenähnlicher Ort, wo Limetten, Bananen und Feigen wachsen, der Boden an vielen Stellen mit Gras gepolstert. Jedoch nicht überall, und da ich barfuß ging und der Morgen heiß war, kehrte ich jetzt um und kam allein zurück in die Siedlung. Mrs. Joe wartete draußen mit einer grünen Kokosnuss auf mich; während ich trank, versuchte sie mir meinen Ring zu entwenden. Nachdem ihr dies missglückte, führte sie mich in einen Schuppen, wo Mrs. Jim sich aufhielt, stopfte Kissen in meinen Rücken, nahm mich in ihre Arme und schickte sich an, mich wie ein Kleinkind mit Kokospudding zu füttern. Mrs. Jim tätschelte und beschwichtigte mich derweil, und beide bestürmten mich aufgeregt und in den schrillsten Tönen mit Fragen über mein Alter, Land, Geschäft, meine Familie und meine Frau. Als sie hörten, dass Letztere an Bord war, schrien sie vor Enttäuschung, weil sie nicht mitgekommen war, und Mrs. Joe gab mir zu verstehen, dass sie darauf brenne, sich auf das Schiff zu begeben und sie zu besuchen, aber leider keine passenden Kleider besitze. (Beide waren tadellos gekleidet, Mrs. Joe, ein hübsches Ding, in Blau, Mrs. Jim in Rot.) Sie türmten unverzüglich einen Berg von

Geschenken für die *fafine* (Dame) auf. Unterdessen, oder vielmehr gleichzeitig, durchwühlten sie meine Taschen und beraubten mich all meiner Besitztümer; meines ganzen Geldes, meines Tabaks, meiner Zündhölzer und meines Taschentuchs; ein paar Kapseln konnte ich retten, indem ich ihnen erzählte, sie enthielten Gift, desgleichen meine Mütze (der mehr Glück beschieden war als dem Rest). Sie nahmen es vollkommen gutwillig hin, wenn ihnen etwas verweigert wurde, gingen aber sofort wieder zum Angriff über wie Fliegen. Mrs. Jim bot an, mir ihr Baby im Tausch gegen Lloyd zu geben, was ich annahm. Als unsere Gesellschaft eintraf, wurde sie einer ähnlichen Plünderung unterzogen, wenn auch, da sie so zahlreich waren, kaum mit denselben Liebkosungen. (Ich wurde getätschelt, besänftigt, gestreichelt und gefüttert wie ein Schoßtier.) Es war eine Szene wildester Erregung, und ich bin sicher, dass sie alle Kopfschmerzen davontrugen. Sämtlich stiegen sie zum Riff herunter, um uns zu verabschieden; Joe und Jim sollten uns hinausrudern; die Damen blieben etwas zurück, bis über die Knie im Wasser stehend, und als das Boot auslief, sah ich, wie Mrs. Joe plötzlich unter ihre Röcke tauchte, und im nächsten Moment wehte ihr prunkvolles *lava-lava* als Abschiedsgruß in der Luft. Wenn eine Frau hier ein zivilisiertes Kleidungsstück anzieht, behält sie dennoch ihre heimische Kleidung, das *lava-lava*, um ihren Körper gewickelt. Als wir unter Joes geschickter Führung den Brechern entronnen waren, sagte er zu einem unserer schwarzen Jungs, der einen Rat zu geben wagte, in aller Strenge: »Das ist sehr Grobigkeit.« Jim und Joe standen auf den Ruderbänken, »Wiedersehen, alter Junge!«, Hacken hoch, Kopf herunter, und im nächsten Moment strebten sie dem Strand zu.

19. Mai

Quiros (die Jennings) am Morgen. Nach Nassau wirkt es banal und langweilig wohlhabend. Wir wanderten zu der Lagune hinüber, die sehr groß und nicht so brackig ist. Lloyd und Tin Jack gingen schwimmen, und ich kehrte zu den Frauen zurück. Nachdem wir viele Kokosnüsse leer getrunken hatten, fuhren wir zum Schiff zurück.

20. Mai

Mrs. Jennings und ihre Schwägerin besuchten uns mit einer singenden Bootscrew im samoanischen Stil. Leider wurde eine der Damen seekrank, was ihren Besuch abkürzte.

21. Mai

Fakaafo, eine der Tokelau-Inseln. Louis und ich gingen am frühen Morgen an Land. Es herrschte eine starke Dünung, und unsere Bootsleute brachten alle gleichzeitig unterschiedliche Einschätzungen der Lage vor, mit dem Ergebnis, dass wir aufliefen und beinahe untergingen. Ich wurde nass von Kopf bis Fuß und fror entsetzlich.

Wir spazierten im Dorf umher und wurden zum Haus des Königs geleitet. Die Königin breitete eine Matte auf dem Boden für uns aus, und wir nahmen neben ihr Platz; sie hielt ein Frühgeborenes in ihren Armen, ihr Enkelkind, nehme ich an, denn sie sah wie eine alte Frau aus. Der König kam zum Eingang der Hütte, schüttelte uns, Kopf und Schultern herausstreckend, die Hände und machte einen schwachen Versuch, sich mit uns zu unterhalten. Kokosnüsse wurden uns angeboten, aber ich war zu durchgefroren für die Er-

Girl in Tokelau Islands.

frischung. Es war ein lethargischer Ort, selbst die Kinder wurden es bald müde, uns zu folgen.

Da ich Anzeichen eines Rheumatismusanfalls von dem unfreiwilligen Bad spürte, suchte ich den Händler auf, einen bleichen Portugiesen, und fragte ihn, ob seine Frau mir ein Kleid leihen könne. Er sagte, wenn wir quer über die Insel liefen, kämen wir zu einem Gasthaus, das ihm gehörte, und dort würde seine Frau mir ein hiesiges Gewand geben. Als wir uns dem Ort näherten, gesellten sich mehrere hübsche, lächelnde Frauen zu uns; wir setzten uns alle auf die Veranda und warteten auf den Händler, der sich nicht weit hinter uns befand, und bald war ich in trockene, bequeme Kleider gehüllt.

Wir lehnten die unvermeidlichen Kokosnüsse ab, nahmen aber Brandy und Wasser an. Ich überreichte der Frau des Händlers den Kranz von meinem Kopf und einen Goldring, worauf wir zum Schiff zurückkehrten. Beinahe hätten wir unser Boot in der Brandung wiederum zum Kentern gebracht. Ich hatte eine Reihe schlichter goldener Eheringe bei mir. Ich trug immer ein paar, die ich von meiner Hand ziehen und als Geschenk überreichen konnte.

Am Nachmittag schickte mir die Frau des Händlers einen Hut als Geschenk. Der Händler sprach ein ziemlich verwirrendes Englisch; als er durch Lloyds Zimmer kam, fiel sein Blick auf eine Gitarre. »Wer diese Musik?«, fragte er. Als es ihm gesagt wurde, bat er darum, die Gitarre in die Hand nehmen zu dürfen, und verlangte, dass nach Lloyd geschickt werde. Unterdessen untersuchte er das Instrument und fand zwei gerissene Saiten.

Als Lloyd erschien, sagte der Händler, er benötige zwei gute Gitarrensaiten. Da Lloyd nicht viele hatte, trennte er sich nur ungern von den Saiten, aber der Mann war so begierig, sie zu bekommen, dass die Schachtel mit den Saiten geholt wurde. Als Lloyd den Mann nach seiner eigenen Gitarre fragte, erklärte er zu unserer Verblüffung, dass er gar keine besitze, und doch wählte er weiter in höchster Erregung Saiten aus. »Verstehen Sie doch«, sagte Lloyd, »ich kann Ihnen nicht alle geben; ich überlasse Ihnen diese hier, aber auf keinen Fall mehr; und ich weiß nicht, was Sie damit anfangen wollen, wenn Sie keine Gitarre haben.« Offenbar wollte er sie, um »damit zu spielen«. Dann fiel uns ein, dass er vielleicht ein anderes Instrument besaß, für welches er Gitarrensaiten verwenden konnte, aber nein, er sagte, er besitze kein Instrument, welcher Art auch immer. Endlich, nach großer Ratlosigkeit und verzweifelten Anstrengungen, hinter seine Absichten zu kommen, hatte Lloyd plötzlich eine Eingebung und fragte: »Wollen Sie meine Gitarre kaufen?«

Das war des Rätsels Lösung. Da wir nur eine Gitarre besaßen, konnten wir sie ihm auf keinen Fall überlassen, und der arme Bursche gab uns bekümmert die Saiten und das Instrument zurück.

22. Mai

Wir feierten vor dem Handelsraum unseren Hochzeitstag. (Wir hatten es am 19. vergessen, dem eigentlichen Hochzeitstag, sagten uns aber, eine verspätete Feier könne nicht schaden.)

Champagner wurde in feuchten Handtüchern kalt gestellt, und gegen vier versammelten wir uns am vereinbarten Ort, wobei jeder sich nach Kräften bemühte, zur Unterhaltung der anderen beizutragen. Tin Jack hielt eine Shakespearelesung, in einer Kanzel stehend, die Teil unserer Fracht war. Mr. Hird sang *Afton Water*, ein bezaubernder Vortrag, mit viel Charme und Gefühl. Lloyd sang, und Louis stieg auf die Kanzel und hielt eine Predigt, indem er als Text nahm, was er vor sich sah (eine Reklame für St.-Jacobs-Öl).

Land gesichtet, Atafu, wo ich Tokelau-Eimer zu bekommen hoffe, die sehr nützlich als Mantelsack sind.

23. Mai

Mr. Henderson ging frühmorgens in Atafu an Land. Er prahlt, er habe drei Hühnerbeine sowie eine halbe Brust verspeist und große Mengen Taro. Da ich ein wenig an Rheumatismus leide, weil ich die nassen Kleider in Fakaafo nicht schnell genug gewechselt habe, und es regnet, blieb ich an Bord und nahm eine Dosis Salicylat. Später kommt die Sonne heraus; mein Rheumatismus kapituliert vor dem Salicylat, aber zu spät; Louis ist im Boot an Land gefahren, und es gibt kein anderes für mich. Ich verbringe eine trübselige Stunde, indem ich durch ein Opernglas die Leute betrachte. Der Wind trägt hin und wieder Gesangsfetzen an mein Ohr. Dann verursacht mir das Opernglas Kopfschmerzen, und ich probiere zu lesen, zuerst *Olla Potrida* (ein Unterhaltungsjournal), was ich nicht ertrage, und hinterher das *South Pacific Directory**, was mir besser gelingt. Das Boot kommt zur Abendessenszeit zurück, und alle erzählen gleichzeitig von den denkwürdigen Erlebnissen, die sie hatten.

24. Mai

Zu meinem Bedauern fühlte ich mich nicht wohl genug, um an Land zu gehen. Ein Händler, der Bruder des Mannes, der die Gitarre kaufen wollte, kündigte mir an, dass seine Frau mich besuchen wolle, und stellte mir seinen Sohn vor, einen prächtigen kleinen braunen Burschen von ungefähr elf Jahren. Mr. Hird erklärte mir, dass er ein weit gereister junger Mann sei. Er selbst erzählte mir, er sei in Sydney gewesen, und als ich ihn fragte: »Und in San Francisco?«, antwortete er: »Nein, aber ich war in Frisco.« Der Junge hatte sich an Bord eines Schoners aufgehalten, als dieser beinahe von einem Feuer zerstört wurde, und auch, als das Schiff in unmittelbarer Gefahr war, unterzugehen. Das Feuer war durch Brandstiftung entstanden. Einer der Matrosen auf dem Schoner war mehrmals unverschämt gegenüber dem Kapitän gewesen und galt als gefährlicher Charakter. Eines Tages griff er in einem Wutausbruch den Koch mit einem Messer an und brachte ihn beinahe um. Der Kapitän, offensichtlich ein Jammerlappen, schreckte vor dem Gedanken zurück, den Mann in Ketten zu legen, und hantierte so ungeschickt mit den Handschellen, dass der Missetäter ihm die Arbeit abnahm und sie sich selbst anlegte. Der Superkargo verlangte, dass der Mann in der Kabine neben seiner eingesperrt werde, aber der Kapitän zitterte bei dem Gedanken, ihn in seiner unmittelbaren Nähe zu wissen. Es dauerte nicht lange, da konnte er sich losreißen, setzte das Schiff in Brand und sprang über Bord. Wenige Stunden nach dem Feuer wurden sie von einem schweren Sturm beinahe gegen einen Felsen getrieben. Als sie so nahe waren, dass sie fast auf den Felsen hätten springen können, kam das Schiff abrupt zum Stillstand und blieb völlig reglos liegen. Der Fels hatte ihm den Wind aus den Segeln genommen, und die zurücklaufende Strömung verhinderte ihr Vorwärtskommen.

Endlich erschienen die Frau des Händlers und ihre Freundin, eine hübsche Person mit einem hochmütigen, vornehmen Ausdruck, an Bord. Mit einer Unbefangenheit, die an

Zynismus grenzte, erklärte der Händler, dass früher sehr viele deutsche Seeleute auf den Inseln gewesen seien, und da seine Frau blondes Haar hatte, hielt er es für ausgemacht, dass sie zur Hälfte deutscher Abstammung war. Sie sah auch wirklich wie eine empfindsame deutsche Gouvernante aus, mit ihren gelben Haaren und blinzelnden Augen, aber ich erkannte sofort, dass sie ein Albino war, was immer sie sonst sein mochte. Sie brachte mir einen Korb und einen kleinen Tokelau-Eimer. Ich gab ihr im Tausch dafür einen Goldring und sie mir wiederum drei Schildpattringe und einen dickeren, der geschickt zu einem echten »Liebesknoten« geschlungen war. Der Freundin überließ ich einen Kranz und erhielt ein Geschenk im Tausch dafür. Diese Menschen hier sind hoffnungslose Schmeichler; wir nennen den Ort »Insel der Schmeichler«. Ein Inselbewohner begegnete Mr. Henderson, als Louis in Hörweite war. »Du *schöner* Mann!«, rief er, und seine Stimme bebte vor Rührung, während er Mr. Hendersons Gesicht studierte. »Du *gute* Frau!«, sagte die Frau des Händlers ständig zu mir, und ihre Augen senkten sich voll Bewunderung und Zuneigung in meine, während sie mich zärtlich umarmte. Ich bat sie um eine Locke ihres schönen Haares, welche sie mir gab, nachdem sie ihren Mann um Erlaubnis gefragt hatte; ich heftete sie in mein Tagebuch, und sie schrieb darunter: *Fani mai feleni* (Fanny, meine Freundin) und ihren eigenen Namen, »Amalaisa«; dann fächelte sie mir Luft zu, streichelte mich, schmeichelte mir, und schließlich bemächtigte sie sich meiner Fotografie, drückte sie an ihren Busen und ihr Gesicht und erklärte: »Alles genau du.« Ich frage mich, ob sie wirklich irgendwo »Nasen reiben«! Bisher konnte ich nur beobachten, dass sie ihre Gesichter aneinander pressen und dabei leicht durch die Nasenlöcher einatmen. Während ich bei Amalaisa und ihrer Freundin saß, jede an einer Hand haltend, wurde ich gewahr, dass sich ein arg zerlumpter, aber vornehm aussehender junger Einheimischer zu uns gesellt hatte. »Dieser Junge, König«, wisperte Amalaisa. Ich schüttelte Seiner Majestät die Hand und rief Louis, um ihn vorzustellen. Die letzten Worte Seiner Königlichen Hoheit waren: »Du *gute* Frau!«, im denkbar verführerischsten Tonfall geäußert.

Die meisten Inselbewohner leiden an einer Krankheit, die ihre Haut mit weißlichen Schuppen überzieht und ansteckend ist. Ich hoffe, dass wir uns nicht alle infiziert haben. Der schuppigste Junge der Insel ging den ganzen Tag mit Louis umher, den Arm um seine Taille gelegt, während er ihm die Hände mit einem gurrenden: »Du *guter* Papalagi!« (Fremder) tätschelte und streichelte.

Louis hat hier den folgenden Bericht seiner Abenteuer auf Atafu niedergeschrieben:

Sogleich nach der Landung war ich von mehr oder weniger schuppenbedeckten Jungen umgeben; die kleinen Mädchen stoben in einem Schwarm vor uns davon und blickten dann kokett zurück; wenn sie zu nahe kamen, warfen die Jungen warnend eine Hand voll Steine auf den Boden. »Du *Peletania*?« (Britisch?), fragten sie einer nach dem anderen und immer wieder, wobei sie meine Bestätigung jedes Mal mit einem hingehauchten »*Peletania* – Aloha!« kommentierten. Ein Junge lief den ganzen Weg neben mir her und streichelte mich. »Du *guter* Papalagi!«, rief er in Abständen. Ich glaube, ich hatte eine Eskorte von ungefähr 50. Schließlich stießen wir auf zwölf kräftige Damen, die auf einer Mauer saßen. Sie zogen mich neben sich, schickten nach Kokosnüssen, streichelten mich mit geradezu glühender Bewunderung und hauchten von Zeit zu Zeit in einem gefühlvollen Chor: »*Peletania* – Aloha!« Obwohl ich nicht an Artigkeiten gewöhnt war, die auf politischen Erwägungen beruhten, argwöhnte ich, dass sie etwas im Schild führten; und schließlich wurde einer der Jungen von den Damen gerufen und betätigte sich als Übersetzer. »Alle diese Mädchen, er lachen über dich.« (Die Damen lachen Sie an, wollte er sagen.) »Du schmeichelst mir«, erwiderte ich. Die Enttäuschung, die ich durch diesen Missgriff auslöste, war unvorstellbar. Ein wenig später fragte mich einer der Jungen: »Du wollen Frau?« »Ich habe Frau auf dem Schiff«, erwiderte ich. »Frau auf dem Schiff«, schrie er mit unverhohlener Verachtung, »nix gut!« Die Neuankömmlinge stellten mir Fallen wegen meines Herkunftslandes. Ich hörte sie fragen und zur Kenntnis nehmen, was ich zu sein vorgab; dann kamen sie zu mir und fragten in einer feinen, beiläufigen Art: »Du *Melican*?« (Amerikaner). Wir haben wahrhaftig keine loyalere Besitzung als Atafu. Ein anderes Beispiel für Atafu-Englisch (das alle ein wenig sprechen) ist Folgendes: Ich hatte einem Jungen eine Stange Tabak überlassen; ein anderer bat mich auch um eine. »Nein«, sagte ich. »Das war's.« »*Eet ees feenished* – es ist fertig«, sagte der Junge, der den Tabak hatte; aber der Junge, der nichts hatte, schaute mich mit einem mutwilligen Lächeln an. »Du zur Hölle gehen! Nix fertig.«

Ich sah das Heilmittel für die juckenden Schuppen, das der alte Jennings aus Olosenga erfunden hatte – ein in die Erde eingegrabenes Fass, in welchem die Kranken mit Schwefel eingeräuchert werden. Das Mädchen, das sich der Behandlung unterzog, war eine überaus europäische kleine Seele – die Haut ein lichter Braunton, die Augen helles Haselnussbraun, die Haare goldbraun schimmernd. Seltsam, dass Menschen von einer niedrigen Insel so hell sein können. Amalaisa erhob zuerst Anspruch als »*mai feleni*« auf mich; als sie von meiner Frau hörte, übertrug sie ihre Ergebenheit auf diese und schrieb Liebesbriefe an sie; die künstliche Natur dieses Gefühls (*me judice*) verhinderte nicht seinen ungeheuren Erfolg.

27. Mai

Wir rechnen damit, Funafuti, die erste der Ellice-Inseln, bei Tagesanbruch zu erreichen; doch um neun Uhr war noch keine Spur von der Insel zu sehen. »Schlecht gesteuert«, knurrte der Kapitän. »Wir sind daran vorbeigefahren, und jetzt müssen wir umkehren und zurückfahren.« Gegen zwei ankern wir in der Lagune, und fast sofort sind die Händler an Bord, zwei elend aussehende Exemplare. Einer war ein Mischling von einer anderen Insel mit Elephantiasis, sehr schlimm, in beiden Beinen. Frische Hautritzungen waren zu sehen, als habe er die samoanische Methode des Punktierens ausprobiert. Der andere Händler war nicht dünn, aber die blutloseste Kreatur, die ich je gesehen habe; sein Gesicht, seine Hände, Beine und Füße waren ohne Sonnenbräune, glatt und von einer durchsichtigen Struktur, wie Wachs. Es schien ihn übermenschliche Anstrengungen zu kosten, auch nur seine großen, schweren Lider zu heben, wenn er mit uns redete. Die beiden Männer hatten das Boot gezogen, in dem sie gekommen waren. Der blasse keuchte und drückte beide Hände auf sein Herz, als habe er starke Schmerzen. Ich fragte ihn, ob er die Insel liebe. »Überhaupt nicht«, antwortete er und beschrieb uns die Leute; er sagte, er könne keine Hühner, Enten oder Schweine halten; das könne niemand, denn die Nachbarn, die neidisch waren, dass ein anderer besitzen sollte, was sie nicht besaßen, würden die armen Kreaturen zu Tode steinigen. Mit dem Pflanzen von Obstbäumen sei es dasselbe; der Boden war gut, und es wuchsen ein paar Brotfruchtbäume und Bananenpflanzen, aber jeglicher

Versuch, mehr anzubauen, werde zunichte gemacht. Die jungen Bäume würden ausgerissen und gelegentlich sogar die alten umgeknickt und nahezu zerstört. Vor dem großen Erdbeben in Java* fing man hervorragenden essbaren Fisch in Mengen. Der Mischling erinnert sich noch an Zeiten, als man nichts von giftigen Fischen wusste; jetzt sind alle Fische außerhalb des Riffs giftig und viele innerhalb. Das Schlimmste daran ist, dass ein heute noch harmloser Fisch morgen tödlich sein kann. Schildkröten kommen überhaupt nicht auf die Insel, weshalb es außer Kopra nichts zu essen gibt, es sei denn, was Schiffe mitbringen, die es hierher verschlägt.

Ich fürchte, der arme Mann ist einfach halb verhungert. Ein Steward an Bord des Missionsschiffs, der ein wenig von Medizin verstand, hatte ihm gesagt, was ihm fehle, sei nur Eisen und gutes Essen. »Sie haben mir eine Flasche Eisen gegeben«, sagte er, »und daraufhin ging's mir besser, sonst wär ich jetzt tot, aber woher soll ich gutes Essen nehmen?« Ich schlug ihm vor, die Insel zu verlassen, aber die treue Seele antwortete, er wisse, dass er sein Leben retten könne, wenn er meinem Rat folge, aber niemals lasse er seine einheimische Frau und Kinder im Stich.

Der Mischling erzählte uns mehrere Geschichten, die uns mit Abscheu erfüllten und doch höchst interessant waren. 1886 war er eine Weile von Funafuti fort. Während seiner Abwesenheit gingen zwei amerikanische Schiffe unter peruanischer Flagge vor der Insel vor Anker und verteilten rechts und links Geschenke an alle, die kamen, um sie in Empfang zu nehmen. Die Leute waren natürlich entzückt, und als sie den Vorschlag hörten, dass alle, die es wünschten, nach Peru kommen sollten, um von diesen netten Menschen unterrichtet zu werden, drängten sie scharenweise in die Boote. Der König, darauf bedacht, so viele wie möglich an dem unverhofften Glück teilhaben zu lassen, blies in sein Horn, was ein königlicher Befehl war. Als der Mischling zurückkehrte, waren zwei Drittel der Bevölkerung fort, und der König war gerade im Begriff, erneut in sein Horn zu blasen, um seine verbliebenen Untertanen zu sammeln, die jetzt auf die ganz Jungen und die ganz Alten reduziert waren. Es braucht nicht eigens erwähnt zu werden, dass die Schiffe Sklavenschiffe waren, und die gefangenen Inselbewohner wurden nie wieder gesehen.

Auf allen Inseln zusammengenommen (Funafuti und ihren Küken, könnte man sagen) leben heute ungefähr 150 Einwohner. Sie haben einen schlechten Ruf – sie sollen schmutzig, grob und unehrlich sein; unehrlich im Sinne von betrügen, aber sie stehlen nicht. Kein Wunder, dass sie unehrlich sind, denn sie sind in eine gute Schule gegangen. Hier eine weitere Geschichte, die uns der Mischling erzählte: Mata von Samoa erschien, um Kopra zu kaufen; es stand keines zur Verfügung außer dem, was einem anderen Schiff zugesagt war, wobei der Preis eineinviertel Cent betrug. »Ich gebe euch zwei«, sagte Mata prompt, und das Angebot wurde ebenso prompt angenommen. Aber Matas Waagschalen zeigten nichts über 104 Pfund an, und am Ende zog er, obwohl er zwei Cent bezahlt hatte, mit einer Tonnenlast wieder ab, für die er nichts bezahlte.

Restieaux, der bleiche Händler, war sowohl mit Bully Hayes als auch Bully Pease gesegelt, deren Namen mir Übelkeit erregen und von denen ich hoffentlich nie wieder hören werde (zwei ziemlich pittoreske Desperados der Südsee, die jetzt für die restliche Welt gestorben sind). Louis und ich begaben uns mit Mr. Henderson auf die Insel, wo wir die Frauen und Kinder der Händler kennen lernten, die hübsch, gesund und äußerst wohlerzogen waren; zwei junge Mädchen waren richtige Schönheiten. Restieaux' Frau hatte nur ein Auge und war eine hässliche, aber freundliche alte Seele.

Nach einer Weile schlenderten Louis und ich über die Insel und gerieten immer mehr ins Staunen über das, was wir sahen. Alles, was man sonst auf einer niedrigen Insel vorzufinden glaubt, ist hier ins Gegenteil verkehrt. Zunächst einmal widerspricht die Tatsache, dass es außerhalb des Riffs giftige Fische gibt, dem, was man mit einigem Recht erwarten darf. Der Boden ist für eine niedrige Insel sehr fruchtbar, mit Farnen und vielen Sträuchern und blühenden Pflanzen. Wir sahen etwas Taro und eine verhältnismäßig große Bananenpflanzung. Um uns herum viel Marschland und stehende Tümpel, und die Luft war schwer und stickig wie im Gewächshaus. Die Insel erschien ungewöhnlich breit, aber wie groß war unser Erstaunen, als wir uns durch das dicht bewachsene Gelände schlugen und nicht am Meeresstrand herauskamen, wie wir vermutet hatten, sondern am Rand einer Lagune, deren Wasser von der Ebbe fast völlig hinausgezogen worden war!

Die Lagune war auf allen Seiten eingeschlossen, aber der Händler sagte uns, ein Lavaloch sei der Abfluss und die Bewohner hätten schon haufenweise Korallen hineingeworfen, um ihn zu verstopfen. Ein kleines Mädchen war einmal in die Lagune gefallen, als die Flut sich umkehrte; drei Tage später wurde ihre Leiche weit draußen im Meer gefunden. Damals wurde das Loch entdeckt, durch das sie hinausgesaugt worden war. Auf einer Seite schien eine Öffnung zu sein, durch die wir den Strand zu erreichen hofften. Wir überquerten ein Stück Mangrovensumpf, kletterten über lose aufgehäuften Kies, der einen metallischen Klang hatte, ganz anders als Koralle, und standen schließlich am Strand. Ich wanderte von Louis weg, sammelte Muscheln, wurde aber von einem wilden Schrei zurückgerufen. Ich fand Louis über ein Stück äußeren Riffs gebeugt, das er abgebrochen hatte. An beiden Bruchstellen hingen unzählige Würmer herunter, wie ein grausiger dicker Fransensaum. Die Würmer sahen wie schlanke Erdwürmer aus, mehr oder weniger gebleicht, obwohl einige richtig erdwurmfarben waren. Sie dehnten sich und krümmten sich wieder zusammen, bis mir übel wurde und ich vor ihrem Anblick flüchten musste. Hinterher brach Louis weitere Felsstücke ab; eine Art enthielt immer Würmer; eine andere, von hellerer Farbe und festerer Beschaffenheit, barg viel weniger Würmer, auch leere Löcher, die im Begriff waren, sich zu schließen; wieder andere Stücke waren kompakt und hart und weiß wie Marmor. Ich fand eine große Zahl Muscheln, und nachdem ich vergeblich einen anderen Weg über die Insel als um die Lagune herum gesucht hatte, gab ich auf, und wir kehrten in unseren Fußstapfen zurück. Das heißt, eine Zeit lang, bis wir uns verirrten oder, wie Louis entrüstet meinte, »überhaupt nicht verirrten; wir konnten nur unseren Weg nicht finden«.

Die beiden Händler aßen mit uns, und ich stellte erleichtert fest, dass der blutlose Mann eine doppelte Portion Fleisch verspeiste. Lloyd hatte zum Glück die Idee, ihm etwas Stout zu überlassen, und fragte Mr. Henderson, ob der Mann von der Sorte sei, welcher man Stout geben könne. Mr. Henderson hielt es auch für eine gute Sache, und Louis erklärte dem Händler, dass das Bier als Medizin verabreicht werde, nicht als Getränk, das die Runde mache, und ließ ihn versprechen, alles selbst zu trinken. Der Händler gab ihm bereitwillig das Versprechen, sagte aber, in diesem Fall müsse Mr. Henderson es zu ihm hinüberschmuggeln, da er es nur heimlich trinken könne. Ich gab ihm noch eine große und eine kleine Flasche Eisen, alles, was wir hatten, und riet ihm, wenn es aufgebraucht wäre, Nägel in sein Trinkwasser zu geben. Ich ging früh zu Bett, sehr müde, wurde aber von wiederholten Sturmböen nach unten getrieben und schlief auf dem Boden im Salon.

Vor nicht allzu langer Zeit legte die *George Noble* auf ihrem Weg zu der Insel Piru (Peru ausgesprochen) an dieser Insel an. Die Einheimischen, die auf das Schiff gekommen waren, hörten das Wort und flüchteten Hals über Kopf, und nichts konnte sie bewegen, zurückzukehren; das Schreckenswort »Peru« war genug.

28. Mai

Haben Funafuti heute Morgen verlassen. Als alle fort waren, fotografierte Lloyd die Schiffsgesellschaft zum Entzücken der schwarzen Jungs, die sich mit großem dramatischem Effekt in Pose warfen.

Nach Einbruch der Dunkelheit in Natau eingetroffen. Mr. Hird rief uns zu, dass ein anderes Schiff ganz in der Nähe sei. Wir stürzten an Deck und sahen einen Schoner, der ein Licht aufzog, und in wenigen Minuten war der Maat an Bord der *Janet*. Anlegen kann man an dieser Insel nicht, und die ungewöhnlich hohe Dünung hat zur Folge, dass frühmorgens eine starke Brandung herrscht. Die einzige Insel der Ellice-Gruppe, die ich bisher gesehen habe, hinterließ bei mir einen so unangenehmen Eindruck, dass ich nicht enttäuscht sein werde, wenn ich nicht an Land gehen kann.

29. Mai

Am frühen Morgen ankern wir in der Nähe des Schoners. Er ist weiß gestrichen und sieht genau wie die *Equator* aus.

(Wir haben eine frühere Kreuzfahrt, unsere zweite, auf der *Equator* gemacht, einem kleinen Handelsschiff.) Louis sagt, dass er jedes Mal, wenn er hinüberschaut, uns selbst zu sehen erwartet. An Bord des kleinen Schiffs herrscht offensichtlich große Aufregung; Kanus, voll mit Leuten, fahren unablässig zwischen Strand und Schoner hin und her. Nur ein Kanu ist bisher zu uns gekommen; es war voller Frauen, die um das Schiff paddelten und meinen Schritten folgten; eine der Frauen hübsch, die anderen keineswegs hässlich. Das Kanu war sehr lang und verjüngte sich an einem Ende zu einem schönen Fischschwanz, ungefähr so;  es war an beiden Enden mit Perlmutt verziert, das in Borten und Mustern im Holz inkrustiert war. Die Leute hier tragen *ridis*, allerdings nicht so hochwertige wie auf den Gilbertinseln. Die *ridis* sind zu voll, zu sehr wie Ballettröckchen, obwohl die Farbe angenehm fröhlich ist, eine Mischung aus Dunkelrot, schwärzlichem Kastanienbraun und verblichenem Gelb. Die Brandung war, wie ich erwartet hatte, zu hoch, um uns an den Strand zu bringen, und so versuchten wir es gar nicht.

Am Nachmittag füllte sich der Schoner (von 80 Tonnen Tragfähigkeit) mit Inselbewohnern; man sagte uns, dass er eine Gesellschaft von 180 Leuten auf einen Ausflug um die Inselgruppe mitnehme, wofür ein Pauschalpreis von 25 Tonnen Kopra bezahlt werde. Das Deck des kleinen Schiffs war voll gestopft mit lachenden, schnatternden Menschen; das Geräusch ihrer Stimmen drang zu uns wie Bienensummen. Genau so haben Sklavenschiffe sie vor nicht allzu langer Zeit davongetragen. »Was für ein Fangzug wäre das, wenn man Kontraktarbeiter suchte«, bemerkte Tin Jack, als er ihrer ansichtig wurde.

Die Insel besitzt eine kleine eingeschlossene Lagune. Tin Jack hat, als er an Land war, ein Stück des Korallenriffs abgebrochen, das die gleichen Würmer enthielt, die Louis zuvor auf der anderen Insel entdeckt hatte, nur fanden wir hier zwei Arten: eine wie bleiche Erdwürmer und die andere mehr wie kleine Tausendfüßler. Tin Jack brachte mir eine Girlande aus Gardenien und ein Sträußchen scharlachroter Blätter. Mr. Hird brachte mir ein Bündel Jackbaumblätter, mit welchen ich meine Tokelau-Eimer polieren konnte. Ein paar junge Bananenpflanzen wurden an Bord geschickt, ich nehme an, für Freunde auf einer anderen Insel. (Das muss eine hoch-niedrige Insel gewesen sein, obwohl auf vielen Atollen die Erde, in der Bäume und Blumen gedeihen, in Schiffsladungen herbeigeschafft wird.) Tin Jack war in großer Versuchung, hier Station zu machen, wie er es auf den meisten Inseln zu tun pflegt. Der Händler in Natau war ein ziemlich abstoßend aussehender Mann, offensichtlich mit Lepra geschlagen. Zu meinem Entsetzen schüttelte er mir die Hand, seine Finger fielen bereits ab. »Ich glaube, ich habe irgendeine Eingeborenenkrankheit«, sagte der arme Kerl, als er seine Hand ausstreckte.

30. Mai

Immer noch schwere Dünung und die Brandung so stark, dass die Boote sich nicht hineinwagen können. Eine große Menge Einheimischer am Ufer und viele Kanus auf den Strand hochgezogen. In kürzester Zeit umringten die Kanus das Schiff, und wir wurden von eifrigen Warenverkäufern überrollt, die Matten, Hühner und Eier feilboten. Ein Mann folgte mir überallhin und flehte mich an, einen halben Silberdollar zu kaufen. »Willst du kaufen Geld?«, sagte er. »Wie viel Tabak gibst du?« Ich erstand eine Matte für zehn Stangen Tabak, eine für einen Kamm und eine für einen bedruck-

Mrs Stevenson and native lady,
hand in hand.

ten Kattunstoff. Ich sah, wie Mr. Henderson mitten im aufreibenden Geschäft des Koprawiegens innehielt und ein breites Muster mit violetter Tinte auf die Brust eines jungen Burschen malte, der hinterher mit sichtlich überlegener Miene umherstolzierte.

Lange Zeit sahen wir keine Frauen, aber endlich wurde ein Kanu gesichtet, in dem zwei hübsche junge Damen saßen, die wild neben dem Schiff hin und her paddelten. Sie verlangten lauthals, die *beritani fafine* (weiße Frau) zu Gesicht zu bekommen. Ich wurde gerufen und zeigte mich, worauf sie ihre Hände hochwarfen und vor Aufregung kreischten. Bald danach begegnete ich auf der Kajütstreppe dem Kapitän, der eine der jungen Frauen, die ich im Kanu gesehen hatte, halb hinter sich herzog, halb überredete, ihn in den Salon zu begleiten. Natürlich verstand sie nicht, dass er sie nur zu mir bringen wollte. Als sie meiner ansichtig wurde, schrie sie auf, riss sich vom Kapitän los, warf sich auf mich und klammerte sich an mir fest wie ein verängstigtes Kind. Ich spürte ihr Herz an meiner Brust klopfen, und sie zitterte von Kopf bis Fuß. Sie beugte sich herunter, als sie mich umschlungen hielt, denn sie war größer als ich, und lächelte mir ins Gesicht. Klarer als alle Worte sagte ihr Lächeln: »Du bist auch eine Frau; ich kann dir trauen; du wirst mich beschützen, nicht wahr?« Ich legte meinen Arm um sie, redete Englisch mit ihr und gab mir Mühe, ihre Ängste zu beschwichtigen. Sie verstand mein Englisch genauso gut wie ich ihr Lächeln. Ich nahm sie mit in den Salon, und Louis reichte ihr Süßigkeiten; sie kehrte zu mir zurück und vergewisserte sich mit einer Handbewegung, ob es auch nicht gefährlich sei, diese zu essen. Sie hatte bereits ein Stück Schiffszwieback, das sie fest in ihren Fingern hielt, und biss abwechselnd von dem Zwieback und dem Zuckerwerk ab;

sobald jedoch Schritte hörbar wurden, zitterte sie erneut und schlang mit demselben rührenden, fragenden Lächeln ihre Arme um mich. Ich setzte einen Kranz aus gelben und roten Tulpen auf ihr hübsches Köpfchen – sie war ein bezauberndes junges Geschöpf –, und der Kapitän brachte ihr eine Halskette aus großen blauen Perlen und ein Paar Ohrringe. Die ganze Zeit über stand der Vater des Mädchens, ohne dass ich davon wusste, mit finsterer Miene auf der Kajütstreppe.

Nach einer Weile wagte sich eine andere Frau, als sie sah, dass der ersten nichts passierte, in den Salon herunter, wo sie zitternd und schreckhaft wie ein scheues Wild dastand, bereit, beim leisesten Geräusch zu flüchten. Der Unterschied zwischen dieser Insel und Manihiki könnte nicht größer sein. Die Bewohner Manihikis zeigten keinerlei Angst, das ging so weit, dass selbst die Kinder durch die Dunkelheit liefen und sich an die Hand eines weißen Mannes klammerten, und danach war es unmöglich, die sanften, zutraulichen kleinen Geschöpfe wieder abzuschütteln. Ich erinnere mich, wie ich auf Manihiki Louis bei einem großen, ungefähr 14-jährigen Jungen sitzen sah, der schön wie ein Engel war und ihm den Arm um den Hals legte, während sich ein kleines Kind an seine Brust schmiegte. Aber die Inseln hier waren bevorzugte Rekrutierungsplätze der Sklavenschiffe und, schlimmer noch, einer der Schlupfwinkel des abscheulichen Bully Hayes. Ich gab dem anderen Mädchen auch einen Kranz, und nachdem Lloyd (offenbar empfanden sie keine instinktive Furcht vor Lloyd oder Louis) sie mit Duftwasser aus einer Flasche »Jockey Club« besprengt hatte, paddelten sie an den Strand zu ihrer Freundesschar zurück, die sich bis zum Hals in die Brandung stürzte, um die Neuigkeiten zu erfahren. Die Kränze, Halsketten und Ohrringe wurden

abgenommen und untersucht, kritisiert und von allen anprobiert, die ihrer habhaft werden konnten; die Erregung war unbeschreiblich. Die ganze Zeit, die das junge Mädchen im Salon weilte, waren die drei großen Bullaugen völlig von den Gesichtern von Männern versperrt gewesen, die jede Bewegung mit äußerstem Misstrauen verfolgten.

Unterdessen ging es sehr laut zu auf unserem Schiff, überall ertönte Hühnergackern und Schweinequieken. Die Schweine sind von einer seltsamen Mausfarbe und höchst liebenswerte Geschöpfe. Später kamen unser schönes Mädchen, von einer älteren, ungewöhnlich hübschen Schwester begleitet, und die Schreckhafte, die mich zuvor besucht hatte, zurück zum Schiff. Lloyd machte ein Foto von dem jüngeren Mädchen am Ende der Brücke. Ich musste mich neben sie stellen und eine ganze Weile meinen Arm um sie legen, ehe sie lange genug stillhielt, dass er die Kamera auf sie richten konnte. Sie war immer noch misstrauisch, wenn auch viel weniger ängstlich. Sie brachte mir ein Huhn und ein paar Kokosnüsse als Geschenk sowie einen weiteren Hühnervogel, den sie gegen einen Kamm eintauschen wollte, und eine Matte, im Tausch gegen bedruckten Kattun, was ich ihr beides überließ. Die Schreckhafte brachte ein paar Muscheln, die, wie sie mir zu verstehen gab, das Kranzgeschenk ungeschehen machen sollten. Ich wünschte, ich könnte ihr erklären, dass ich keine Gegengeschenke haben möchte; aber das wäre vielleicht ein unverzeihlicher Verstoß gegen die Etikette.

Ich saß auf einer Kiste in der Nähe des Handelsraums, als ein feiner, intelligent aussehender Mann, ein Missionar von einer anderen Insel, mich aufsuchte und mit mir redete. Leider war sein Englisch so hoffnungslos, dass ich nur wenig von dem begriff, was er sagte, außer dass ein Einheimischer, den er mir vorstellte, der König sei und dass eine gewaltige Menge Kopra bereit liege, wenn wir auf dem Rückweg ihre Insel aufsuchen würden. Der König machte einen vornehmen Eindruck, und nur eines seiner Ohrläppchen hing nach der heimischen Mode bis auf die Schulter herunter, während das andere irgendwie fehlgeleitet aussah. Der äußere Rand war ringsum eingeschlitzt und auf die Wange gepfropft, wodurch ein viel größeres Loch entstand, als auf den Gilbertinseln durch bloßes Bohren und Dehnen erzielt werden konnte.

In der Menge an Deck liefen auch drei unverkennbar Leprakranke umher, einer von ihnen mit Elephantiasis. Seine Zehen bluteten, nicht sehr angenehm für uns, die wir immer barfuß gingen. Ich habe den Steward gebeten, alle Matten, von denen einige sehr hübsch verziert sind, über die Reling zu hängen, wenn wir das nächste Mal ankern, und sie von der See gründlich durchwaschen zu lassen. Kurz bevor wir ablegten, verlangte der König nach mir; er hatte mir eine große Matte als Geschenk gebracht, ein Bündel geschälter Kokosnüsse und einen kunstvollen, mehrfarbigen *ridi*. Auf den meisten Atollen ist der *ridi* das einzige Kleidungsstück, das von den Frauen getragen wird. Es handelt sich um einen dicken Fransenschurz, kürzer oder länger, je nach der vorherrschenden Mode, aus Pandanusblättern gefertigt, die in Streifen geschnitten, geölt und geräuchert werden. Auf den Gilbertinseln ist es den Männern bei Todesstrafe verboten, ihre Hände auf einen *ridi* zu legen, auch wenn er nicht in aktivem Gebrauch ist. Ich kaufte einen, nicht so kunstvoll, für sieben Stangen Tabak von einer Frau. Ich hatte dem König nichts im Tausch gegen sein Geschenk zu geben – ich muss allerdings hinzufügen, dass er wohl auch nichts erwartete –, weshalb ich einen Goldring von meinem Finger zog und ihm gab. Von der Herrlichkeit des Geschenks zeigte er sich überwältigt, genauso wie die Menge, die sich um ihn versammelt hatte, um es zu begutachten.

Während des Abendessens lichteten wir den Anker und liefen aus. Der Kapitän hatte erwartet, dem Schoner vor dieser Insel wieder zu begegnen, aber es war keine Spur von ihm zu erblicken, bis zum späten Abend, als er endlich gesichtet wurde, offenbar auf falschem Kurs. Der Kapitän befürchtet, dass sie länger auf See bleiben könnten als geplant und die Vorräte ausgehen würden; im Notfall bleiben ihnen jedoch die 25 Tonnen Kopra, die Passagiere haben immer noch die Möglichkeit, ihre Währung zu verzehren, was mehr ist, als wir von uns sagen können. Die *Janet* hat sich wieder auf ihre alte Kapriole des Schlingerns verlegt, was die Dinge sehr unangenehm macht. Als ich zu Bett ging, gab mir das Gackern der Hühner, das Krähen der Hähne und das Quieken der Schweine das Gefühl, auf einem Bauernhof zu sein. Unsere drei Katzen scheinen gut mit der »Rattensippschaft« fertig zu werden; zumindest tauchen an Deck keine Ratten mehr auf, und der nüchterne alte Tom kann jetzt aufatmen und die ganze Nacht schlafen.

31. Mai

Die Insel Nanui. Eine ungewöhnlich stürmische Brandung und sehr in die Breite gestreckt. Louis geht an Land und kehrt mit einer Matte zurück. Tin Jack ist in bester Stimmung, weil die Leute in Nanui die Sprache der Gilbertinseln sprechen, die er kennt. Louis wird sofort als *kaupoi* (reicher Mann) wahrgenommen, obwohl er sich nicht denken kann, warum, da er nur in ein zerlumptes altes Unterhemd und ein *lava-lava* gekleidet war.

1. Juni

Immer noch in Nanui. Mr. Henderson bat, da er einen Wetterumschlag befürchtet, seine schwarzen Jungs, heute zu arbeiten. Er sagte, es sei ein Notfall, und, brave Burschen, die sie nun einmal waren, willigten sie ein und packten mit an. Als die Arbeit getan war, versammelten sich alle, wie es sonntags ihr Brauch ist, und hielten einen Gottesdienst ab. Es war sonderbar, als wir sie ein schottisches Kirchenlied mit Worten in ihrer eigenen Sprache singen hörten – oder vielmehr Sprachen, sollte ich eigentlich sagen.

2. Juni

Laden immer noch Kopra. Johnny, einer unserer Männer stellte mir seine Frau vor, die aus Nanui stammt – ein strammes, kugelrundes junges Ding. Ich gab ihr einen Baumwollstoff und ein seidenes Taschentuch. Ein wenig später kam Johnny mit höchst feierlicher Miene daher und bat Louis, mit ihm an Deck zu gehen, wo er ein wohl genährtes, mausfarbenes Schwein und eine große Menge Kokosnüsse als Geschenk vorfand. Unter den Leuten an Deck sah ich einen Mann, der das genaue Ebenbild des Leprakranken auf der letzten Insel war; unwillkürlich schaute ich auf seine Füße, und tatsächlich, der arme Bursche hatte auch Elephantiasis.

Der Kapitän bietet an, einen Plan von einem Wellenreiterkanu für mich zu zeichnen. Gestern Nacht hatten wir leichten Regen, der auf meine Augen gefallen sein muss, wie der Kapitän meint, da sie heute entzündet und geschwollen sind. Wenn der Regen dieser Breitengrade in die Augen des Kapitäns gelangt, wie es auf der Brücke geschieht, leidet er unter denselben Beschwerden.

4. Juni

Auf der Insel Nanomea. Zwei Händler steigen an Bord, einer ist der Händler unserer Gesellschaft, der auf den Inseln unter dem Namen »Lord« bekannt ist, der andere ein »unabhängiger« Händler, ein alter Mann von jämmerlicher Gestalt. Er hat beide Beine bandagiert und leidet, wie er sagt, an Furunkeln. Kurz danach erscheinen der Missionar und seine Frau an Bord, beide Samoaner, die Frau ein prächtiges, sanft aussehendes Geschöpf mit einem sehr traurigen Gesichtsausdruck. Ich sagte das zu Louis, und sie bat darum, ihr meine Bemerkung zu übersetzen. Mit Hilfe eines Wörterbuchs erklärte Louis ihr, was ich gesagt hatte. »Ich bin traurig«, war ihre Antwort. Sie brachte mir eine Matte als Geschenk, und ich gab ihr ein bedrucktes Kattunkleid.

Ein Mann folgte mir überallhin, darauf beharrend, dass er und ich Brüder sein müssten. Er hatte etwas Berechnendes, weshalb ich das angebotene Verwandtschaftsverhältnis standhaft ablehnte. Trotz meines Widerstrebens gelang es ihm aber, ein Bündel Kokosnüsse in meine Kabinentür zu werfen, um das Band zu bekräftigen.

Die Brandung ist sehr hoch. Als die Boote ablegten, wurde das eine, welches die Händler und Missionare barg, der Länge nach umgeworfen, so dass der arme alte »Unabhängige« beinahe ertrank. Die Missionarsfrau tauchte immer wieder nach ihm, und wir konnten sehen, wie seine Retter ihn den Strand entlangtrugen, nachdem sie ihn herausgefischt hatten. Mehrere Kanus gingen an diesem Tag zu Bruch, und einige Säcke Kopra waren verloren. Am Abend führten wir eine lange Diskussion, ob Lord … ein Gentleman ist oder nicht, was ich bejahte, obwohl ich nichts anderes vorzubringen vermochte als die Art, wie er seinen Hut lüftete.

7. Juni

Liegen seit drei Tagen vor Nanomea, der letzten der Ellice-Inseln, die wir aufsuchen, da die Fracht auf Grund der schrecklichen Brandung erst heute an Bord genommen werden konnte. Eine ganze Menge Kanus sind zu Bruch gegangen und unsere eigenen Boote oft genug nur knapp dem Untergang entronnen. Während ich durch das Fernglas schaute, schlug über einem unserer Boote eine große Welle zusammen und drückte es unter Wasser, so dass nichts mehr davon zu sehen war. Im selben Moment tauchten überall schwarze Köpfe empor, und das Boot wurde an Land gezogen. In einem anderen Boot, das herüberfuhr, wurde der Steuermann von seinem Sitz gerissen und ins Meer geschleudert; er war fast sofort wieder oben und vollendete die Überfahrt im Triumph. Jeder Erfolg wurde von den vom Schiff aus zuschauenden Männern mit Hurrarufen begrüßt.

Es bereitet den Insulanern immer großes Vergnügen, die Beiboote des Schiffs für die Nacht zu den Davits hinaufhieven zu helfen. Sie wissen, dass weiße Seeleute eine Art Schrei von sich geben, ein »Shanty«, wenn sie ein Seil einholen, weshalb auch sie sich bemühen, das Richtige zu tun. Das Ergebnis ist ein Radau wie von einer Schar losgelassener Schulmädchen, ein Tohuwabohu hoher Sopranschreie. Niemand würde vermuten, dass diese Stimmen aus Männerkehlen kommen. Unsere schwarzen Matrosen sind genauso; wir hören sie auf dem Vorderdeck kreischen und lachen wie Mädchen. Wir sind so an das Inselleben gewöhnt, dass es uns kaum mehr seltsam und pittoresk erscheint, wenn unsere fast nackten Matrosen (sie tragen nur ein kurzes *lava-lava* um die Lenden) in Kränzen arbeiten, wie Maiköniginnen.

Erst heute konnten Frauen an Bord kommen. Nicht ahnend, dass ein paar an Deck waren, wollte ich zum Handelsraum gehen. Augenblicklich ertönte ein lauter Schrei: *Fafine! Beritani fafine!*, und ich fand mich mitten unter ihnen. Die beiden, die anscheinend von höherem Rang als die anderen sind, nahmen mich in Besitz, und Johnny erklärte mir, dass sie gekommen waren, um Geschäfte zu machen. Jede hatte einen kunstvoll gearbeiteten *ridi*, für den sie zwei Muster Kattunstoff ergattern wollten. Der Handel erschien mir so unfair, dass ich je eine Halskette aus gelben und weißen Perlen dazugab. Sie waren entzückt über die Halsketten und riefen alle herbei, um sie vorzuführen. Dann zogen sie ihre Ringe ab und streiften sie mir über die Finger; ich wollte die Ringe nicht nehmen, aber ich hätte keine Skrupel haben müssen, denn eine von ihnen zog mir energisch einen Goldring vom Finger und streifte ihn sich über. Nachdem der Austausch vonstatten gegangen war, machten sie sich daran, meine Kleider zu untersuchen, die sie mit Bewunderung erfüllten. Als Nächstes versuchten sie mir die Kleider auszuziehen; als sie auf hartnäckigen Widerstand stießen, streiften sie meine Ärmel bis zu den Schultern hoch. Ihr Geschmack unterschied sich von dem meinem, denn während ich dachte, welch hässliche kalte Farbe ein weißer Arm verglichen mit einem warmen, braunen habe, schrien sie vor Bewunderung lauf auf. Eine Frau küsste mir die Füße (der Inselkuss) und schnüffelte zart an meinen Armen entlang. Klarer als mit Worten ließ sie die anderen wissen: »Sie ist nur ein Wickelkind; ich hätte sie gern als Schoßtier«, indem sie beim Sprechen die Arme ausbreitete und so tat, als würde sie ein Baby wiegen und liebkosen. Meine Hände und Füße wurden mit ihren verglichen und für viel kleiner befunden (es waren stattliche Frauen, in einem großzügigeren Maßstab geschaffen als ich). »Kinderhände und -füße«, sagten sie. Die Entdeckung meiner Impfnarben rief große Aufregung hervor, zumal eine von ihnen stolz ähnliche *Beritani*-Male vorweisen konnte. Ob es wirklich Impfmale waren oder nur zufällige Narben, kann ich nicht sagen. Die Frau erklärte jedoch, es seien echte *Beritani*-Narben. Plötzlich begannen sie alle, lautstark Namen zu rufen; mittlerweile saßen fünf oder sechs Frauen in einem Kreis auf dem Boden am oberen Ende der Kajütstreppe um mich herum, und im Nut waren in sämtlichen Fenstern und Türen die Köpfe ihrer Männer zu sehen. Trotz meines Widerstands rissen sie mir die Ärmel über die Schultern hinauf, und zu meinem Entsetzen wurden meine Unterröcke bis zu den Knien hochgeschlagen. Daraufhin brach ich in Tränen aus, die Männer verschwanden auf der Stelle, und die Frauen verhielten sich, abgesehen von einem gelegentlichen Schnüffeln, etwas gesitteter. Eine Frau war ängstlich bestrebt, dass ich bei ihr auf der Insel bleiben sollte. Ich glaube ernsthaft, dass sie Hoffnung hegte, mich als eine Art Schoßäffchen halten zu können. Schließlich wurden sie gewarnt, dass das Schiff bald ablegte, und sie flohen in ihre Kanus.

Eine Zeit lang hingen acht oder zehn Kanus, mit Menschen beladen, an den Wanten des Schiffs und schaukelten auf und ab, wenn es schlingerte. Es war ein faszinierender Anblick, und Louis und ich beugten uns hinunter, um ihn zu genießen. Plötzlich kletterte ein entzückendes junges Mädchen (dessen Hochzeit kurz bevorstand) wie eine Katze zu mir hoch, zog einen Ring ab und schob ihn auf meinen Finger. Ich holte eine blaue Perlenkette, die ich ihr schenkte, und sie kletterte hocherfreut wieder hinunter. Die Perlen werden zweifellos als Brautschmuck dienen, denn sie legte sie nicht an, sondern knüpfte sie sorgfältig in ein Stück

Baumwollstoff. Wir schauten zu, wie die Kanus durch die Brandung schossen; eines, mit Frauen besetzt, kenterte, aber offensichtlich störte sich niemand an dem kleinen Missgeschick.

Mr. Hird erzählt uns eine Geschichte, die es wert ist, nicht vergessen zu werden. In Penrhyn ereignete sich, als sein Schiff dort ankerte, ein Aufstand, und alle an Bord standen Todesängste aus, an Land zu gehen, außer ihm selbst. Sobald sein Boot am Strand landete, stürzte er auf ein kleines siebenjähriges Mädchen zu, die Tochter des Häuptlings, nahm sie an der Hand und ging in aller Ruhe, wohin er zu gehen wünschte.

Letzte Nacht, als wir um die Lampe saßen, blickte jemand auf und sah, dass durch alle drei Bullaugen so viele Gesichter hereinspähten, wie nur ein freies Guckloch zu finden sein mochte. Mr. Henderson lief in sein Zimmer, um ein paar Zaubertricks vorzubereiten. Als er zurückkehrte, ließ er Geld in einer Kiste verschwinden, Korken ihren Platz wechseln und anderes mehr. Während er mit einem von uns redete, riss er nachlässig ein Stück Zeitung ab und reichte es einem Mann am Bullauge, als die Finger des Mannes sich um das Papier schlossen, verschwand es jedoch. »*Tiaporo!*« – der Teufel! –, schrie er, und die Augen traten ihm aus den Höhlen. Als Nächstes wurde Geld hochgeworfen, das scheinbar durch den Hutkopf fiel und darin klimperte. Das letzte und aufregendste Bravourstück kam an die Reihe, nachdem Mr. Henderson Geld aus allen unseren Köpfen, Nasen und Ohren gezogen hatte. Er war im Begriff, sich scheinbar ruhig auf sein Zimmer zurückzuziehen, als er plötzlich auffuhr und in die Luft schaute über seinem Kopf, um dann mit einem Satz einen Silberdollar zu fangen, der, wie es aussah, von der Decke fiel.

Ich vergaß zu sagen, dass Louis am Nachmittag Lloyd diktierte, der seine Schreibmaschine benutzte. Die ganze Luft und das meiste Licht wurden von den Köpfen ausgesperrt, die sich an den Bullaugen drängten. Ich beobachtete die Gesichter und verfolgte, wie ein kluger alter Mann den anderen erklärte, dass Lloyd eine Begleitung zu Louis' Gesang spiele; der alte Mann versuchte mehrmals, die Melodie aufzunehmen, was ihm aber nicht gelang. Er hielt es wohl für kein gelungenes Lied, und einmal konnte er sich nur mühsam das Lachen verbeißen.

9. Juni

Wir hätten gestern um vier Uhr Arorai sichten sollen, verfehlten es aber irgendwie und kamen erst heute Morgen an. Ein Atoll von ungefähr sechs Meilen Länge, die erste der Kingsmill- oder Gilbertinseln. Einheimische schwärmten um das Schiff herum, in Kanus, die ganz nach dem Muster indianischer Birkenrindenkanus gebaut sind. Die einzelnen Teile werden mit Kokosfaserseil zusammengebunden, und die Boote lecken wie Siebe. Louis, Lloyd und ich begaben uns am Nachmittag an Land. Louis zu meiner Verzweiflung, denn es war sehr heiß, mit einem Hammer, um Riffstücke abzuschlagen und zu untersuchen, und Lloyd mit der Kamera. Louis fand den Fels, den er abbrechen wollte, schreckte aber davor zurück, die nötige Kraft einzusetzen. Als er einen kräftigen jungen Mann in der Nähe stehen sah, bot er ihm eine Stange Tabak für die Tätigkeit an. Der Bursche lächelte erfreut, nahm den Hammer und führte einen Schlag. »Zu viel Arbeit«, sagte er dann und ließ den Hammer fallen.

Lloyd und ich wurden von einem alten Mann ins Schlepptau genommen und zum Haus des Missionars geleitet, der selbst an Bord des Schiffs weilte; aber seine Frau und Familie, eine hübsche junge Samoanerin mit einem kränklichen Zwillingspärchen, standen in der Tür, um uns willkommen zu heißen. Wir tranken Kokosnuss mit ihr und fotografierten die Gruppe.

Die Insel, die von schweren Dürren heimgesucht wird, besitzt nur wenig Erdreich, und doch gedeihen eine Reihe Brotfrucht- und Jackbäume sehr üppig, wovon viele aber noch nicht alt genug sind, um Früchte zu tragen. Das Dorf sieht sauber und wohlhabend aus. Kinder und Frauen jäteten Unkraut und trugen es in Körben fort. Lloyd und ich schlenderten eine breite Allee entlang, die ungefähr eine Viertelmeile durch die Stadt führte, wobei wir einmal anhielten, um eine alte Frau zu fotografieren, die sich wohl extra für das Schiff schön angezogen hatte. Sie stand in der Tür ihres hübschen Hauses, das aus zusammengebundenen Staketen gebaut war – das erste, das ich auf diesen Inseln gesehen habe. Das Haus gehörte einem Händler, der sich zu dem Zeitpunkt außer Landes aufhielt. Als wir zurückkehrten, schritten zwei Frauen, hoch gewachsen und von vornehmerer Haltung und Aussehen als die gewöhnlichen Leute, auf uns zu; sie waren in Festtags-*ridis* aus geräucherten und geölten Pandanusstreifen gekleidet und schwenkten beim Gehen ihre schweren Fransen hin und her, wie es die neueste, überaus geschätzte Mode fordert. Ihre Augen waren auf den Horizont hinter uns gerichtet, während sie näher kamen, und sie stolzierten an uns vorbei, als hätten sie unsere Anwesenheit nicht wahrgenommen, obwohl wir fast das ganze Dorf im Schlepptau hatten. Ich blieb stehen und schaute ihnen nach, aber keine der beiden wandte den Kopf um.

Auf dieser Insel, erinnere ich mich, trugen die Frauen eine Art Puppenhut als Kopfschmuck, der ungefähr die Größe eines Trinkglases hatte.

Auf der Veranda des Missionshauses fanden wir Louis in Gesellschaft eines alten Mannes und tief entrüstet, dass ihm keinerlei Aufmerksamkeit von den Missionarsanghörigen zuteil wurde; wir gaben ihm zu verstehen, dass die Leute, seit sie ihn auf dem Riff in der glühenden Sonne hatten wüten sehen, zu der Ansicht gekommen waren, er müsse verrückt sein.

Wir hatten von einem kranken Händler gehört und gingen alle drei zu seinem Haus, mit einem endlosen Schwanz Schaulustiger, die draußen in einem acht- oder zehnreihigen Kreis Platz nahmen, während wir mit dem kranken Mann sprachen. Unseren Blicken bot sich ein verlorenes Geschöpf dar, auf einer Matte liegend, den Kopf durch die geflochtenen Hauswände herausgestreckt, um ein bisschen Luft zu bekommen. Er war seit anderthalb Monaten krank, sagte er; die gesamte Bevölkerung war krank gewesen, auch seine Frau und Kinder mit den anderen. Bei ihnen begann die Krankheit mit einem Ausschlag, dann Fieber, danach Genesung. Er dagegen hatte keinen Ausschlag, aber nachdem es ihm ein oder zwei Wochen schlecht gegangen war, verfiel er in Krämpfe, hatte Schaum vor dem Mund und war schwarz im Gesicht. Seit jenem Anfall litt er unter grässlichen Kopfschmerzen und war zu schwach, um aufzustehen. Ich fragte ihn, ob ihm anständiges Essen zur Verfügung stehe, woraufhin Louis sich erkundigte, ob sein Appetit gut sei. Sofern er etwas zu essen bekommen könne, antwortete er, munde es ihm gut genug; aber es war nichts zu erhalten. An etwas Fisch oder Huhn könne er Geschmack finden, aber die Leute fischten selten, und Huhn war nicht zu haben. Sein Essen bestand fast ausschließlich aus gestampften Pandanussamen, die ungefähr so gehaltvoll sind wie gehäckseltes Stroh. Seine Hände und Füße waren blass und blutleer, und er sah aus, als ginge es mit ihm zu Ende. Er sei in Colton Terrace, Edinburgh, geboren, erzählte er. »Ich bin auch aus Edinburgh«, sagte Louis in seinem heimischen Dialekt, worauf der arme Bursche seufzend und ebenfalls schottisch gefärbt erwiderte: »Wir sind weit weg von zu Hause.« Wir gingen unverzüglich zum Strand, um in ein Boot zu steigen und »Hartshorn«, unsere medizinische Autorität*, zu dieser Krankheit zu konsultieren, welche nach meinem Dafürhalten ein Fall von unterdrückten Masern war. Louis sprach mit Mr. Henderson und schlug vor, dem Mann für den Anfang einen Karton Suppen zu schicken, da alles schwerer Verdauliche in seinem geschwächten und halb verhungerten Zustand gefährlich war. Mr. Henderson, der die Großzügigkeit selbst ist, schien gekränkt, weil wir es nicht für selbstverständlich gehalten hatten, dass der Mann unverzüglich mit allem versorgt würde, was er brauchte. Mr. Hendersons einzige Befürchtung bestand darin, dass der Mann, wie es auf den Inseln üblich ist, das ganze Essen weggeben würde. Man teilt es zuerst mit seiner Familie, dann teilen sie es mit der Dorfgemeinschaft, weshalb Vorräte, die für einen Monat ausreichen müssten, an einem Tag aufgebraucht sind. Es ist eine liebenswerte Schwäche, gewiss, aber man würde wünschen, dass die Empfänger dieser Mildtätigkeit sich ein bisschen dankbarer zeigten. Fischen wäre nicht mehr als ein Spiel für sie; aber ich fürchte, jetzt kann ihn weder Fisch noch Fleisch noch Geflügel mehr retten.

Der Missionar, der an Bord kam, zeigte Louis sein Auge, auf welchem er blind war, eine Folge der Masern, und bat um ein Heilmittel. Natürlich gab es keines, aber Louis riet ihm, so gut wie möglich zu leben und statt der ewigen Pandanuskost Fisch zu fangen. Sobald es dunkel wurde, wimmelte es auf dem Meer von Fischerbooten; sie waren mit brennenden Fackeln beleuchtet, die aus getrockneten

Kokospalmwedeln, mit Seil umwickelt, bestanden; wir hoffen also, dass auch der arme Händler ein wenig davon profitieren wird. Wir konnten sehen, dass sie viele fliegende Fische in ihren Netzen heraufholten. Das Licht der Fackeln zieht die Fische an, die rings um die Boote an die Oberfläche kommen und dann mit kleinen Netzen am Ende von langen Stangen herausgeschöpft werden.

Während ich mich nach meinem Landausflug auf die Insel ausruhte, drang ein heftiger Tumult an mein Ohr; ein Insulaner, der sich im Laderaum zwischen den Kohlen versteckt hatte und als blinder Passagier mitreisen wollte, war entdeckt worden. Zwei große Männer konnten ihn nicht überwältigen, und lange Zeit weigerte er sich herauszukommen. Einer der weißen Heizer beugte sich schließlich über die offene Luke und hielt eine Stange Tabak hinunter. »Willst du vielleicht dafür heraufklettern?«, fragte er mit einem einschmeichelnden Lächeln. »Er macht mir ein Zeichen, dass er kommt«, verkündete er zu mir gewandt und schaute mich voll Stolz auf seine Gewitztheit an. Und tatsächlich kletterte der Insulaner herauf, ein schöner junger Mann mit mürrischem Gesicht und funkelnden Augen. Hochmütig schritt er an dem Heizer vorbei, würdigte weder ihn noch den angebotenen Tabak eines Blickes, sprang auf die Reling, wo er einen Augenblick balancierte, ehe er sich ins Meer stürzte und an Land schwamm. Ich fühlte mit dem Jungen, und es tat mir Leid, dass er erwischt worden war, umso mehr, als ein anderer Mann ein besseres Versteck gewählt hatte und erst entdeckt wurde, als wir bereits auf hoher See waren.

Als wir zum Schiff zurückfahren wollten, hätten wir ein Boot herbeiwinken sollen, da aber ein Kanu bereitlag, nahmen wir dieses stattdessen. Wir wateten zu dem Kanu hinaus, doch als das Wasser über meine Knie stieg, hielt ich erschrocken inne, und bevor ich Zeit hatte, meine Röcke zu richten, fing ein Insulaner mich unversehens in seinen Armen auf, und ich wurde wohl oder übel hinausgetragen, während meine Beine wild in der Luft strampelten. Ich versuchte sie mit meinem Schirm, den ich nicht öffnen konnte, vor den Blicken der Schiffsgesellschaft zu schützen, aber ich fürchte, meine Mittel blieben untauglich. Das Kanu war zu einem Viertel mit Wasser gefüllt; sein Besitzer befahl Louis und mir streng, Wasser zu schöpfen, und Lloyd, zu rudern.

Auf der letzten Insel hatten wir neue Passagiere an Bord genommen – zwei Katzen in einer Zwiebelkiste, die wir auf dieser Insel gegen eine Frau und ein kränkelndes Baby austauschten. Ich war bestürzt, als ich sah, wie die Mutter eine dicke, trockene Matte zu ihrer eigenen Bequemlichkeit auf das nasse Deck breitete, während ihr Baby auf den kalten Planken abgesetzt wurde. Ich brachte sie dazu, das Baby aufzunehmen und neben sich auf die Matte zu legen, was sie offenkundig amüsierte. Da das Baby noch immer zitterte, holte ich ein altes *lava-lava* von Tin Jack und wickelte es darin ein, nachdem ich der Mutter eingeschärft hatte, sie solle es nur nicht wagen, das *lava-lava* zu entfernen.

Das hier ist die Insel, bei der 1871 drei Sklavenschiffe, die *Moroa* (Barke), die *Eugenie* (Barkschiff) und eine Schonerbark unbekannten Namens Anker warfen, um Arbeiter zu »rekrutieren«. Der König bot ihnen in seiner Angst sein ganzes Volk an, außer den sehr Jungen, den sehr Alten und ein paar jungen Mädchen, die er für seinen Harem reserviert hatte. Sein Angebot wurde angenommen, wie man sich denken kann. Später habe ich einen Mann getroffen, der an Bord eines dieser Schiffe gewesen war, und mich mit ihm unterhalten.

12. Juni

Heute frühmorgens in Onoatoa angekommen. Das Kind des Missionars heißt »Painkiller«*.

13. Juni

Nukanau am Morgen. Sind der deutschen »Rekrutierungs«-Brigg *Cito* begegnet, zweifellos auf einem Fangzug nach Kontraktarbeitern für Samoa; dann sind wir nach Piru hinübergefahren und nachts wieder zurück nach Nukanau. In Piru sind wir auf den amerikanischen Schoner *Lizzie* gestoßen, mit zwei Passagieren an Bord.

In Piru an Bord gekommen: ein Mann namens Cameron, ein weiterer namens Briggs und eine Person mit einem italienischen Namen, den ich vergessen habe. Briggs tat uns kund, dass er mit »Doktorn« viel mehr Geld gemacht habe als mit dem Handel. Eine seltsame Krankheit, erzählte er uns, sei auf der Insel ausgebrochen; die samoanische Frau eines Händlers war in der Nacht zuvor gestorben, und viele andere waren erkrankt. Es ist ansteckend, und die Bewohner tun nichts, um eine Ansteckung zu vermeiden. Ich sagte, es seien die Masern, was Briggs abstritt und stattdessen darauf beharrte, dass es sich um Typhus handle. Ich fragte ihn, wo er das »Doktorn« erlernt habe. »Direkt von meinem Vater«, antwortete er. »Mein Vater war der berühmte Dr. Briggs, und wenn Sie eine Flasche seiner patentierten Medizin kaufen, können Sie seine Lebensgeschichte auf der Verpackung lesen.«

Cameron ist ein Schotte mit blitzenden, harten blauen Augen, dem mutwilligen Schottenblick. Er folgt jedem Wort, das wir sagen, mit schlauer Vorsicht (was zum Teil

ns Stevenson being carried ashore –
– Apiang.

wahrscheinlich dem Trinken zuzuschreiben ist), als fürchte er, er könne zu einem gefährlichen Geständnis verleitet werden. Er war einer der Männer auf der *Wandering Minstrel**, die auf so mysteriöse Weise vor Midway Island strandete. Später wurde er vom Kapitän beschuldigt, nicht gemeldet zu haben, dass andere Schiffbrüchige verhungernd auf Midway zurückgelassen wurden, als man ihn rettete. Uns gegenüber stritt er dies vehement ab und beteuerte, er habe ein vom Kapitän verfasstes Schreiben unverzüglich überbracht. Louis versuchte einen Hinweis zu erhalten, wie und warum das Schiff untergegangen war, aber ohne Erfolg. »Mosey«, der Chinese, der sich mit Cameron im Boot befand, erlitt später noch einmal Schiffbruch auf der *Tiernan*, dem Schoner, auf welchem wir schon beinahe Plätze reserviert hatten, als wir bei einer früheren Kreuzfahrt in Apemama festsaßen. Louis brachte so viel aus Cameron heraus – aber ich bin überzeugt, nur wenig davon, wenn überhaupt etwas, ist wahr –, dass er einen Bericht über den Schiffbruch verfasst habe, welchen er zur Sicherheit mit dem Logbuch, das er auf dem Boot führte, auf einer der Inseln zurückgelassen habe, die wir anlaufen würden. Bevor Cameron von Bord ging, hatte er Louis eine von ihm unterzeichnete Order für das apokryphe Manuskript ausgehändigt. Von den zwei Passagieren der *Lizzie* brachten wir einen mit uns zurück, Kapitän Smith, der, nachdem er seinen Schoner auf dieser Insel verloren hatte, als Händler hier gestrandet ist. Er war ein bescheidener, intelligenter junger Mann, eher über dem Südseedurchschnitt. Tom Day jedoch ist – muss es sein – die »Blüte des Pazifiks«. Tom ist ungefähr 50 und hat die starke, geschmeidige Gestalt und das bewegliche Gesicht eines Schauspielers; seine Augen sind blaugrün und liegen tief in den Höhlen, funkelnd vor Energie, Alkohol und guter Laune. »Tom Day«

ist nicht sein richtiger Name, sagt er, und Tom Drunk würde genauso gut seinen Zweck erfüllen; er hatte es für nötig erachtet, einen ganzen Shilling dafür aufzuwenden, ihn ändern zu lassen, da er dreimal von einem Kriegsschiff desertiert war. »Ich war deshalb im Gefängnis«, bekannte er fröhlich, »und habe die Katze dafür bekommen, und wenn Sie möchten, können Sie die Sterne und Streifen noch auf meinem Rücken sehen.« Gern stellte er sich als den elendesten aller Wüstlinge dar. Tin Jack bat ihn, mit ihm nach Sydney zurückzukehren. »Ich kann doch meine Alte nicht im Stich lassen«, sagte er, »und außerdem bin ich dort in Schwierigkeiten geraten. Tatsache ist, dass ich dort eine andere Frau habe, und ich glaube, es ist besser, wenn ich mich fern halte.« Dann erzählte er von einem Streit, den er mit seiner »Alten« gehabt hatte, als er sie mit nach Auckland nahm. Wie sie ihn mit einem Messer in der einen Hand und einem Beutel Sovereigns – seinem ganzen Vermögen – in der anderen die Straße hinunter verfolgt habe; er hatte um den Beutel Sovereigns gebettelt und versucht, ihn in die Hände zu bekommen und gleichzeitig dem Messer auszuweichen, das die »Alte« schwenkte (vermutlich eine junge Frau von den Inseln), die abwechselnd nach ihm stach und ihm den Beutel Sovereigns um den Kopf schlug. Endlich platzte der Beutel, wodurch die Sovereigns in alle vier Winde verstreut wurden und der Streit zum Glück ein Ende fand. Beiläufig erwähnte er Maraki, worauf Louis eine Geschichte in Erinnerung brachte, die ihm viele Male erzählt worden war.

»Sie sind der Tom Day, der einem Eingeborenen den Kopf abschlagen ließ«, sagte er, »jetzt erzählen Sie mir die Geschichte!« – was Tom unverzüglich tat. Ein Insulaner hatte auf ihn geschossen, ohne dass er von ihm provoziert worden wäre. Jemand hatte gesagt: »Schieß nicht; das ist ein weißer

Tom Day – a Trader on Nukanare Island

Mann!« »Einen weißen Mann kann eine Kugel genauso gut treffen wie einen anderen«, war die Antwort des Insulaners, als er den Schuss abfeuerte. Tom fasste mit der Hand an sein Ohr, stellte fest, dass der Schuss dieses und seinen Kopf gestreift hatte und Blut aus der Wunde rann. Wütend stürzte er ins Haus, um seine Flinte zu holen, aber als er zurückkam, hatte der Mann, erschrocken über seine Tat, das Weite gesucht. Tom drang in die Leute, die dabeistanden, dem Mann nachzujagen, ihn zu fesseln und zu ihm zu bringen, damit er vor Gericht gestellt werden könnte. Dem widersetzten sie sich; sie könnten ihn nicht fangen, gaben sie zu bedenken, da er der Häuptling sei und über Leute verfüge, die ihn beschützten. Einer der Männer trat dicht an Tom heran. »Besser, wir töten ihn«, sagte er mit leiser Stimme, die Tom nachahmte. »Wenn du das tust«, war Toms Antwort, »bring mir den Kopf.« Dann wandte er sich mit einem rechtfertigenden Gesichtsausdruck an uns und erklärte: »Wenn ich nicht verlangt hätte, mir den Kopf zu zeigen, wären sie hingegangen und hätten irgend 'nen harmlosen armen Kerl umgebracht, und ich hätte den Unterschied nie gemerkt.« Noch am selben Abend wurde er von den Männern herausgerufen, die auch wirklich den Kopf bei sich trugen. »Ich ließ 'n an der Wand aufspießen«, sagte Tom, »dann holte ich ein Licht und sah ihn mir an. Ich riss ihn runter und schleuderte ihn weg, so weit ich nur konnte; und, Himmelkreuzdonnerwetter, die Alte war im Weg, halb tot vor Angst, und der Kopf traf sie an der Schläfe, und sie fiel hin; ich musste drei Eimer Wasser über sie kippen, denn sie hatte vor Schreck die Besinnung verloren.«

»Und danach«, fuhr er mit einem Ausdruck tugendhafter Entrüstung fort, »wollten sie mir in Sydney Ärger machen – sie sagten, ich hätte einen Mann getötet. Was in aller Welt sollte das heißen, das wüsste ich gern! Ich habe nie einen Mann getötet; ich habe ihnen nur gesagt, sie sollen mir seinen Kopf bringen, damit ich sicher sein kann, dass er es war.«

Gestern Nacht war es sehr kalt, und mein Bett und Zelt und alle meine Sachen wurden beinahe davongeweht; ich konnte sie nicht allein lassen und nach unten gehen, wo es wärmer war, sondern musste bleiben und meine Besitztümer festhalten, wenn ich sie nicht ganz verlieren wollte; heute habe ich vorsichtshalber alles festgebunden. Niemand bleibt auf der Luke, außer Lloyd und mir. Die Zwiebeln neben Lloyds und meinem Bett verfaulen und stinken entsetzlich, ebenso wie die zahlreichen Haifischflossen, die über unseren Köpfen trocknen.

15. Juni

Als ich aufwachte, lagen wir bereits vor Tapituea, Tin Jacks Station. Er hatte am Tag zuvor gepackt und war gerüstet, an Land zu gehen, sein Schwein lag zusammengeschnürt auf dem Deck. Tapituea sieht nach einer großen, trostlosen Insel aus, die ganze Leeseite überschwemmt, was das Anlaufen sehr gefährlich macht. Wir konnten uns nicht in die Lagune hineinwagen, und selbst wenn wir es riskierten, müssten wir weit vom Landeplatz entfernt ankern. Es dauerte lange, bis jemand an Bord erschien, aber schließlich kam ein Hawaiianer, der etwas Englisch sprach, mit seinem Kanu herausgepaddelt. Tin Jack schien von den Nachrichten, die er von der Insel erhalten hatte, ziemlich niedergeschlagen zu sein, und da es nahezu unmöglich war, seine Sachen an Land zu schaffen, kehrten wir Tapituea den Rücken und liefen Nanuti an, wo er, wie er meinte, lieber an Land ginge. Er hat eine Art Partner in Nanuti, der als »Billy Jones' Cousin« bekannt ist. Der Partner stellte sich bald an Bord ein, ein Mann mit großem Kopf, dessen eine Hand von einer Ladung Dynamit abgerissen worden war. Mit Tin Jack, der erklärte, er ziehe es vor, so lange wie möglich an Bord zu bleiben, wurde eine neue Vereinbarung getroffen. Er fährt weiterhin mit uns und schifft sich in Nanuti aus, wenn wir zurückkommen. Mit dem Händler kam ein freundlich aussehender junger Insulaner an Bord. Er trug einen Rosenkranz um den Hals, was mich daran erinnerte, dass auf der Insel katholische Missionare lebten; ich machte daher ein kleines Päckchen mit vier katholischen Bildern für sie fertig, und Louis steckte seine Karte hinein; Tin Jack gab einen Sack Knoblauch dazu.

Wir verließen Nanuti vor dem Abendessen, erlebten einen schönen, goldenen Sonnenuntergang, und jetzt dampfen wir weiter, nach Apemama, wie ich zuversichtlich glaube. Heute Nacht erstrahlt der Abendstern in ungewöhnlichem Glanz, mit dem blauen Feuer eines Diamanten. In der letzten Nacht stürmte Mr. Hird auf die Luke und rief mit aufgeregter Stimme: »Osbourne, wir haben gerade den Äquator passiert!« Lloyd fuhr aus tiefem Schlaf auf und lief nach achtern, während er schrie: »Wo ist er? Ich kann ihn nicht sehen!« Ein eher trauriger Scherz; wir überquerten die Linie, ja, aber ach!, nicht auf dem Schoner von Kapitän Reid, auf dem wir so herrliche Monate verbracht hatten.

BEMERKUNGEN ZU EINEM FRÜHEREN BESUCH AUF APEMAMA

Es scheint mir einfacher, unser Verhältnis zu Tembinoka, dem König von Apemama, zu erklären, dessen Insel wir, wie ich hoffte, anlaufen würden, indem ich einen Auszug aus einem früheren Tagebuch, geschrieben auf dem Handelsschoner *Equator*, einfüge:

Wir sind jetzt ungefähr einen Monat auf der Insel des gefürchteten Tembinoka, eines absoluten Monarchen, der das Leben seiner Untertanen (einschließlich unseres eigenen) in seiner hohlen Hand hält. Er sagt: »Ich töte viele Mann, er jetzt *prangst* (Angst). Ich nicht mehr töten.« Dass er die Absicht hat, nicht mehr zu töten, glauben ihm seine Untertanen nicht und ich selbst auch nicht. Er hat einmal fünf Männer erschossen, einen nach dem anderen, während sie in einem *moniap* (dem hier üblichen Haus) saßen, wohin er sie verfrachtet hatte, um sie wegen einer Gesetzesübertretung zu verhören. Es waren insgesamt sieben Männer, aber zwei entkamen und sind heute noch auf einer anderen Insel auf freiem Fuß. Er sagt, sein Vater hatte ein »Kopfhaus«, in dem er die abgeschlagenen Köpfe seiner Feinde zur Schau stellte, oder anders gesagt, der Leute, die sich ihm widersetzten oder die er nicht leiden konnte (ein Freund von uns bekam dieses *moniap* mit seiner schauerlichen Totenkopfdekoration später zu sehen). Missionare und Weiße werden auf Tembinokas Inseln nicht geduldet (er herrscht über drei), mit Ausnahme von Johnny, einem harmlosen, sterbenden »armen Weißen«, der ein paar Meilen vom Dorf entfernt lebt. Wir wussten nicht im Mindesten, ob wir die Erlaubnis erhalten würden, auf der Insel zu bleiben, und warteten mit einigem Bangen auf das Erscheinen Seiner Majestät. Unterdessen war das ganze Schiff in Aufruhr, die Decks wurden geschrubbt und alles in peinliche Ordnung gebracht; ich wusste nicht, dass die *Equator* sich zu solchen Gipfeln der Reinlichkeit aufschwingen konnte. Endlich brachte man das Fallreep des Königs, es wurde an den Seiten festgemacht, und das königliche Boot wurde, wie wir sahen, zu Wasser gelassen. Wir hielten es für würdiger, in der Kabine zu bleiben und nichts von der Neugierde zu zeigen, die wir gegenüber diesem bemerkenswerten Mann empfanden. Man hatte uns gesagt, er sei entsetzlich fett, und das war die ganze Beschreibung, die wir aus den Dummköpfen herausholen konnten, mit denen wir gesprochen hatten; wir waren also nicht darauf gefasst, die prächtigste Herrschergestalt zu erblicken, auf welche unsere Augen zu richten uns bisher vergönnt war, einen geborenen Gentleman und jeder Zoll ein großer König. Er musterte uns lange und gründlich; hinterher sagte er, dass er zuerst nach den Augen und dann nach dem Munde urteile. Wir bestanden die Prüfung, wobei Louis' Augen ein besonderes Lob fanden, und wir wurden aufgefordert, an Land zu kommen und als seine Gäste dort zu verweilen, so lange, wie wir es wünschten. Am nächsten Tag wählten wir einen Platz, von dem wir glaubten, dass sich dort angenehm leben ließe, und Tembinoka befahl seinen Männern, Häuser herbeizubringen und sie für uns aufzustellen. Der Kapitän und Lloyd blieben die ganze Nacht im Palast des Königs; am nächsten Morgen sahen sie voller Entsetzen, wie Tembinoka mit einem Gewehr Schüsse ins Dorf abfeuerte. Er erklärte, seine Männer seien faul und müssten längst bei der Arbeit sein, weshalb er ihnen ins Gedächtnis rufe, dass es immer Unfälle geben könne. Das ganze Dorf zitterte und machte sich mit Bienenfleiß an die Arbeit, und als ich herüberkam, stand bereits ein Schlafhaus, ein kleiner strohgedeckter Vogelkäfig, der auf allen Seiten gewebte Klappen aufwies, die man nach Belieben herauf- oder herunterlassen konnte, und ein an der Seite offenes Kochhaus für Ah Fu (einen chinesischen Diener, den wir von den Marquesas mitgebracht hatten). Der König saß auf einer Matte und beaufsichtigte die Arbeiten. Er gab mir ein Zeichen, mich neben ihn zu setzen, und bat mich um eine Zigarette, welche er abgöttisch liebt. Wann immer ein Untertan aus irgendeinem Grund gezwungen ist, am König vorbeizugehen oder in seine Nähe zu kommen, ist er gehalten, sich zu ducken und zu kriechen; selbst die Schwester Seiner Majestät unterwarf sich diesem Gesetz, als sie sich zu uns gesellte.

Wir erlebten eine kleine Turbulenz im sonst so glatten Strom unserer Existenz. Um mit dem Anfang zu beginnen: Bald nachdem wir uns in »Equator Town« niedergelassen hatten, wie wir unseren Weiler nennen, schlug der König vor, den königlichen Koch zu schicken, damit er von Ah Fu etwas lernte. Der Koch war ein unverschämter, hübscher Bursche, der keinerlei Absicht hegte, etwas zu lernen oder zu arbeiten, und sich entweder auf dem Boden in der Küche ausstreckte oder hinhockte und rauchte, während Ah Fu, der Todesangst vor Tembinoka empfand, die Mahlzeiten zubereitete, welche der königliche Koch zweifellos als seine eigenen Schöpfungen ausgab. Das ging eine Zeit lang so weiter, und da die Essenszeiten des Königs dieselben waren wie unsere, wurde Ah Fus Arbeitskraft erheblich in Mitleidenschaft gezogen und folglich auch unser eigenes Wohlbefinden. Das Maß war endgültig voll, als der Koch, zu faul, um zum Brunnen zu gehen und selbst eine Kanne Wasser zu holen, sich leise hinter mir anschlich, während ich meine Pflanzen begoss, und frech eine Schöpfkelle Wasser aus meinem Eimer stahl. Wir nutzten daraufhin die erstbeste Gelegenheit, den König wissen zu lassen, wie die Dinge standen, und rieten ihm, einen Mann zu schicken, der lernwilliger war. Von da an begleitete der Diener des Königs, ein fähiger, ernsthafter Mann, den Koch. Kurz nach unserer Beschwerde hörten wir mehrere Gewehrschüsse aus dem Palast, und bald darauf begegneten wir dem Koch, der ohne die üblichen Grüße an uns vorbeieilte, von unbändiger Wut und Angst geschüttelt. Er war die Zielscheibe des Königs gewesen, hatte sich hinter einen

Steinhaufen geflüchtet und sich verkrochen, während die Kugeln ihm um die Ohren pfiffen. Tembinoka suchte uns ein paar Tage später auf und entschuldigte sich, falls er uns erschreckt und verärgert habe. Er sagte, er habe nicht die Absicht gehabt, den Mann zu töten, was ihm ein Leichtes gewesen wäre, da er ein Meisterschütze war, sondern er habe ihm nur Angst einjagen wollen. Er erklärte, er habe genug Leute getötet, um dem Rest zu zeigen, wessen er fähig sei, aber er halte es für geraten, sie gelegentlich daran zu erinnern, dass er ein Gewehr besaß und die Macht, es nach seinem Belieben zu gebrauchen. »Viel besser, er *prangst* (Angst)«, waren seine Worte. Wie sich denken lässt, ist der Koch nicht gut auf uns zu sprechen, da er weiß, dass unsere Klagen das fürchterliche Gewehr gegen ihn gewendet haben. Doch gab er sein unverschämtes Gehabe auf und zeigte sich beinahe beflissen.

Seit wir hier sind, ist der Schoner *Tiernan* eingelaufen, um Kopra zu laden. Während das Schiff in der Lagune lag, verbrachte der König die meiste Zeit an Bord und gab etwa 700 Dollar von seinem Geld aus (auf der *Equator* waren es beinahe 1000); dann wurde er sturzbetrunken, machte aber unbeirrt weiter, mal besser, mal schlechter, je nach seinen Kopfschmerzen. Vorgestern hat er ein Fest und einen Tanz gegeben, zu dem er uns nicht einlud. Gegen Mittag kam er und sagte, er wünsche mit uns zu essen. Seine Augen rollten in den Höhlen, und seine Stimme war aufgeregt und beinahe grob. Seine Majestät war sichtlich nicht weit vom Zustand vulgärer Trunkenheit entfernt. Wie wir sehen konnten, war er besorgt, dass unsere Besuche in seinem Palast aufgehört hatten, und wollte sich vergewissern, dass es auf keiner Seite böses Blut gab. Er verlangte Bier, nachdem er uns gesagt hatte, er habe Gin und Portwein getrunken, und nickte in seinem Stuhl ein, fuhr aber ein paar Sekunden später unwillig wieder auf. Ich stellte fest, dass er selbst in diesem halb trunkenen Zustand Messer und Gabel in unserer Manier handhabte und nicht so, wie er es von den »Südseehändlern« gelernt hatte. Es ist ein nie versiegendes Vergnügen, den König sagen zu hören: »Ich will nach Hause.« Es hat etwas Flehentliches, fast wie bei einem Kind, das die Langeweile nicht länger zu ertragen weiß. Es ist immer an Louis oder in seiner Abwesenheit an mich als seine Stellvertreterin gerichtet. An diesem Tag wünschte er sehr bald nach dem Mittagessen, nach Hause zu gehen. Abends hörten wir die Tänzer im großen »Sprechhaus« klatschen, stampfen und singen. Der Lärm war so wild, klang so sehr nach einer riesigen Hundemeute, die *en masse* übereinander herfiel, dass wir nicht erkennen konnten, was los war, aber dachten, es müsste eine Art Aufstand im Gange sein. Ein absoluter Tyrann wie Tembinoka ist vielerlei Gefahren ausgesetzt, deren er sich wohl bewusst ist. Ein sinnlos betrunkener Tembinoka war keine angenehme Vorstellung, und das Krachen eines einzelnen Schusses hatte wahrlich auch nichts Beruhigendes, weshalb wir unsere Pistolen griffbereit hielten. Louis vertritt die Theorie, dass niemand den König angreifen würde, wenn er nicht absolut sicher sei, ihn sofort zu töten, in welchem Fall wir besser hier warten sollten, bis der Feind zu uns käme. Ich hingegen glaube, dass das Verüben eines so ungeheuerlichen Verbrechens eine Atempause bewirken würde. Die Schrecken der Tat würden den kindlichen Geist der Insulaner überwältigen und keinen Platz für etwas anderes lassen, und es gäbe eine kurze Zeit der Verwirrung, in welcher nichts anderes geschehen würde als Schreien und kopfloses Herumrennen; das wäre der Moment für uns, hineinzustürzen und das solide Holzhaus innerhalb der Palastmauern in Besitz zu nehmen, samt den Waffen des Königs und, ja, sogar des Königs Thron. Wir hätten immer noch eine Chance, wenn auch natürlich eine recht geringe, rechtzeitig eingreifen zu können, um das Leben des Königs zu retten. Ich verstehe nicht ganz, wie Louis zu handeln gedächte, aber abgesehen von jeder anderen Erwägung muss es einen Befehlshaber geben, und er sollte absolute Macht haben, auch wenn die anderen nicht mit ihm einig sind.

Nach dem Schuss (welcher nur auf einen Hund abgegeben wurde, obwohl wir das nicht wissen konnten) lauschten wir und stellten fest, dass das Singen und Tanzen unvermindert weiterging, was uns beruhigte. In der Nacht nahm Louis, da er ruhelos war und nicht schlafen konnte, sein Flageolett und wanderte in den Wald hinaus, im Gehen spielend, bis er nicht mehr zu hören war. Um Mitternacht oder ein wenig später war ich draußen, ein Stück weit vom Haus entfernt, und wartete nicht ohne Bangen auf seine Heimkehr. Nicht lange danach sah ich ihn auf dem Hauptweg zu unserem Haus daherkommen. Gleichzeitig erspähte ich eine dunkle Gestalt, die hinter ihm herschlich. Ich rief ihn an und sagte ihm, was ich gesehen hatte. Er war überzeugt, dass ich mir etwas eingebildet hatte, und ich war gern bereit, ihm zu glauben, aber während wir noch darüber sprachen, sah ich den Mann zum Palast laufen. Ich zeigte ihn Louis, der hinter ihm herstürzte. Als der Mann bemerkte, dass Louis aufholte, denn Louis ist ein hervorragender Läufer, drehte er sich um und zeigte uns sein unschuldig lächelndes Gesicht – das des Kochs. Ich hörte Louis in seiner lautesten Stimme fluchen »wie ein Seemann« und sah ihn auf groteske Weise im Mondlicht herumspringen, gleich einem Grashüpfer. Als er zurückkam, schüttelte er sich vor Lachen und berichtete, dass er dem Koch einen Tritt versetzt hatte, worauf dieser in heller Panik geflüchtet war.

Seit der Koch herausgefunden hat, dass wir uns gegen ihn gewandt haben, habe ich das ungute Gefühl, dass jemand in der Nacht über uns in unserem Schlafhaus herumschleicht, und mehrmals glaubte ich ganz deutlich zu hören, wie eine Hand unsere Türklappe ertastete. Es schien mir eine törichte Einbildung zu sein, und ich hatte bis zu dieser Nacht kein Wort darüber verloren, aber dann gestand Louis, dass er ganz deutlich dasselbe gehört hatte. Beim König können wir unsere Klage nicht vorbringen, da er den Mann sofort töten würde, und wir gehen nicht so weit, ihm den Tod zu wünschen. Wir haben seither nichts mehr von ihm gehört oder gesehen. Ah Fu meint, er sei fortgegangen, weil er um sein Leben fürchtet. Ich kann nicht umhin, Mitleid mit dem Burschen zu empfinden, denn seine Angst muss schrecklich sein, und wir, die wir dies über ihn gebracht haben, gehören der gefürchteten und verhassten weißen Rasse an.

Wir machen uns allmählich Sorgen um die *Equator*. Sie sollte zwei Wochen fortbleiben, aber jetzt ist es schon über einen Monat her, seit sie uns zurückgelassen hat. Die *Tiernan* ist ihr in Butaritari begegnet, wo sie einen Tag früher ablegte als Kapitän Saxe mit der *Tiernan*. Kapitän Reid hatte vor, Maraki anzulaufen, um einen Mann, der als der »Giftmischer« bekannt ist, auf eine andere Insel zu bringen, nach Taravao, glaube ich. Nun liegt aber Taravao so nahe bei Maraki, dass Peter Grant in einem kleinen Boot herüberruderte. Vielleicht hat es Ärger in Maraki gegeben – was zu erwarten wäre –, und der Kapitän ist aufgehalten worden, aber es ist trotzdem eine lange Zeit. Er hatte versprochen, falls der Schoner untergehen sollte und er gerettet würde, sich irgendwie hierher durchzuschlagen. In diesen gefährlichen und unberechenbaren Gewässern macht man sich schnell Sorgen. Zu unserem Glück konnte uns die *Tiernan* ein paar Vorräte dalassen. Unser gepökeltes Rindfleisch war ausgegangen, und die Wildhühner, die Ah Fu mit dem Gewehr des Königs schoss, hingen uns zum Hals heraus.

Ich ließ ein kleines Stück Korallengrund ausheben, sammelte unter einem Baum vermoderte Blätter, polsterte das Loch damit aus und schüttete den halb verfaulten Abfall hinein, der im Zwiebelkorb übrig geblieben war. Ich kann mich als Besitzerin von fast zwei Dutzend Zwiebelpflanzen fühlen, die jetzt prächtig gedeihen. Für Louis habe ich mir einen Salat ausgedacht, auf den er ganz versessen ist. Überall auf den Inseln wächst eine Kokosnuss mit süßer Schale, die zum Reinigen der Zähne verwendet wird. In Butaritari hat mich der »Baron« oft in große Verlegenheit gebracht, indem er eine Bürste für mich kaute. Diese süße Nuss hat, wenn sie noch grün ist, einen kleinen knusprigen Teil am Ende des Fruchtstiels, den ich klein schnitt und mit Essig und Öl zu einem Salat verarbeitete, oder vielmehr Öl und Zitronensaft, da wir keinen Essig haben. Wir haben eine Flasche sauren Toddy angesetzt, in der Hoffnung, Essig daraus zu bekommen.

Mein Tagebuch endet hier abrupt; ich hatte zu viel um die Ohren, um noch Zeit zum Schreiben zu finden, denn Ah Fu erkrankte, und ich war Köchin, Lieferantin, Hausmädchen und was nicht alles in einem, und überdies noch Krankenpflegerin. Ah Fu kündigte seine Krankheit (die bedenklich nach Diphtherie aussieht) mit folgenden Worten an: »Ich krank: nix kann arbeiten, nix kann kochen – alles nix mehr gut – mehr besser, du mich jetzt töten«, wobei er noch im Sprechen Louis ein großes, scharf geschliffenes Tranchiermesser überreichte und seinen entblößten Hals zur Opferung darbot. Er war ein paar Tage schwer krank und brauchte fast ständig Pflege. Sein unverhohlenes Staunen, dass ich mich herabließ, einen Chinesen zu pflegen, griff mir ans Herz. Hinterher brachte er seine Dankbarkeit bisweilen in unerwarteter und bestürzender Weise zum Ausdruck, so bat er beispielsweise inständig darum, mehrere Männer zu erschießen, die mich aus meinem Mittagsschlaf geweckt hatten, indem sie Weihnachtslieder unter meinem Fenster sangen; oder er schlug vor, in das Haus eines Händlers einzubrechen, um für mich etwas zu stehlen, das auf andere Weise nicht beschafft werden konnte.

Es schien eine leichtfertige Entscheidung, die *Tiernan* ohne uns fortsegeln zu lassen, da wir nicht nur unsere eigenen Vorräte aufgebraucht hatten, sondern auch die des Königs. Gewiss, Mr. Lauterbach, der Maat der *Tiernan*, überließ uns mehrere Fässchen gepökeltes Rindfleisch, und Reuben (was seinem wahren Namen, der für uns unaussprechlich war, noch am nächsten kam), der Haushofmeister des Königs, hatte von einer anderen Insel drei große Karettschildkröten herbeigeschafft. Die Schildkröten waren für die königliche Speisekammer bestimmt, aber er schickte uns von jeder eine großzügige Portion herüber; natürlich teilten wir ebenfalls mit ihm, als wir unsere Rindfleischfässchen öffneten. Aber diese Vorräte würden bald aufgebraucht sein, und wenn, wie wir beide befürchteten, aber nicht auszusprechen wagten, die *Equator* untergegangen war, blieben uns nur noch Kokosnusssteaks als einzige Nahrung. Tatsächlich hatte ich die meisten unserer Besitztümer bereits in eine große Kampferholzkiste gepackt, die nur darauf wartete, an Bord gebracht zu werden, und wir hatten sogar schon unsere Kojen ausgesucht, als vor meinem inneren Auge das Bild von Kapitän Reids Gesicht auftauchte, wenn er hier einträfe und erführe, dass wir fort waren. »Louis«, flüsterte ich plötzlich. »Ich will hier bleiben.« Ohne weiter zu fragen, stornierte

Louis umgehend unsere Schiffspassagen, und die *Tiernan* segelte ohne uns fort. Wenige Tage später geriet sie in Seenot und sank auf eine sehr ungewöhnliche Weise. Auf einen schweren Sturm, der die See zu Riesenwellen auftürmte, folgte eine tödliche Windstille. Die *Tiernan*, die hilflos im Wasser lag, wurde hin und her geworfen, immer wieder, bis sie umschlug und sank. Jahre später besuchte mich der Maat, Mr. Lauterbach, den ich für ertrunken gehalten hatte, in San Francisco. Es war ihm, erzählte er mir, mit ein paar Einheimischen gelungen, ein Boot umzudrehen, das kopfüber aus dem Schoner heraustrieb. Mit nichts weiter als dem Kadaver des Lieblingsschweins der *Tiernan* und dem, was an Regen zu ihrer Erhaltung vom Himmel fiel, driftete das Boot davon. Ich bin nicht sicher, ob sie ein Ruder hatten, aber Mr. Lauterbach fischte eine Schlafmatte auf, die im Wasser trieb; die Schiffbrüchigen hielten abwechselnd die Matte hoch, die auf diese Weise als Segel diente. In den wenig befahrenen Gewässern konnten sie nicht auf Rettung hoffen, und Mr. Lauterbach versuchte eine unbewohnte Insel zu erreichen, einzig nach der Position der Sonne und Sterne navigierend. Als er schließlich Land sichtete, nachdem sie eine unglaublich lange Zeit ohne Essen und Wasser ausgeharrt hatten, soweit ich mich erinnere, waren nur er selbst, ein Mann und eine wahnsinnige Frau als einzige Überlebende im Boot. Keiner von unserer Gesellschaft, außer vielleicht Ah Fu, wäre fähig gewesen, solche Härten zu ertragen – sofern wir nicht auf der Stelle mit dem Schoner untergegangen wären, wie es höchstwahrscheinlich der Fall gewesen wäre. Und so erwies es sich am Ende als Glück, dass ich gebeten hatte, zu unserer mageren Kost zurückzukehren und auf die *Equator* zu warten.

16. Juni

Am frühen Morgen lagen wir vor der Lagune von Apemama, gleich längs der kleinen Insel am Eingang. Kein Lebenszeichen weit und breit, weshalb ein Boot mit Mr. Henderson, Tin Jack und Louis ausgeschickt wurde, um den Grund in Erfahrung zu bringen. Sie kehrten mit der Nachricht zurück, dass der König fort war, um seiner Insel Kuria einen Besuch abzustatten, woraufhin wir sofort den Anker lichteten und ihm nachjagten. Als wir Kuria erreichten, wurde ein Boot zu uns geschickt, um uns mitzuteilen, dass der König an Masern erkrankt sei; außerdem überbrachte es einen beleidigenden Brief an Mr. Henderson, vom König unterzeichnet, aber von der Hand eines weißen Mannes geschrieben; Mr. Henderson war sehr verärgert und zeigte den Brief Louis, der ihm vorschlug, er solle uns bei unserem Treffen mit dem König begleiten. Mr. Henderson willigte ein. Natürlich gingen wir alle an Land; Louis, Lloyd und ich nahmen unsere Geschenke mit; von Louis ein Tschibuk, von Lloyd ein gefüllter Patronengürtel mit einem Dolch samt Scheide, von mir die Flagge des Königs nach meinem Entwurf. Ich fand es sehr großmütig von Mr. Henderson, als er mir empfahl, meine Flagge zurückzuhalten, falls der König an Bord käme, denn wir könnten eine bessere Wirkung erzielen, indem wir die Flagge in Kriegsschiffmanier hissten – und das nach dem kränkenden Brief und vor einer Begegnung, die sehr unangenehm zu werden versprach.

Unsere schwarzen Burschen ruderten uns in glänzendem Stil hinüber, wobei wir die Boten des Königs überholten, die, auf dem Wege zu ihm, einen fantastischen, wenn auch erfolglosen Spurt einlegten, um uns wieder einzuholen. Als wir am Strand entlangruderten, flogen überraschte Rufe – »*Pani! Pani!*« (Fanny! Fanny!) – durch die *moniaps* (Häuser), in denen die Frauen des Königs weilten. Der König, der älter und magerer aussah, empfing uns nach Inselmanier, ohne Überraschung zu zeigen. Die Geschenke wurden überreicht, und dann verließen Lloyd und ich die Gesellschaft, um sie ihrer Aussprache zu überlassen; der König rauchte unterdessen mit großem Vergnügen seinen Tschibuk, den Patronengurt über die Schulter gehängt.

Wir fanden bald das Harems-*moniap* und setzen uns neben die Mutter des Königs. Die Frauen empfingen uns mit glühenden Willkommens- und Freudenbekundungen. Auf unserem Weg passierten wir mehrere Häuser, und in jedem wurde unsere Aufmerksamkeit auf einen »Teufelskasten«* gelenkt, ähnlich jenem, den wir von dem Heiler in Apemama gekauft hatten, damals der einzige auf drei Inseln. In der Mitte des großen *moniap* befand sich ein rundes Stück »Teufelswerk«, von einem Ring aus heiligen weißen Muscheln umgeben. Tin Jack folgte uns nach, und wir überredeten ihn, als Dolmetscher einzuspringen. Wie es scheint, haben sie hier schwer unter den Masern gelitten, obwohl nur vier Todesfälle zu beklagen waren, zwei Männer und zwei Frauen. Die Kinder kamen mit leichten Anfällen davon, aber erwachsene Menschen wurden schwer krank, der König selbst war einmal sogar dem Tod nahe. Die erste Frage, die uns von den Frauen gestellt wurde, betraf Louis' Gesundheit; dann, was wir mit unserem Teufelskasten angefangen hatten. Butaritari war in seinen Heidenglauben zurückgefallen, als wir damals dort eintrafen, aber indem wir eine Laterna Magica vorführten, die auch ein paar Bibelmotive unter den Glasbildchen enthielt, hatten wir unversehens die ganze Insel, einschließlich König und allem, neu bekehrt. Ich fürchte allerdings, unsere zufällige Neubekehrung Butaritaris zum Christentum wurde dadurch wieder ausgeglichen, dass wir, ohne es zu ahnen, die Apemamaner in ihrem heidnischen Aberglauben bestärkt hatten. Ein kranker Fremder erscheint und wird kraft eines Teufelskastens geheilt, den ein »dog-star« (Doktor) bei der Behandlung einsetzt. Natürlich wünscht der Fremde nichts mehr, als einen so wertvollen Gegenstand zu besitzen, und steigert seine Kaufangebote bis zum Wert von einer Tonne Kopra. Der Fremde ist ein sehr kluger und gebildeter Mann. »Er wissen zu viel«, sagen sie. Als nun die Masern über die Insel kommen, ist ihr erster Gedanke der Teufelskasten, und mitten in ihrem *moniap* errichten sie einen Altar zur Teufelsanbetung. Ich wünschte, ich könnte herausfinden, ob sie wirklich den Geist des Bösen anbeten oder ob sie, nachdem sie von den Missionaren aufgeklärt wurden, ihrem Gott nicht vielmehr jenen Namen gegeben haben. Im letzteren Fall, wie viel besser wäre es gewesen, wenn man ihren Gott akzeptiert und ihnen gezeigt hätte, wo sie sich in seinen Eigenschaften geirrt hatten? Das erinnert mich daran, dass ich, als ich hörte, wie die Leute mit der Schuppenflechte auf den anderen Inseln fälschlicherweise als Leprakranke bezeichnet wurden, mich fragte, ob es sich dabei um die Lepra der Bibel gehandelt haben könnte, die auf so wundersame Weise geheilt wurde. Die dunkelsten Menschen werden weiß, wenn sie von den Schuppen entstellt sind.

Aber zurück zu Tembinoka, dem König: Louis war zum Glück in der Lage, das Missverständnis aufzuklären, das zweifellos von einem Weißen verursacht worden war, obwohl der König sich standhaft weigerte, seinen Namen preiszugeben. Louis legte dem König nahe, sich für den beleidigenden Brief zu entschuldigen, worauf Seine Majestät sehr finster dreinblickte; doch als Louis ihm sagte, dass ein englischer Gentleman unter denselben Umständen nicht zögere, eine Entschuldigung vorzubringen, hellte seine Miene sich auf, die Entschuldigung wurde großmütig ausgesprochen und angenommen, und da nun alles wieder gut war, schlug der König vor, sich an Bord zu begeben. Wir legten Wert darauf, dass jemand von unserer Gesellschaft sich auf dem Schiff befand, um im richtigen Moment die Flagge zu hissen, und daher jagten wir unseren schwarzen Jungs hinterher, die Gras für die Schiffsschafe in Säcke füllten; Mr. Hird ging mit ihnen davon, und wir anderen baten um Erlaubnis, den König begleiten zu dürfen, der uns einlud, bei ihm in der königlichen Sänfte Platz zu nehmen und uns zu seinem Boot hinaustragen zu lassen. Ich wurde aufgefordert, als Erste einzusteigen, dann Lloyd, dann Louis und Mr. Henderson gemeinsam und schließlich Seine Majestät. Die schwarzen Jungs überholten uns unterwegs mit Mr. Hird, und aus Angst, dass die Flagge durch irgendein Missgeschick vergessen werden könnte, rief Mr. Henderson: »Hird, ziehen Sie die königlichen Farben auf.« So drückte er sich aus, weil der König ihn verstanden hätte, wenn er gesagt hätte: »Hissen Sie die Flagge.« Die schwarzen Jungs legten sich noch mehr ins Zeug und kamen rechtzeitig an, um die Flagge in aller Form zu hissen. Alle brachen in Bewunderungsrufe aus; es hätte keinen besseren Hintergrund geben können als das »lange, niedrige, schnittige schwarze Dampfschiff«. Der König, der sein eigenes Boot steuerte und hoch erfreut war, als er hörte, der hawaiische König sei ein guter Seemann, so wie er selbst, bedachte Louis, und Louis ihn, mit einem überaus schmelzenden Lächeln. Jetzt richtete er seine Aufmerksamkeit auf die Flagge, und es bestand kein Zweifel daran, dass der Anblick ihm die größte Genugtuung bereitete. Wir stiegen in die Kabine hinunter, wo »Champagner entkorkt wurde«, und dann ließ Mr. Henderson Louis und mich allein mit dem König.

Sobald Mr. Henderson fort war, fiel die Teilnahmslosigkeit, die auf diesen Inseln »einen König schützend umgibt«, von ihm ab. Der gute alte Mann zog Louis in einen Arm und mich in den anderen und küsste uns und weinte vor Freude. Er erzählte uns, wie er Tag für Tag durch sein Fernglas auf das Meer hinausgeblickt und sich eingeredet habe, dass er uns zurückkommen sehe. Manchmal, sagte er, habe er sich so weit hinreißen lassen, dass er tatsächlich unsere Gesichter gesehen habe. An diesem Tag hatte er wie üblich hinausgeschaut und war nicht überrascht, als unser Boot sich näherte; er hatte alles zuvor in seinen Tagträumen gesehen. Dann erkannte er plötzlich ein Kleid, das ich trug und das er mir gegeben hatte. »Da habe ich mich so gefühlt«, rief er und sog mit einem Laut der Überraschung und Rührung die Luft ein – »O-o-o-oh!« –, wobei er mit einer dramatischen Geste seine Hand auf die Brust presste. Oft, so fuhr er fort, habe er einen Gang zu seinen Tarogruben gemacht, um die Stelle anzusehen, an der unsere Häuser gestanden hatten. »Ich zu viel Leid tun«, sagte er. »Ich euch sehen wollen.«

Schließlich war es Zeit, Lebwohl zu sagen, bis die *Janet* auf ihrer Rückreise die Insel wieder streifen würde; die Flagge wurde eingeholt und dem König überreicht, und er fuhr mit einem tief bekümmerten Ausdruck in seinem Boot davon.

Reuben wird jetzt der »Gouverneur« genannt. Als wir beim Abendessen saßen, meinte jemand: »Der Anker wird hochgezogen. Da ist ein Mann im Hafen, der mit Ihnen sprechen will, Mr. Stevenson.« Wir schauten alle auf, und da stand »Onkel Parker« vor uns, grinsend wie ein Affe. (Onkel Parker war ein Diener, den der König uns bei unserem ersten Besuch geliehen hatte.) Er quetschte so viel von sich durch das Bullauge wie möglich, und wir kletterten alle hinauf und schüttelten ihm die Hand. Er sagte uns, dass es keinen weiteren Ärger mit dem unverschämten Koch gegeben habe, folglich hatte der König ihn erschossen. Louis gab Onkel Parker ein großzügiges Geschenk in Form von sechs Stangen Tabak. Der König ließ uns wissen, er habe uns über Kapitän Reid zehn Matten schicken lassen. Auf der Insel existiert ein Zufluchtshaus, ein Oktagon, in das Verbrecher sich flüchten können. Man sagt mir, die Leute verstehen sich darauf, aus der Hand zu lesen.

17. Juni

Maraki. Wir liefen die falsche Siedlung an, und da am Ufer Männer gesichtet wurden, schickte Mr. Henderson ein Boot zu ihnen hinaus, für den Fall, dass sie mit uns zu einer anderen Siedlung kommen wollten. Einer war ein Fremder, der andere ein alter Freund, bekannt als der »Passagier«. Seinerzeit, als wir mit der *Equator* reisten, waren wir gezwungen gewesen, den »Passagier«, Paul Hoeflich, einen sehr liebenswürdigen, angenehmen Deutschen, zu entführen. Mr. Hoeflich hatte eine Passage auf dem Schoner von Butaritari zu einer anderen, nur ein paar Meilen entfernten Insel gebucht, wo er als unabhängiger Geschäftsmann Handel treiben wollte. Seine gesamten weltlichen Besitztümer, einschließlich der Sachen, mit denen er sein Lager zu füllen gedachte, befanden sich an Bord der *Equator*. Es war der Beginn der schlechten Jahreszeit, und wir hatten ständig widrige Winde mit schwerer See. Vergeblich kreuzten wir um die Insel herum – wir konnten keine Landung riskieren. Wir verloren viel Zeit, und mein Mann setzte Mr. Hoeflich davon in Kenntnis, dass er mit uns nach Samoa reisen müsse, unserem nächsten Bestimmungsort. Wie sich zeigte, war Mr. Hoeflich, der viel dazu beitrug, die Trostlosigkeit der langen Reise bei schlechtem Wetter aufzuhellen (wir kamen in einem ziemlich ramponierten Zustand in Apia an, nachdem wir eine Vormarsstange verloren hatten), äußerst angetan von Samoa und blieb dort, anstatt zu den Gilbertinseln zurückzukehren. Seine Geschäfte florierten, und er segnet den Tag, an dem er entführt wurde. Als wir ihn jetzt wieder trafen, war er zu den Inseln der Schiffslinie zurückgekehrt, um seine Angelegenheiten zu regeln, ehe er sich für immer auf Samoa niederließ. Wir hörten seine Neuigkeiten und er unsere, tranken dann Stout mit Louis und Lloyd. Es war schön, ihn wiederzusehen. Er hofft, in zwölf Monaten in Samoa zu sein. Habe das Seidenkleid, »schwarz Kleid«, und andere Geschenke bei ihm gelassen, ihn gebeten, diese an Maka und die Nan Toks weiterzuleiten, und gab dem hawaiischen Missionar einen Goldring für seine Frau. Der Missionar hofft, mit der *Morning Star* in Makas Gesellschaft nach Honolulu zurückzukehren, und so werden unsere Geschenke gerade recht kommen. Louis hat eine seiner Fotografien einem jungen Hawaiianer geschickt, dem ich unter bizarren Umständen begegnete, als wir das erste Mal hier waren. Wir blieben nur kurz und steuerten dann, mehrere Segel gesetzt, Jaluit an. Ein Schaf und ein Schwein sorgten für Aufruhr, indem sie sich gegenseitig zum Kampf herausforderten – ein komischer Anblick. Beide waren entzückt, als die angespannte Situation von einem zufällig Vorüberkommenden aufgelöst wurde. Die schwarzen Jungs spielen Karten auf dem Vorschiff. Mr. Hird und Fu-fu (ein schwarzer Junge) sangen am Abend.

BEMERKUNGEN ZU EINEM FRÜHEREN BESUCH AUF MARAKI

Als unser Spaziergang sich seinem Ende näherte, kamen wir in ein ziemlich großes Dorf. Der Anblick der Leute war wilder und hässlicher, als wir es bisher erlebt hatten, die Gesichter machten einen brutalen und kaum intelligenten Eindruck. Halbwüchsige Kinder und auch solche, die mehr als halbwüchsig waren, liefen völlig nackt umher. Die kleinen Jungen glichen kleinen alten Männern, mit harten Gesichtern und wilden, misstrauischen Augen. Ich sah einen Jungen mit Veitstanz, mehrere mit Wasserköpfen und etliche, die an Augenentzündungen litten. Viele der kleinen Mädchen hatten völlig kahl rasierte Köpfe, mit Ausnahme einer kleinen Quaste im Nacken, was einen sehr sonderbaren Eindruck hinterließ. Die Älteren trugen ihr Haar zu einem voluminösen Gebilde aufgebauscht. Fast alle trugen Halsketten aus geflochtenem Haar mit einem ovalen roten oder weißen Muschelstück, das wie ein Medaillon daran hing. Ein hochmütiger, unverschämter und fetter junger Bursche, offensichtlich der Dorfbeau, stolzierte mit einem weißen Taschentuch umher, das er überaus raffiniert zu einer Krone auf seinem Kopf gedreht hatte. Fast alle Frauen trugen über dem *ridi* einen Gürtel aus flachen, runden Perlen (aus Kokosschalen gefertigt).

Als wir die Dorfstraße entlangspazierten, schloss sich uns die gesamte Bevölkerung an. Wir hielten beim Anblick einer Kirche inne, die schön aus geflochtenen Kokoswedeln errichtet worden war und auf der Spitze ihres Vordergiebels einen Glockenturm aus getrocknetem Palmstroh trug. Im Turm, der aussah, als könnte ein Windhauch ihn herunterfegen, hing sogar eine Glocke. Der Boden der Kirche ist mit

Matten bedeckt, die jedes Jahr erneuert werden. Sehr merkwürdig war, dass man im Inneren des Gebäudes eine Anzahl Schnüre so befestigt hatte, dass sie sich in einer Art Muster ungefähr in Mannshöhe kreuzten. Überall entlang dieser Schnüre waren in regelmäßigen Abständen leuchtend bunte Baumwollstreifen festgebunden – ich dachte, dass es der Ausschmückung dienen solle, aber man sagte mir, es sei ein Spiel für Kinder. Dieses Spiel würde ich gern einmal sehen. Tatsächlich glaube ich nicht, dass es ein Spiel ist. (Wir fanden später heraus, dass die Dekorationen den Zweck hatten, »Tschentsch« zu besänftigen, einen schrecklichen bösen Geist – den Teufel, in Wahrheit.) Wir fragten nach dem Missionar; ein gut aussehender junger Hawaiianer trat zu uns und begrüßte uns mit dem liebenswerten »Aloha!«. Sein Haus war der Treffpunkt, den wir mit dem Kapitän vereinbart hatten. Der Missionar, wurden wir beschieden, sei in einer Beratung mit den »Alten«.

Diese Insel ist eine Republik, die von den »Alten« regiert wird. Um die Auszeichnung zu erlangen, ein »Alter« zu werden, muss man entweder sehr reich sein oder in Kriegszeiten eine große Wundertat vollbracht haben. In Begleitung des Hawaiianers schlenderten wir zum Gemeindehaus. Der Missionar sah unverkennbar nach einer einheimisch-chinesischen Mischung aus – ein großer, imponierender Mann mit einem langen, dünnen weißen Schnurrbart und dickem grauen Haar. Als wir draußen in dem Kreis saßen, der sich um das Gemeindehaus gebildet hatte, und uns mit dem Hawaiianer unterhielten, kam mir der Gedanke, einen der perlenbesetzten Gürtel aus Kokosfaser zu kaufen, die von den meisten Frauen getragen wurden. Der Hawaiianer wandte sich an eine von ihnen und fragte, was sie für ihren Gürtel nehme; ein Dollar, war die Antwort; daraufhin gab ich dem jungen Mann einen halben Dollar und zwei Quarter, aber er sagte, das sei zu viel, und gab mir die Hälfte zurück. »Sie verkaufen sie für zwei Fischhaken«, erklärte er, »und das ist einfach Beutelschneiderei; aber da sie das Geld gesehen hat, wird sie alles tun, um es zu bekommen, und deshalb können Sie ihr genauso gut den halben Dollar geben.« Der Tausch wurde getätigt, und nach kurzem Palaver mit einer Schar ihrer Nachbarinnen forderte die Frau den anderen halben Dollar. Darauf verlangte der Hawaiianer das Geldstück, das sie bereits eingesteckt hatte, nahm es und gab den Gürtel zurück. Sofort geriet das ganze Dorf in Aufruhr. Männer sprangen mit wütenden Gesten auf; die Alten im Gemeindehaus stießen drohende Schreie aus, während der Hawaiianer, auf die Füße springend, die Augen funkelnd wie die einer Katze im Dunkeln, ihnen allen die Stirn bot. Aus Angst, dass ihm etwas angetan würde, wenn wir fort waren, bat ich ihn, mich den Leuten geben zu lassen, was immer sie verlangten, aber er wollte nichts davon hören, und mein Angebot machte die Sache nur noch schlimmer, da die Leute offenbar verstanden, was ich gesagt hatte. Schließlich gingen wir, die Menge in brodelndem Aufruhr zurücklassend, mit dem Hawaiianer zu seinem wunderschönen Haus, und er unterhielt uns unterwegs mit einer Liste der Gesetze, die an diesem Tag von den »Alten« erlassen worden waren. Es waren die folgenden: Tanzen, ein Dollar Strafe; versteckte Waffen, fünf Dollar; Mord, 15; Stehlen, 25; und eine Lüge erzählen, 50 Dollar. Sehr bald tauchte die Menge wieder auf und nahm rings um uns herum Aufstellung; es erhob sich noch mehr wütendes Gerede, und der Hawaiianer sah großartig aus, als er auf die Menschenmasse zuging, seine Fäuste schüttelte, und, wie ich leider sagen muss, seine Sprache mit englischen Flüchen würzte. Als er die Menge zurückgedrängt hatte, allein durch das Feuer seiner Augen, wie ich ernsthaft glaube, lachte er ihnen verächtlich ins Gesicht und wandte sich mir zu, um mir zu übersetzen, was das Geschehen zu bedeuten hatte. Die »Alten« hatten ein weiteres Gesetz erlassen, gegen ihn gerichtet, das ihn mit einem Tabu belegte, so dass er weder handeln konnte noch mit ihm gehandelt werden durfte. Ich fühlte mich sterbenselend, da ich die unschuldige Ursache von so viel Ärger war. Er erklärte, er schere sich keinen Deut darum und beabsichtige die Insel ohnehin zu verlassen. Er hatte eine Frau von Maraki geheiratet und sie nach Hause begleitet, damit sie ihre Verwandten besuchen konnte, bei denen sie, wie sie vorgeschlagen hatte, wohnen sollten, aber jetzt, sagte er, habe sie es genauso eilig wie er, von hier fortzukommen. Als wir uns verabschiedeten, schenkte er uns einen Gürtel, den er irgendwie in die Hände bekommen hatte, und seine Frau gab mir ein junges Huhn. Zu meinem großen Glück trug ich einen hübschen Blumenkranz um meinen Hut, den ich herunternahm und der Frau überreichte. Es war amüsant, den Dorfdandy zu beobachten, den hochmütigen, unverschämten fetten jungen Mann, der vorher zu blasiert gewesen war, um uns wahrzunehmen, wie er alle Begehrlichkeit aus seinen Augen zu verbannen suchte, als ich den Kranz überreichte. Aber es gelang ihm nicht. Sein Blick hing an den künstlichen roten Johannisbeeren wie an einem Fischhaken.

Wir segelten recht fröhlich von Maraki fort, gerieten in eine Windstille und mussten umdrehen und wieder zurückkehren, so dass wir noch einen Tag dort verbrachten und insgesamt vier, bevor wir wirklich fortkamen. Die ganze Zeit wurden wir mehr oder weniger von Händlern überrollt, die bei uns auftauchten, um alkoholische Getränke zu erbetteln oder zu kaufen und zu verkaufen.

Wir haben jetzt den »bösen Mann«, Peter Grant, gesehen, von dem in Büchern mit Südseegeschichten die Rede ist. Er kommt immer in Begleitung von »Little Peter«, einem freundlichen, schlichten Burschen, der auf der Insel lebt, seit er 13 ist, und ausgezeichnet Englisch spricht, wobei er sich nach Inselmanier schüttelt und die Brauen hochzieht. (Little Peter starb einige Jahre später an einer Vergiftung; man nimmt an, dass er ermordet wurde.) Peter Grant ist der widerwärtigste Rohling, den ich je erlebt habe. Seine Gesichtshaut hat die Textur einer Brandnarbe und ist an Stellen von Runzeln durchzogen, wo kein anderes menschliches Wesen Runzeln hat. Seine Stirn ist schmal und fliehend, seine Augen sind sehr hell, mit einem seltsamen, niederträchtigen Blick, ungleich in Größe, Farbe und Bewegung, und zu eng stehend in einem großen, hageren Gesicht. Seine Nase, die an der Spitze so gebogen ist, dass sie fast die Oberlippe berührt, ist ungewöhnlich knochig und nach links gekrümmt, wie von einem Schlag. Sein rauer, dummer Mund ist von Rissen durchzogen, die wie Schnitte aussehen. Eine seiner abstoßenden Besonderheiten sind »Krähenfüße zwischen den Augen«, wie Louis es nennt.

Am vorletzten Tag in Maraki gingen Lloyd und ich mit dem Kapitän an Land, der, wie er sagte, »Geschäfte mit dem Missionar« zu bereden hatte. (Derselbe hawaiische Missionar, der auf der *Morning Star* mit unserem lieben Maka aus Butaritari reisen sollte.) Ich wusste, die Geschäfte hatten etwas mit dem Tabu zu tun, mit welchem Peter Grant vor ungefähr sechs Monaten belegt worden war, aber dass eine gemeinschaftliche Attacke auf den alten Missionar geplant war, ahnte ich nicht, sonst wäre ich nicht mitgegangen. Wir wurden von meinem Freund, dem jungen Hawaiianer, empfangen, der uns zum Haus des Missionars begleitete. Dort wurde mir der beste Platz angeboten, und alle wurden mit würdevoller Gastfreundschaft begrüßt, als sie hereinschneiten, ein Horror nach dem anderen. Als Erstes wurde der Missionar beschuldigt, er habe die Inselbewohner aufgehetzt, Peter Grant mit einem Tabu zu belegen. Man hatte angenommen, dass er dies abstritte, was er aber gar nicht tat. Mit Kopf und Schultern über den Rest emporragend, saß er da, eine prächtige, wuchtige Gestalt mit undurchdringlichen Chinesenaugen, Herr der Lage. Nur einmal bemerkte ich bei ihm ein Anzeichen von Beunruhigung; das war, als der Anführer der »Alten« hereingebracht wurde, um verhört zu werden. Der Missionar machte einen raschen Versuch, den alten Mann zu warnen, wurde aber sofort von einem Händler niedergeschrien, der auf die Füße sprang und dem Missionar seine Faust ins Gesicht schüttelte, wobei er ihm befahl, den Mund zu halten. Der Missionar lächelte verächtlich, aber dicker Schweiß sammelte sich auf seinem Gesicht und Hals, seine Hände zitterten leicht, und seine große Brust hob und senkte sich langsam und schwer. Da es mir taktlos erschien, ihn anzusehen, obwohl es aus Sympathie und Bewunderung geschah, machte ich eine leichte Bewegung, um mich abzuwenden; als könnte er meine Gedanken lesen, blickte mir der Missionar plötzlich mit einem bezaubernden Lächeln in die Augen, fächelte mir einen Augenblick mit dem Fächer, der neben ihm lag, Luft zu und reichte mir dann den Fächer mit einer Verbeugung.

Zum Glück hatte der kurze Versuch, den »Alten« zu warnen, ausgereicht, denn dieser gab sich recht einfältig in seinem sichtlichen Bemühen, zu verstehen, was man von ihm wollte. Die Anklage gegen den Missionar wurde daraufhin in Diebstahl umgewandelt. Man warf ihm vor, das Eigentum eines Ermordeten gestohlen zu haben. Als Antwort darauf sagte er: »Dann legen Sie die Angelegenheit in die Hände des erstbesten Kriegsschiffs, das die Inselgruppe anläuft, oder der *Morning Star*, die wir täglich erwarten.« Die Händler brachen bei der Erwähnung der *Morning Star* in wütendes Geschrei aus, und alle auf einmal redend, beschuldigten sie ihn jetzt, die Inselbewohner zu allen möglichen Untaten aufzuhetzen, anstatt ihnen ein gutes Beispiel zu geben, wie es seine Pflicht sei. Zum ersten Mal antwortete er und erklärte ihnen, die Missionare kämen nur, um die Menschen zu bessern, und die einzige Schwierigkeit dabei sei die Bosheit der Weißen. Ich muss leider sagen, dass ich mich des Eindrucks nicht erwehren konnte, es drohe etwas ans Tageslicht zu kommen, das dem Missionar zum Nachteil gereichen werde, wenn auch nicht unbedingt das, wonach die Händler suchten. Sie waren zu dumm, dies zu erkennen, und sahen sich gezwungen, eine Pause einzulegen, ohne etwas gewonnen zu haben. Lloyd und ich hatten das bedrückende Gefühl, in den Augen des Missionars mit ihrer Gesellschaft in einen Topf geworfen zu werden, aber er beruhigte uns mit seinen Blicken, und indem er diejenigen beiseite schob, die ihm im Weg waren, schüttelte er Lloyd und dann mir die Hand. Ich hielt seine Hand und drückte sie und sagte alles mit meinen Augen und meinem Lächeln, was mir möglich war.

Im Hinausgehen schenkte mir die Frau des Missionars ein Huhn. Der Hawaiianer schloss sich uns an, als wir an seinem Haus vorübergingen, und seine Frau kam mit einem weiteren Huhn herausgelaufen. Ich hatte ein kleines Päckchen für sie zusammengestellt, einen roten Kamm, eine Perlenkette, eine Flasche feinen Duftwassers und einen blauweiß gestreiften Sommerpullover mit einem großen Seidentaschentuch für ihren Mann. Am nächsten Tag besuchten sie uns mit ihrer kleinen Tochter an Bord und brachten drei junge Hühner und eine sehr feine, schöne Matte mit einem Muster mit, das ich noch nie zuvor gesehen hatte. Louis war sehr angetan von meinen Freunden und versprach, dem Mann eine Fotografie von ihm zu schicken. Als wir Lebwohl sagten, bat er Louis zu unserer Überraschung um seine Karte, ein Stück Zivilisation, auf das wir nicht gefasst waren. Wir haben keine Insel angelaufen, auf der es nicht mindestens eine Person gab, die wir mit Bedauern verließen und gern wiedergesehen hätten, obwohl dies hier der einzige Ort war, wo unsere neu gewonnenen Freunde Fremde im Land waren.

18. Juni

Sehr heißes Wetter. Unsere Segel sind immer noch oben, und eines der Boote, das über der Reling hängt, hat seine Segel ebenfalls gesetzt. Das sieht sehr seltsam aus.

19. Juni

Jaluit, die deutsche Regierungsstation für die Marshallinseln. Wir konnten das Haus des Kaiserlichen Kommissars sehen, das terrakottabraun gestrichen war und unter den grünen Bäumen recht hübsch aussah. Sind an Land gegangen, ein glühend heißer Tag. Wir waren alle für diesen Anlass herausgeputzt, Louis in seinen besten Hosen, gelben Seidensocken sehr sonderbarer Form, die seine Mutter ihm zum Abschied gestrickt hatte, schmutzigen weißen Segeltuchschuhen und einem weißen Leinenjackett aus dem Handelsraum, das er wegen seines merkwürdigen Schnitts nicht zuknöpfen konnte. Wir hofften jedoch, dass eine goldene Uhr mit Uhrkette alle Unzulänglichkeiten überdecken würde. Ich trug ein blaues Kleid nach Inselart, das völlig von einem langen schwarzen

Spitzenumhang verhüllt war, und auf dem Kopf hatte ich einen schwarzen Turban mit einem gepunkteten Schleier. Unsere Füße waren sicherlich der Schwachpunkt, da meine Strümpfe rot und meine Schuhe von den Korallen in Streifen geschnitten waren. Da ich keine Handschuhe zur Verfügung hatte, steckte ich alle meine Ringe an, die tapfer in der Sonne funkelten. An Bord des Schiffs löste unsere Erscheinung, die als höchst respektabel angesehen wurde und, wie man meinte, auch ein gutes Licht auf die *Janet* warf, eine kleine Sensation aus. Der Regierungskommissar empfing uns in seiner Tür und bot uns Wein an, und während wir ihn tranken, kam Hauptmann Brandeis* herein, ein politischer Flüchtling aus Samoa, ein schlanker, fahler Mann mit einem kleinen Kopf und Augen von außergewöhnlich glitzernder Schwärze, deren Blick zugleich fliehend und auf eine rastlose Art herausfordernd war. Er war blass, und ich dachte, er machte sich auf eine unangenehme Begegnung mit Louis gefasst; doch das legte sich schnell, und die beiden waren bald in ein Gespräch vertieft, während ich mit dem Kommissar über Nichtigkeiten plauderte, damit Louis den Hauptmann für sich allein hätte. Louis ist fasziniert von dem Hauptmann, und das wundert mich nicht; aber sein Auge ist zu wild, er ist zu reizbar, und seiner Nase ist nicht zu trauen – eine schwache und unbeherrschte Nase. Ein Mann, scheint mir, fähig zu den größten Heldentaten, manchmal übermenschlich weise und manchmal unfassbar töricht; ein geborener Abenteurer, aber niemals ein von Erfolg gekrönter.

Der Kaiserliche Kommissar zeigte mir den »Garten«, ungefähr einen Morgen Vegetation, die von den hohen Inseln stammt und zu Schiff in den fremden Boden verbracht worden war. Das Zimmer des Kommissars war mit Trophäen von hiesigen Waffen, Rüstungen und dergleichen verziert. Er versprach, eine Segelkarte einheimischer Art für Louis anfertigen zu lassen. Diese Karten sind in der Tat höchst merkwürdige Gebilde, aus Stöcken gemacht, einige gerade, andere gebogen, hier und da mit einer kleinen gelben Kaurischnecke verknüpft. Die Kaurischnecken stellen Inseln dar, die Stöcke Strömungen, Winde und Tages-Segelrouten. Die Entfernungen zwischen den Inseln haben nichts mit Meilen zu tun, sondern nur mit Stunden. Diese Karten werden jetzt nur noch wenig benutzt, da nur ein alter Häuptling sie anzufertigen versteht, aber es gab eine Zeit, als jeder junge Häuptling seine Prüfung im Kartenlesen abzulegen hatte. Er musste die Karte auswendig können, da sie nie aufs Meer mitgenommen, sondern zu Hause als Anhaltspunkt und zum ständigen Studium aufbewahrt wurde. Wir aßen mit dem Kommissar zu Mittag, und da uns bald darauf die Schiffspfeife rief, gingen wir an Bord und legten im nächsten Augenblick ab nach Majuro.

20. Juni

Frühmorgens in Majuro, einer Perle unter den Atollen. Die Lagune, groß und rund, aber nicht so breit, als dass wir nicht deutlich der Küstenlinie folgen könnten. Am Eingang ist sie in lauter entzückende winzige Inselchen aufgebrochen, alle tiefgrün und weich, die Lagune klar und von der Farbe eines Chrysopras-Edelsteins. Mr. Henderson bot uns ein kleines Haus auf der Luvseite an, und wir nahmen unsere Matten, Decken und eine Laterne mit ins Boot. Das Haus war der alte »Ausguck«, aus einem einzigen Raum bestehend, mit Gitterwerk, das an zwei Seiten der Wand unter dem Dach entlanglief; das Gitter diente als Fenster. Die Tür hatte ein Vorhängeschloss, so dass wir zusperren konnten, wenn wir kamen und gingen.

Ich hatte meine Farben mitgenommen und malte ein kleines Porträt von einer jungen Insulanerin, die von ihrem weißen Mann »Topsy« genannt wurde. Sie war ein kleines, dünnes Geschöpf und verrückt nach Kleidern. Anscheinend lebte sie mit mehreren anderen Frauen in einer Art Bootsschuppen; dort fand ich sie zumindest immer, die Haare glänzend vor Öl und sorgfältig eingeflochten, zu jeder Stunde in einem anderen Kopfschmuck. Ihre Schlüssel hatte sie unter den zahlreichen Halsketten hängen; und stets war sie eifrig mit irgendetwas beschäftigt; manchmal war es eine Halskette, die sie auf Streifen aus Pandanusblättern auffädelte, manchmal schnitt sie mit äußerst fachkundiger, geschäftlicher Miene ein neues bedrucktes Kleid zu; ein andermal fütterte sie ihren Affen (»Affaia« nannte sie ihn) oder ihren sanftäugigen Hund, oder, die interessanteste Aufgabe von allen, sie ordnete ihre Besitztümer. Sie besaß zwei Kampferholztruhen von beträchtlicher Größe, gefüllt mit bedruckten Baumwollstoffen, bunten Taschentüchern und verschiedenen Toilettenaccessoires. Für das Porträt hüllte sie sich in ein Mullkleid, das in der Taille mit einem blauweiß gesäumten Baumwollgürtel geschnürt war; die Passe des Mieders und die Ärmel waren farblich abgestimmt und der Rocksaum mit einer schwarzen Borte besetzt. Ihr Haar, das glatt über ihren kleinen Kaninchenkopf zurückgekämmt war, hatte sie mit zwei perlenbesetzten Bändern geschmückt, und ihre Halsketten waren nicht zu zählen. Auf einem Arm hatte sie das Wort »Majuro« eintätowiert und auf dem anderen »Topsy«, was sie mir stolz zeigte. Offenbar war sie eine Schiffbrüchige von einer anderen Insel, die einzige Überlebende ihres Kanus. Sie war absolut unwissend, und wenn etwas über ihr Herz gesagt wurde, versicherte sie ganz ernsthaft, dass sie kein Herz habe, sondern durch und durch von

Majuro Station – Marshall Islands. Specimen of
Marshall Is. canoe.

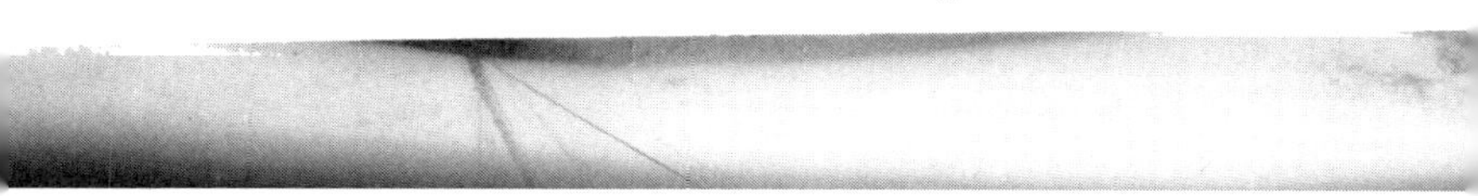

festem Fleisch sei. Topsy posierte sehr gewissenhaft für ihr Porträt, als handle es sich um eine Fotografie; sie rührte sich um keine Haaresbreite, ja, blinzelte kaum. Nach jeder Sitzung kehrte sie in genau dieselbe Stellung zurück. Ich ermunterte sie vergeblich, es etwas leichter zu nehmen; wenn ich mit ihr redete (sie kannte ein halbes Dutzend englische Wörter), antwortete sie mit steifen Lippen und versuchte zu sprechen, ohne sie zu bewegen. Ich brachte ihr einen Kranz, der sie entzückte, und kurz bevor wir abfuhren, stieß ich auf ein rotes Seidenmieder mit gesmokter Passe und bestickten Manschetten; genau das Richtige für Topsy, wie mir schien. Sie streifte sofort ihr Obergewand ab und zeigte mir ihre hübsche kleine Figur, worauf wir ihr alle gemeinsam das Mieder überstreiften. Topsy ist eine große Dame, mit ihrer Schar weiblicher Bediensteter, die in ihrem Bootshaus leben, auf ihrer Matte neben ihren beiden Truhen bei ihrem Hund schlafen und bei jenem kostbaren Besitz, dem »Affaia«. Irgendjemand – der Hauptmann kannte ihn – brachte einen großen Affen nach Savage Island, aber die Leute duldeten das Tier nicht auf ihrer Insel; es sei, so meinten sie, ihrer Würde abträglich.

Auf Majuro gibt es breite, gut gepflegte Spazierwege, und wenn wir die Insel zu unserer Unterkunft überquerten, war uns, als gingen wir durch ein Palmenhaus. Wenn jemand daran dachte, wurde uns am frühen Morgen Palm-Toddy gebracht und einmal Tee. (Frischer Toddy schmeckt wie süßer Champagner und ist sehr gesund; mit saurem oder vergorenem Toddy ist es eine ganz andere Geschichte.) Louis schlief ein oder zwei Nächte bei mir an Land, und dann, da es viel regnete, hielten wir es für besser, wenn er an Bord blieb. In der nächsten Nacht schlief ich allein in dem Häuschen. Gegen zwei Uhr morgens erwachte ich mit dem deutlichen Gefühl, dass noch jemand außer mir im Raum war. Ich spähte umher, ohne mich zu rühren, und sah zwei Insulaner, die sich im Mondlicht bewegten, so dass ich sie deutlich sehen konnte. Ich fragte: »Wer ist da? Was wollt ihr? Fort mit euch!«, so barsch ich nur konnte, und nach kurzem Zögern ergriffen sie die Flucht. Eines Abends, als Louis noch im »Ausguck« schlief, füllte sich der Raum spät in der Nacht mit einem fremdartigen, angenehmen Duft. Eine Zeit lang konnten wir ihn nicht zuordnen, aber schließlich kamen wir dahinter, dass es nach Pandanusfrüchten roch. Ein Insulaner, von der Neugier übermannt, musste sich so leise ins Haus geschlichen haben, dass wir ihn nicht hörten, aber die Pandanusfrucht, die er gekaut hatte, verriet ihn. Da nun alle der Meinung waren, dass ich nicht allein so weit von Bord übernachten sollte, kam Lloyd herüber und schlief auf Louis' Matte. Einige der hiesigen Pandanusfrüchte mag ich sehr gern; sie sind saftig und von aromatischem, saurem Geschmack wie ein guter Apfel.

Einmal, während ich mit Topsy in der Tür redete und der Affe an einer langen, leichten Kette an einem Baum in der Nähe festgebunden war, fiel ein Mädchen, von Krämpfen geschüttelt, zu Boden. Ihr Kopf schlug im Schoß einer Frau auf, aber die Frau schleuderte sie hastig fort, so dass sie, halb erstickt, mit dem Gesicht nach unten im Sand lag. Sie schniefte und stöhnte und schlug ihre Zähne aufeinander, hatte aber weder Schaum vor dem Mund, noch quoll ihre Zunge hervor, wie man es bei einem solchen Anfall eigentlich erwartet. Keine Menschenseele rührte sich, um ihr zu helfen, aber der »Affaia« sprang wie ein Dämon auf ihren Kopf, biss und kratzte sie im Gesicht und zerrte an ihren Haaren. Ich riss ihn mit Mühe von ihr herunter, während die Männer und Frauen dabeistanden und sich vor Lachen

White Trader and family –
taken at Majuro, Marshall Is.

krümmten. Ich musste einer Frau körperliche Gewalt androhen, ehe sie sich herbeiließ, das Mädchen von dem Affen wegzuzerren, während ich die Bestie festhielt. Am nächsten Morgen, ich arbeitete an Topsys Porträt, kam das Mädchen, das den Anfall gehabt hatte, setzte sich auf den Boden neben mich und schaute mir beim Malen zu. Meine Ölflasche und ein Korb mit Korallen, der mir gerade gebracht worden war, standen zwischen den Beinen der Staffelei. Plötzlich sank das Mädchen zuckend nach vorn, wobei es die Ölflasche umwarf, und verfiel in Krämpfe, das Gesicht in den Korallen. Der Instinkt, ihren Besitz zu retten, veranlasste Topsy diesmal jedoch, mir zu helfen, und zusammen brachten wir das Mädchen in eine sicherere Stellung.

Eines Nachmittags fragte ich nach dem Namen eines intelligent aussehenden Mädchens, das für gewöhnlich zum Schiff kam, um uns einen Besuch abzustatten. »Neel«, war die Antwort. »Woher hat sie diesen Namen?«, fragte ich. »Ach, das kam so: Sie war ein gescheites kleines Mädchen, und ein weißer Mann sagte, ihr Verstand sei so scharf wie eine Nadel (*needle*), und deshalb wurde sie Neel genannt.« Neel kommt der Aussprache des Worts am nächsten. Ich erfuhr, dass Neel eine ausgezeichnete Parodistin und Schauspielerin war. Ich bot ihr einen Kranz als Geschenk an, und sie willigte ein, mir eine Probe ihrer Kunst vorzuführen, aber nur, wenn alle weißen Männer fortgingen. Als Erstes, erklärte sie (Johnny, ein Mischling, übersetzte), werde sie eine wohlbekannte einheimische Frau mit einem Sprachfehler darstellen, wie sie gerade bei einer Nachbarin zu Besuch ist; und schon zog sich ihr dickes, rundes Gesicht zu tausend Runzeln zusammen, und ihre üppigen aufgeworfenen Lippen wurden verkniffen und dünn, an einer Seite angehoben wie eine Hasenscharte. Sie sprach wie eine Person mit einer

Gaumenspalte, sehr geschwätzig, und erkundigte sich höflich nach verschiedenen Mitgliedern der Familie, die sie zu besuchen vorgab, aber ohne jemals auf eine Antwort zu warten. Nach dieser Vorstellung nahm sie eine steife Haltung an und lieferte uns mit schneidend scharfer, präziser Aussprache und beschwörenden kleinen Gesten eine Kostprobe aus der Predigt eines englischen Missionars. Die Stimme war eine Männerstimme, und der englische Akzent, mit dem sie die einheimischen Worte sprach, war perfekt. Hätte ich nicht gewusst, dass das Mädchen redete, ich wäre sicher gewesen, dass ich den Mann an seinem Gesicht hätte ausmachen können; ich kannte es, ebenso wie seine Gestalt und seinen Schirm.

Man sagt mir, dass sie hier »Teufelswerk« betreiben; sie nennen es *bu-bu*, was mich an das Negerwort erinnert. Wenn ihre alten Zauberinnen (sie sind immer alt) ein Schiff in den Untergang locken wollen, laufen sie am Strand auf und ab und schreien ihre Beschwörungen hinaus, wobei sie im Laufen einen langen Stock mit rotem Lappen am Ende schwenken. Ein Mann, dessen Schiff auf jenen Inseln strandete, erzählte mir, dass er, als das Schiff sich dem Felsen näherte, an dem es zerschellte, deutlich eine alte Frau sehen konnte, die den Strand entlanglief und ihren roten Lumpen schwenkte.

Ein Mr. R. erzählte Lloyd, dass er auf Neuirland ein ähnliches Erlebnis gehabt habe wie das von Tom Day. Ein Mann hatte ihn angegriffen, und er hatte zu einem der Umstehenden gesagt: »Ich biete eine Axt für den Kopf dieses Mannes.« Am nächsten Morgen fand er den Kopf auf seinen Torpfosten gespießt. Er erzählte, dass er häufig Opfer, die dazu bestimmt waren, verspeist zu werden, für zehn Stangen Tabak freigekauft hatte. Wenn er anständig bezahlte, waren auch die Einheimischen anständig und behelligten seinen Mann niemals wieder.

Kaibuke – one of Kings of Majuro –
– and white trader

Eines Abends unterbrach ich meinen Spaziergang bei Mr. M., um dort zu warten, während jemand an Bord ging und meinen Schlüssel holte, den ich vergessen hatte. Tin Jack, der auch dort weilte, schenkte mir sogleich ein prachtvolles Stück Dornkoralle, das unserem Gastgeber gehörte, und auf das Korallengeschenk folgten weitere Gaben kunstvoll gearbeiteter Matten, von denen er mir etliche in seinem eigenen Namen überreichte und andere im Namen von Mr. M. Der Hauptmann, der zufällig hereinkam, wurde ebenfalls aufgefordert, unter den besten auszuwählen. Der arme Mr. M. hatte das Gefühl, dass es schicklicher sei, seine eigenen Geschenke darzubieten, und bot mir einen merkwürdigen Fisch an, in einer Flasche konserviert, welchen Mr. Hird zu meinem Kummer verächtlich ablehnte, denn es sei ein »unpassendes Geschenk für eine Dame«.

Bei den Marshallinseln handelt es sich um eine feuchte, verregnete Inselgruppe, infolgedessen gedeihen aber auf den meisten Inseln Brotfruchtbäume und auf vielen Inseln Bananen. Wir hatten erwartet, in Majuro Kopra laden zu können, aber die Masern haben die Insel verwüstet. Der König selbst, den wir so gern aufgesucht hätten, der alte Jebberk, lag im Sterben und war für Weiße tabu. Die beiden anderen Könige erschienen, um uns auf dem Schiff einen Besuch abzustatten, ausgesprochen noble, intelligent aussehende Männer. Einer trug einen Lendenschurz aus einer gewebten Matte und ein komisches rotes Hemd oder eine Jacke, sein Haar hatte er nach japanischer Art auf dem Oberkopf aufgetürmt. Der andere trug einen blaurot gemusterten Petticoat, sehr bauschig in der Taille, wo er mit einer Schnur aus Kokosfaser gerafft war. Um seinen Hals trug er eine rosafarbene Muschelkette, und sein Haar war zu demselben hohen Knoten frisiert, wie ihn auch der erste König trug. Wir hatten gerade unser Mittagsmahl beendet, als der zweite König kam, weshalb ihm das seine allein an einer Ecke des Tisches serviert wurde. Ich reichte ihm einen Kranz, von den besten, für seine Königin; er zollte ihm große Bewunderung und untersuchte ihn immer wieder. Endlich wandte er sich zu mir und erkundigte sich, auf den Kranz deutend: »Was du wollen?« Er meinte damit, was ich im Tausch für das Geschenk haben wollte. Ich antwortete: »Nichts«, was sich als ein Fehler erwies, welcher hinterher von Louis geschickt ausgebügelt wurde. Der König ließ durch einen Übersetzer fragen, wie lange es dauerte, bis die *Janet* fortsegelte, da alle seine Sachen in seinem Dorf aufbewahrt wurden, und er wolle ein paar Matten für mich holen lassen. Louis erwiderte, dass wir fast sofort in See stechen würden, aber wenn wir zurückkämen, würden wir uns glücklich schätzen, seine Geschenke entgegenzunehmen. Die Antwort stellte ihn zufrieden, und der König war beruhigt.

24. Juni

Sind von Majuro fortgefahren.

26. Juni

Wieder in Jaluit. Sind an Land gegangen, um den Kommissar zu besuchen, wo bereits unsere Inselkarten auf uns warteten. Louis, der Kommissar und Hauptmann Brandeis setzten alles daran, die Namen der Inseln zu erkunden, indem sie die Karten mit unseren europäischen verglichen, aber vergeblich; ein Mann, der 30 Jahre auf den Inseln zugebracht hatte, wurde zu Rate gezogen, und hinterher ein Einheimischer, aber sie waren immer noch unschlüssig. Schließlich wurde vereinbart, dass der Mann, der seit 30 Jahren hier lebte, den Schöpfer der Karten (jetzt abwesend) aufsuchen und sich dafür verwenden sollte, dass ein vollständiger Schlüssel nach Samoa geschickt würde. Lloyd kaufte etwas deutsches Bier, das ausgezeichnet ist, und ich erstand zwei Gläser mit Zuckerwerk, ein paar Pleasant-Island-Körbe, mehrere Schildpattstücke und ein paar grässliche Würste. Der Kommissar schenkte mir zwei Muscheln, und Hauptmann Brandeis überreichte mir eine weitere, wunderschöne Muschel, außerdem eine schwarze Perlauster, wie sie die Bewohner der Gilbertinseln zum Handeln verwenden.

Haben noch am selben Tag abgelegt und einen Schoner hinausgeschleppt.

27. Juni

In Namorik angekommen. Louis ist an Land gegangen und hat einen bösen alten Mann getroffen, der später im *Strand von Falesa* in Erscheinung treten sollte.

28. Juni

Frühmorgens in Ebon; ankerten in der Durchfahrt fast gegenüber dem Wrack der *Hazeltine*, eines amerikanischen Schoners. Am frühen Nachmittag abgelegt.

1. Juli

In Apiang angekommen, draußen vor Anker gegangen. Louis krank. Kapitän Tierney kam in einem Kanu heraus. Kein Kopra. Die Missionare an der Macht und ein allgemeines Tabu. Weiter nach Tarawa.

3. Juli

Aranuka, eine von Tembinokas Inseln. Louis immer noch krank. Er lag in seiner Koje, als der König und seine Leute an Bord kamen. Ein freundlich aussehender Mann, der mir, wie die anderen, die Hand schüttelte, fragte nach Louis. Ich sagte, er sei krank, worauf er verlangte, sofort zu dem Kranken gebracht zu werden. Ich nahm an, dass er ein Heiler war. Wie Louis mir sagte, stand er an seinem Bett, in der beruhigenden, behutsamen, professionellen Art eines europäischen Hausarztes, fragte nach seinen Symptomen und erkundigte sich sehr besorgt, ob es in Samoa einen »dog-star« gebe.

Ein wenig später klopfte eine Hand sanft auf meine Schulter; ich drehte mich um – es war der König, Tembinoka höchstpersönlich, der mich anlächelte und beide Hände nach mir ausstreckte. Er sah viel besser aus und war in großer Sorge wegen Louis' Krankheit. Mr. Henderson bringt das Boot des Königs mit seinem Harem und Hofstaat nach Apemama zurück.

4. Juli

Sind um acht Uhr mit ungefähr 200 Deckpassagieren aufgebrochen – alle Frauen des Königs, seine gesamte Leibwache und sein übriges Gefolge – und nach Apemama gedampft, das königliche Banner am Haupt-Flaggenknopf gehisst. Das ganze Schiff, jede einzelne seiner Planken, in der Nacht mit schlafenden Einheimischen bedeckt, darunter auch Babys und drei Hunde, Letztere mit seltsam glasigen weißen Augen. Die Lieblingsfrau des Königs hatte einen stupsnasigen Welpen, den sie, wenn er unruhig wurde und winselte, an die Brust legte und säugte. Alle Hauptfrauen führten ihre Teufelskästen mit sich, die sie sorgfältig hüteten. Sie wollten alles über unseren Teufelskasten wissen und bedienten sich dabei jeden Dolmetschers, den sie auftreiben konnten. Sie sprachen mich immer indirekt auf den Kasten an; der Dolmetscher wurde als Erstes angewiesen, sich bei mir zu erkundigen, ob ich nicht etwas sehr Wertvolles aus Apemama mitgenommen hätte. Wenn ich dies bejahte, folgten Fragen nach dem Verbleib, und so ging es weiter. Louis und ich redeten mit dem König über eine irgendeine andere Angelegenheit, bei der zur Sprache kam, dass zischender Dampf entwich. Seine Majestät zog daraus den Schluss, dass wir vom Teufelskasten sprachen, und versicherte uns, dass wir keine Angst haben müssten, wenn die Muschel im Inneren (die den Teufel, Tiaporo, repräsentiert) Lärm veranstalte. Wir sollten ihm nur ein ganz kleines Stück Tabak darbieten, das werde ihn beruhigen. Er hielt es für ein gutes Zeichen und meinte, dass die Muschel ihre Aufgabe als Medium erfülle, wenn Tiaporo lärmte; obwohl er einräumte, es sei besser, wenn wir einen »dog-star« zu Rate ziehen könnten. Eine Viertelstunde später waren alle Frauen des Königs vollkommen außer sich wegen unseres Teufelskastens, und die Nachricht von Tiaporos Benehmen löste ein Tohuwabohu hitziger Kommentare aus.

Es war ein wildes Spektakel voller Lärm und Verwirrung, die Leute an Bord zu schaffen. Boot um Boot wurde ausgeladen, und Stapel der erstaunlichsten Haushaltsgüter verstopften jeden Zwischenraum, der hätte frei bleiben müssen; aus einem Boot wurden mindestens 20 Zinkeimer zutage gefördert. Da waren Nähmaschinen, große Spieldosen aus Rosenholz, Äxte, Spaten und Tranchiermesser, Macheten, plumpe Sackkissen, jede erdenkliche Art von Taschen und Körben, Kokosschalen mit Toddy-Sirup und Schalen mit

Wasser; alte Nüsse, frische Nüsse, jegliche Sorte Nüsse; auch große Päckchen einheimischen Puddings (Riesentaro, mit Pandanussirup und Kokosmilch gestampft, im Erdofen in Taroblättern gebacken) und Stapel säuberlich zugeschnittener Stangen »süßen Sägemehls«, wie wir es nennen, das aus gestampfter Pandanusfrucht hergestellt wird. Außerdem Kampferholztruhen jeglicher Größe und endlose Mattenbündel. Eine Frau suchte vergeblich nach einem Platz für ihren Ohrlochstecher, ein Stück harten schwarzen Seetangs, ungefähr zwei Fuß lang, der sich von einem Umfang von einigen Zoll in der Mitte zu einer glatten scharfen Spitze am Ende verjüngte; um die Mitte herum, wo die Hand den Stock fassen sollte, zog sich ein Ring aus gelben Federn, verflochten mit Menschenhaar; diese Federn sahen genauso aus wie hawaiische Königsfedern – auch wie die auf den Friedensspeeren, die ich auf Savage Island erworben hatte –, aber ich habe nie den Vogel gesehen, von dem sie stammen.

Unsere schwarzen Jungs sind halb verrückt vor Aufregung und spielten sich derart »tomsawyerhaft« vor den Hofdamen auf, dass es ein Wunder und eine Gnade war, dass keiner getötet wurde. Als sie die Boote zu den Davits hochhievten, turnten sie, wie Louis erzählte, die meiste Zeit kopfüber herum und vollbrachten wahre herkulische Kraftakte. Die Haremsdamen wurden achtern zusammengepfercht und mit einem Tabu belegt. Die Damen von niedrigerem Stand suchten sich den Platz, der ihnen am meisten behagte, und hatten eine viel fröhlichere Zeit als die vornehmen, denn die schwarzen Jungs sangen und tanzten und johlten vor Vergnügen die ganze Nacht hindurch. Die älteren Damen von hohem Rang – die Mutter des Königs, stocktrunken dank des Gins, den sie immer mit sich führte, die Tante des Königs und ein oder zwei andere – verbrachten die Nacht auf der

rem and little son of King Temlenoka
their passage from Arimuka to Apem
in Gilbert Islands.

Kommandobrücke. Die Leute zeigten alle die größte Zuneigung für uns, insbesondere unsere alte Freundin und Dienerin »Snipe«. (Snipe – Sumpfschnepfe – war eines der drei Sklavenmädchen, die uns Tembinoka lieh, als wir in »Equator Town« in Apemama gelebt hatten. Die beiden anderen hatten wir »Stodge« – Vielfraß – und »Fatty« – Fettmops – genannt.) Sie setzte sich bei jeder Gelegenheit neben mich, strich mir über die Haare, tätschelte meine Hände, während sie mir abwechselnd ihren Arm um die Taille legte und ihre Ellbogen in die Rippen stieß und die ganze Zeit vor Rührung kicherte.

Spät nachts schlich Onkel Parker in den Salon herunter und hockte sich freundlich grinsend auf den Fußboden. Er war nicht im Mindesten überrascht oder gekränkt, als Louis ihn hinausscheuchte. Ich hatte nicht das Herz gehabt, es selbst zu tun, wie es sich gehört hätte.

Unter dem übrigen Gefolge war auch ein Mann, der uns aus Butaritari kannte; er versorgte uns mit allen Neuigkeiten von unseren *kautops* (Gefolgsleuten) dort. Tembinokas Statthalter, den wir als Reuben kennen gelernt hatten, der aber jetzt sagte, dass sein Name Raheboam sei, bat mich, beim König ein Wort für ihn einzulegen und ihn zu bitten, dass er sich uns anschließen dürfe. Ich versicherte ihm, dass dies zwecklos sei; der König könne es sich nicht leisten, einen Mann von seinen Talenten und Fertigkeiten zu verlieren, was durchaus der Wahrheit entspricht. Auf dem Vorschiff trafen wir auf die unglücklichen Exilanten aus Piru, darunter unser »Boat's Crew«, der sehr hübsch und aufgeweckt aussah, aber nicht gewachsen war. Vor ein paar Jahren, ich weiß nicht mehr, vor wie vielen, kaufte eine große Gruppe Piruaner, welche die Welt sehen wollte, bei der Wightman-Linie Rückfahrkarten zu einer anderen Insel. Sie wurden gewarnt, dass es vom Zufall abhinge, einen Schoner aufzutreiben, der sie zu ihrer Insel zurückbrachte. Es fand sich kein Schoner, aber sie wurden von einer Insel zur anderen mitgenommen, und jede Reise brachte sie ihrer Heimat ein Stück näher. Der Junge namens »Boat's Crew« war als Diener bei uns in Apemama gewesen, einer der Inseln, wo sie einen Zwischenaufenthalt einlegen mussten. Jetzt sollen sie mit uns nach Nanuti reisen, einer Station, die ihrer Insel um vieles näher liegt. Ein alter Mann, dessen Herz daran hängt, auf seinem Heimatboden zu sterben, lebt immer noch und sieht aus wie 100; er hat einen völlig kahlen Kopf, außer einem Haarbüschel im Nacken.

5. Juli

In Apemama, um den Hofstaat an Land zu bringen. Tin Jack musste ein Lieblingskanu, das er zu seiner Station bringen wollte, an den König verkaufen, der es partout haben wollte. Es kostete fünf Dollar, und der König gab 20 dafür; insofern war es als geschäftliche Spekulation kein Verlust. Als der König heute Morgen an Bord kam, legte er eine feine Matte auf meinen Schoß.

Später ist vom Vorschiff her großes Geheule zu vernehmen. Eine Frau, die vom Gatten einer anderen Frau Besitz ergriffen hatte, wurde mit ihrer Sippe von der Piru-Gesellschaft fortgeschickt, und sie fühlte die Verpflichtung, eine Nervenkrise zu mimen. Dies beherrschte sie nicht so gut wie die Damen in Frankreich, aber es geschah in derselben Manier und war einigermaßen glaubwürdig. Als sie von ihren Gefährten daran gehindert wurde, sich zu ertränken, trat sie hysterisch um sich und stieß erstickte Schreie aus, was den wirkungsvollsten Teil der Darbietung ausmachte. Sie gab jedoch bald auf, vermutlich wegen des mangelnden Interesses von Seiten der Umstehenden.

Am Abend fand ein Abschiedsessen statt mit Tin Jack, Champagner, Trinksprüchen, Reden und so weiter. In der Nacht ging eine Abordnung mit Feuerwerkskörpern an Land; Mr. Henderson antwortete mit einem Feuerwerk vom Schiff. Während ich ihnen zuschaute, hörte ich ein Gespräch zwischen einem weißen Feuerwerker und unserem Koch über die Gefahren an Land. »Einer meiner Kameraden«, sagte der Feuerwerker, »hat sich einmal im Busch verirrt, und es dauerte einen ganzen Tag, bis er einen Schluck Wasser zu trinken bekam. So etwas würde ich für kein Geld der Welt riskieren.« Ich erinnerte ihn daran, dass auch schiffbrüchige Seeleute Durst litten; daran habe er nie gedacht, meinte er, aber irgendwie schien es nicht dasselbe zu sein. Das Feuerwerk war von durchschlagendem Erfolg und erfreute, glaube ich, unsere schwarzen Jungs mehr als alle anderen. Das Schiff hallte wider von ihren Rufen und ihrem melodischen, mädchenhaften Gelächter. Den ganzen Nachmittag hatten sie die Wanten des Schiffes unter Wasser geschrubbt; sie boten einen sonderbaren Anblick, als sie wie Frösche strampelten und zugleich arbeiteten; und doch hatten sie nach alledem noch die Kraft, zu singen und zu tanzen. Louis und ich waren uns einig, dass wir einen hohen Preis bezahlen würden, um allein nur über Sally Days überschüssige Energie zu verfügen. All diese Männer stammen von den Kannibaleninseln, aber sie schätzen es nicht, darauf angesprochen zu werden. Als Mr. Hird sie damit neckte, erklärten sie, sie seien noch Kinder gewesen, als man sie fortgebracht habe, und würden sich an die wilden Bräuche ihres Volkes nicht erinnern.

ings mill Islands:– King Tembenoka and sister
[l]eaving "J. Nicoll" at the King's Island of A[pemama]
ing's gig waiting for King and wives.

6. Juli

Apemama hinter uns, unsere schwarzen Jungs in einer Reihe unter dem Sonnenzelt liegend; einer las in der Bibel (es war Sonntag), und ein anderer spielte Kirchenlieder auf einem Akkordeon. Der König nahm mit uns das Frühstück ein, und wir sagten ihm Lebwohl, nicht so traurig wie zuvor, denn jetzt haben wir doch Hoffnung, ihn wiederzusehen.

7. Juli

Frühmorgens in Nanuti. Sind nach dem Frühstück an Land gegangen, zum Haus von »Billy Jones' Cousin«, wo die britische Flagge wehte. Tin Jack wollte in seinem neuen Haus inmitten der für ihn neuen Umgebung fotografiert werden, weshalb wir die Kamera mitgebracht hatten. Lloyd und ich spazierten umher und staunten über die Zahl der Häuser, in denen sich getrocknete Kokosnüsse, noch nicht zu Kopra verarbeitet, bergeweise stapelten. Man gab uns die Erklärung, dass eine Hungersnot befürchtet würde und die Kokosnüsse als Vorräte dienten. Das erinnerte mich daran, wie sehr uns die veränderten Lebensumstände unserer Piru-Freunde verblüfften, seit wir mit ihnen auf der *Equator* gereist waren. Damals hatten sie in unbeschreiblicher Armut gehaust, kaum eine Matte unter sich gehabt, kein Essen, nur ein paar Schalen Wasser und ein paar alte Nüsse. Als wir sie von Apemama abholten, kamen sie als reiche Leute, mit Bündeln feiner Matten, stapelweise »Sägemehl«-Stangen und getrockneten Pandanusfrüchten (sehr gut, schmecken wie getrocknete Feigen) und darüber hinaus großen Mengen der besten Nahrungsmittel, die in Apemama erzeugt werden. Die Leute sind alle im Besitz bedruckter Baumwollkleider sowie kunstvoller *ridis* und von Körben voll Tabak mit zahlreichen Pfeifen.

Während Lloyd und ich durch Nanuti schlenderten, kehrte Tin Jack zum Schiff zurück, ohne zu bedenken, dass wir wegen der Flut den ganzen Tag als Gefangene zurückblieben. Als wir ankamen, mussten wir die Mauer eines Fischgrunds teilweise einreißen, damit wir beim Haus anlegen konnten. Wir waren um zehn von Bord gegangen und nun müde, hungrig und hellauf empört, dass man uns so im Stich gelassen hatte. Lloyd ließ mich schließlich allein, um ein Kanu aufzutreiben, da er hoffte, er könnte dann das Schiff erreichen und etwas zu essen für mich holen. Ich war nass geworden, als wir in unserem Boot die Brandung durchquert hatten, und trug ein verschmutztes Kleid und Hemd, das mir eine Insulanerin geliehen hatte. Ich bat um ein trockenes Kleid, als ich landete, und die Frau gab mir eines, das sie abgelegt hatte; ich wusste nicht, was ich tun sollte, da es sehr durchsichtig war, und so musste ich im Hausinnern bleiben. Als Tin Jack das hörte, verlangte er ein Hemd für mich. Die Frau zog in einer dunklen Ecke das Kleid aus, das sie am Körper trug, faltete es zusammen und tat so, als nehme sie es aus einer Truhe, welche sie zu diesem Zweck öffnete. Nach dieser Demonstration von Stolz oder Zartgefühl hielt ich mich für verpflichtet, es anzuziehen. Da ich an Kopfschmerzen litt, legte ich mich auf eine Matte mit einem unbeschreiblich schmutzigen Kissen unter meinem Kopf und versuchte zu schlafen. Die Leute im Haus, ungefähr 20 an der Zahl, kamen alle paar Augenblicke, um einen Blick auf mich zu werfen; wenn die Kinder ein Geräusch machten, wurden sie geschlagen, worauf sie brüllten, dass die Wände wackelten, und hin und wieder wurde eine Kinderschar draußen unter Heulen und Gebrüll vom Haus fortgetrieben. Ich habe bisher auf keiner der Inseln erlebt, dass Kinder so scharf »gezüchtigt« wurden. Vor meinem Fenster draußen wurde ein Kind mindestens eine halbe Stunde lang unablässig geschlagen, weil es weinte. Für einen Augenblick schlief ich tatsächlich ein, wurde aber schnell von einem wilden Hundekampf direkt unter mir geweckt, denn das Haus stand auf hohen Pfählen. Das Haus, das dem Händler gehörte, war eines der trefflichsten, die ich je gesehen hatte; es hatte vier Räume, mit Staketen abgeteilt, und ein luftiges, trockenes Dach, während an der Schattenseite eine wunderschöne Veranda entlanglief. Das ganze Gebäude war mit flachem Tauwerk zusammengeschnürt, die Seiten und Enden strohgedeckt, ebenso wie das Dach.

Lloyd trieb endlich ein Kanu auf, nachdem er gut anderthalb Stunden gesucht hatte, und einen Insulaner, der willens war, ihn zu dem horrenden Preis von zehn Stangen Tabak überzusetzen. Unterdessen hatte Tin Jack, als ihm sein unerhörtes Benehmen bewusst wurde, ein anderes Kanu mit ein paar belegten Broten, einer Dose Sardinen (nutzlos ohne Dosenöffner) und einer Flasche Stout ohne Korkenzieher vom Schiff zu uns herübergeschickt. Als Lloyd dies bemerkte, zögerte er nicht eine Sekunde und wollte zu mir zurückkehren. Er strengte sich an, so gut er konnte, wurde aber ungefähr zwei Meilen von mir entfernt von der Brandung an Land geworfen. Er kämpfte sich am Riff entlang, manchmal von der Brandung umgeworfen und die meiste Zeit bis zu den Achseln im Wasser. Er trug Lederschuhe, die sich mit Wasser voll sogen, und die Nägel, die sich lösten, rissen ihm die Fußsohlen auf, was das Gehen außerordentlich erschwerte. Außerdem zerschnitt er sich am Riff den Knöchel und schürfte sich das Bein auf, beides hier ernst zu nehmende Verletzungen. (Ein Kratzer von einer toten Koralle kann eine

Girls' Costume

Blutvergiftung verursachen und ist sehr gefürchtet. Der Kommandant eines Kriegsschiffs soll dadurch ein Bein verloren haben.) Und damit nicht genug, plagte ihn die Angst, dass ich, in dem Glauben, er hätte es geschafft, meine Reste den Einheimischen gab. Ich weiß wirklich nicht, warum ich das nicht getan habe; mehrmals machte ich Anstalten dazu, aber dann lenkte etwas meine Aufmerksamkeit ab. Es war schon stockfinster, als das Beiboot vom Schiff endlich zu uns hereinfahren konnte, und eisig kalt. Tin Jack, der sich eilfertig entschuldigte, erlebte eine unangenehme Viertelstunde.

Eine Katze, höre ich, hat sich unserer Schiffsgesellschaft angeschlossen. In Majuro besaß ein Mann, der dort gestrandet war und von der *Janet* nach Sydney mitgenommen wurde, eine Hauskatze. Einer der Matrosen entdeckte sie, als sie um das Schiff herumschwamm und verzweifelt versuchte, an seinen Wanten hochzuklettern. Man hielt ihr ein Ruder hin, und halb ertrunken gelangte sie so auf den Dampfer.

Von den schwarzen Jungs erbettelte ich einen Fisch, und aus Kokosmilch, einer Prise Cayennepfeffer, einer vertrockneten alten Zitrone sowie etwas Meerwasser bereitete ich eine *miti*-Sauce, so dass ich Louis zum Abendessen ein feines Gericht aus rohem Fisch servieren konnte. Es schmeckte ihm ausnehmend gut, und er verspeiste alles, was ich zubereitet hatte.

Nun mag man meinen, dass roher Fisch eine seltsame Kost ist für einen kranken Mann, aber, richtig zubereitet, gibt es nichts Besseres als frische, rohe Meeräschen. Zum ersten Mal habe ich das in Tautira erfahren, einem bezaubernden Dorf auf der »wilden« Seite Tahitis. Mein Mann litt an einer schweren Lungenentzündung und war in ein Koma gefallen. Es gab keine Möglichkeit, die Zivilisation zu erreichen, außer mit unserer Jacht, der *Casco* – und die *Casco* war nach

Papeete gesegelt, wo ihre Masten repariert werden sollten. Von der Katastrophe wie erschlagen, starrte ich ratlos auf den Dorfplatz hinaus. Während ich mich noch anstrengte, meine fünf Sinne zusammenzunehmen, wurde meine Aufmerksamkeit für einen Moment vom Anblick einer hoch gewachsenen, anmutigen Insulanerin abgelenkt, die unter den lauten Beifallsrufen einer riesigen Menge das Haus des Häuptlings von Tautira betrat.

Ich erinnerte mich vage, dass seit vielen Tagen Vorbereitungen für den angekündigten Besuch von Moë, »der großen Prinzessin«, getroffen wurden. Ungefähr eine halbe Stunde später klopfte es an meine Tür; dort stand Moë, in den Händen eine Platte mit rohem Fisch, der mit einer *miti*-Sauce übergossen war. In perfektem Englisch erklärte sie mir, dass sie gehört habe, ein kranker Weißer sei im Dorf, dessen Frau sich Sorgen mache, weil er nicht essen wolle, und deshalb habe sie selbst diese Speise bereitet, und wenn ich ihn nur dazu bringen könne, davon zu kosten, dann würde er weiter davon essen und sofort wieder gesund werden. Zuerst wandte Louis lustlos sein Gesicht ab, ohne die Augen zu öffnen, aber auf den Rat der Prinzessin schob ich ihm einen Bissen zwischen die Lippen; zu meiner Überraschung schluckte er ihn hinunter, dann noch einen, und schließlich öffnete er die Augen und fragte: »Was ist das?« Mehrmals am Tag kam die Prinzessin mit dem rohen Fisch in *miti*-Sauce, der von meinem Kranken bald begierig erwartet und hinuntergeschlungen wurden, und binnen einer Woche war Louis so weit wieder hergestellt, dass er zum Häuptlingshaus hinübergehen konnte, wo wir bei diesem und Moë Wohnung nahmen.

Der rohe Fisch, wie er in Tahiti zubereitet wird, ist keineswegs ein abstoßender Anblick, wie man sich vielleicht vorstellen könnte, sondern appetitlich anzusehen und angenehm im Geschmack. Das frische weiße Fleisch der Meeräsche wird in säuberliche kleine Streifen geschnitten, einen halben Zoll breit und ein paar Zoll lang, dann Seite an Seite auf eine Platte gelegt – natürlich sorgfältig von Haut und Gräten befreit – und mit *miti*-Sauce übergossen. *Miti*-Sauce wird aus der Milch bereitet, die man aus dem Fleisch der Kokosnuss presst (eine ganz andere Geschichte als das erfrischende Wasser der grünen Trinknuss), gemischt mit ungefähr einem Drittel der Menge an Limettensaft, winzigen Stückchen wilden roten Pfeffers und etwas Meerwasser. Diese Sauce bewirkt, dass der Fisch gart. Er nimmt ein gestocktes Aussehen an und biegt sich an den Rändern ein wenig auf, als sei er gerade gekocht worden.

8. Juli

Den ganzen Tag geblieben und nachts abgelegt. Ein langes Riff, viel Mühe, um Tin Jacks Sachen vom Schiff herunterzubekommen. Die »Rekrutierungs«-Brigg *Cito* soll Gewehre und Patronen an Land gebracht haben, wie ich hörte. Tin Jack fort; er hat sich spätnachmittags ausgeschifft, das Beiboot hat ihn zum Riff hinausgebracht, wo er, wie wir beobachten konnten, auf dem Rücken eines Bewohners hinübergetragen wurde.

Es sollten noch 50 Säcke Kopra an Bord verladen werden; diese wurden auf dem Rücken von Inselbewohnern und von unseren schwarzen Jungs zum Boot hinausgetragen. Mr. Henderson schenkte Tin Jack zwei schwarze Pfeifen und eine sehr feine, hübsche Matte; ich gab ihm einen Vorrat sorgfältig beschrifteter Medikamente und ein Kissen mit einer zusätzlichen Hülle. Als wir ablegten, ließen wir zum

Abschied die Dampfpfeife ertönen, brannten ein blaues Licht ab und jagten zwei Raketen hoch, auf welche Tin Jack mit einer Rakete vom Strand aus antwortete. Eine unserer Raketen wurde vom Kapitän (der sehr krank ist) auf der Brücke gezündet. Sie pfiff uns um die Köpfe, und zu unserem Entsetzen zischten überall auf der Brücke Flammen empor. Eine Frau ist mir den ganzen Tag gefolgt und ließ nicht locker in dem Versuch, mich zu überreden, ihren kleinen Mischlingsjungen zu adoptieren. Sie wollte mich mit einer Matte bestechen, die sie mir am Ende als Geschenk überließ. Ich gab ihr eine kleine Flasche Duftwasser. Alle feilschen um Muscheln, sogar die schwarzen Jungs und Mr. Stoddard, der Maschinist. Als das Boot, das Tin Jack an Land gebracht hatte, zurückkehrte, brachte es mir einen riesigen, uralten und merkwürdigen Speer von ihm mit.

Tin Jack fand ein trauriges Ende. Er verfügte über feste Einkünfte, die aber nicht ausreichten, um seine Ideen zu verwirklichen, und so verbrachte er den größten Teil des Jahres als Südseehändler, wobei er seine ganzen Jahreseinkünfte sodann in einem einzigen wilden Trinkgelage in der Stadt Sydney verprasste. Eine seiner liebsten Vergnügungen bestand darin, einen Hansom für einen Tag zu mieten, den Fahrer hineinzusetzen und das Gefährt selbst zu kutschieren, wenn er auf Passanten traf, forderte er sie auf, ihm im nächsten Wirtshaus Gesellschaft zu leisten.

Ein paar Jahre später, als Jack auf seiner Handelsstation weilte, erhielt er einen Brief des Inhalts, dass sein Treuhänder, dem er die Verantwortung für seine gesamten Besitztümer übertragen hatte, sich mit allem aus dem Staub gemacht hatte. Jack setzte sich eine Pistole an den Kopf und pustete sich das bisschen Gehirn aus, das er besaß. Er war ein schöner Mensch, der einem bisweilen entsetzlich auf die Nerven fallen konnte, manchmal aber auch etwas Kindliches und Gewinnendes hatte. Ich glaube, er war, was die Schotten ein »Naturgenie« nennen, das einen dazu brachte, ihm Streiche zu vergeben, die bei anderen unverzeihlich gewesen wären. Er war sehr stolz darauf, dass er Pate stand für die Gestalt des Tommy Hadden in *Der Ausschlachter*, und trug das Buch überall mit sich herum.

9. Juli

Piru. Die Apathie unserer Exilanten fällt mir auf die Nerven. Mit Ausnahme einer Frau haben sie nicht einmal den Kopf gehoben, um einen Blick auf ihre Heimatinsel zu werfen. Keinerlei Aufregung, keinerlei Anzeichen von Interesse. Ein Missionar aus Samoa kam mit einigen seiner Freunde an Bord, alles gut gekleidete, vornehm aussehende Leute. Der Missionar verlangte in stolzem, anmaßendem Ton, dass ihm Papier, Umschläge, Feder und Tinte gebracht würden. Lloyd bearbeitete nach meinem Diktat die Schreibmaschine, was alle höchst unterhaltsam fanden. Mr. Clark, der Missionar von Samoa, war unmittelbar vor uns hier gewesen. Zu unserer Enttäuschung haben wir ihn um nur 24 Stunden verfehlt. Er sei, sagt man uns, nach Apemama weitergereist, um dem König die Erlaubnis abzuhandeln, dort einen Missionar zu stationieren. Ich glaube nicht, dass ihm das gelingt. Der König fürchtet die Macht, welche die Missionare über die Leute gewinnen. Die Händler waren auch an Bord, der Aufschneider Briggs und ein Mr. Villiero aus der Argentinischen Republik. Mr. Villieros Vater war Italiener, seine Mutter Tirolerin. Offenbar ist er ein intelligenter, angenehmer Bursche, und ich habe mich lange mit ihm unterhalten. Vor ein paar Jahren, erzählt er mir, ist ein Mann auf dieser Insel gestorben, der einmal Sekretär von Rajah Brooke* war. Er bat darum, seine Frau und seine Adoptivtochter, ein tahitisches Mischlingsmädchen namens Prout, zu mir bringen zu dürfen.

Ich unterhielt mich heute mit den beiden Händlern, als Briggs erwähnte, dass er früher die Leprakranken von Honolulu nach Molokai gebracht habe. Ob er Pater Damian* kenne, fragte ich. Nachdem er lange in seinem Gedächtnis gegraben hatte, bejahte er meine Frage schließlich. »Das war ein katholischer Priester, der ganz in Ordnung schien, damals, als ich seine Bekanntschaft gemacht habe, aber später kamen, so viel ich hörte, in Honolulu hässliche Gerüchte über ihn in Umlauf.« Ohne ein weiteres Wort gab ich ihnen Louis' Streitschrift.

Die Flut ist sehr niedrig; hier liegt eine große Menge Kopra, und unsere schwarzen Jungs haben gestern Nacht bis zwei Uhr morgens gearbeitet und rechnen damit, heute Nacht noch länger aufbleiben zu müssen. Einer von ihnen ist krank, mit Halsschmerzen, Kopfweh und Durchfall. Wir haben ihm etwas Kastoröl und Laudanum gegeben, da wir nicht wussten, was wir sonst tun sollten.

Der Kapitän sehr schwach, wirklich, mit starken Kopfschmerzen, Übelkeit und einem unerträglichen Brennen im Magen. Seine Haut ist seltsam trocken, nicht wie bei Fieber. Er hat seit mehreren Tagen keine Nahrung außer Gerstenschleim zu sich genommen. Louis geht es besser, der Blutsturz ist zum Stillstand gekommen.

10. Juli

Liegen immer noch vor Piru. Mr. Hird kam gestern mit erbärmlichen Neuigkeiten von einem Mann namens Blanchard zurück, der in die »Vergiftungssache Jim Byron*«, wie der Fall genannt wird, verwickelt sein soll. Blanchard hat sich eine schreckliche Krankheit zugezogen, die ihn zwingt, seine Augenlider mit den Fingern hochzuheben, wenn er jemanden ansehen will, und seine Nase ist zu einer monströsen Größe angeschwollen. Blanchard, sagt Mr. Hird, ist Amerikaner, und als er dem Mann vor Jahren zum ersten Mal begegnete, konnte er noch mit einem gewissen Recht beanspruchen, als Gentleman zu gelten, aber inzwischen ist er abscheulich tief gesunken. Blanchard sprach von dem Mord und gab zu, er habe gewusst, dass dieser begangen werden sollte, und sei dabei gewesen, als es geschah.

11. Juli

Um zehn Uhr nachmittags immer noch in Piru. Mr. Villiero ist mit seiner Frau an Bord gekommen, einer hübschen jungen Person, der ich einen Kranz schenkte, ein paar Lutschbonbons für die Kinder (alle adoptiert, da ihre eigenen tot sind) und ein Stück Spitze. Ein wenig später geleitete Mr. Hird mehrere Händler an Bord und lud sie zum Mittagessen ein.

Wir lichten den Anker.

12. Juli

Piru letzte Nacht verlassen und heute Morgen in Noukanu angekommen. Wir haben einen Einheimischen an Bord, den wir als Exilant auf diese Insel bringen. Die einheimischen Missionare von Samoa haben ihren Anhängern erzählt, dass es bei bestimmten Verbrechen erlaubt ist, den Täter zu töten. Ein solcher Fall hat sich ereignet, und der Schuldige, der sein

Schicksal reichlich verdiente, wurde zu Tode gebracht. Daraufhin verkündete der einheimische Missionar, dass das Auslöschen eines Lebens mit dem Tod bestraft werden müsse. Zum Glück kam im kritischen Augenblick das Missionsschiff und mit ihm ein weißer Missionar aus Samoa, und so wurde vereinbart, dass der Rächer für eine unbestimmte Zeit in die Verbannung gehen sollte. Da dieser Mann große Besitzungen in Noukanu sein Eigen nennt, steht zu hoffen, dass er keine allzu großen Unbequemlichkeiten auf sich nehmen muss. Er ist ein gut aussehender, achtbarer Mann mittleren Alters und wird von seiner Familie begleitet.

Auf dem Schiff tummelten sich den ganzen Morgen Scharen Einheimischer (darunter der unvermeidliche Leprakranke mit Elephantiasis), die wie Affen schnatterten. Ich habe ihnen drei gezinkte Haizahnspeere abgekauft, einen für ein gestreiftes Unterhemd, die anderen beiden jeweils für ein paar bedruckte Stoffmuster. Ich habe auch eine Matte mit Reihen durchbrochener Webarbeit, ganz wie Hohlsaumstickerei, gekauft, und für einen Florin habe ich eine gewaltige Halskette aus Menschenzähnen erstanden. Noch vor kurzem galt auf den Inseln hier, insbesondere auf Maraki, ein gutes Gebiss als ein gefährlicher Besitz, da viele Leute deswegen ermordet wurden. Ich vertraue darauf, dass meine ehrlich erworben worden sind – oder zumindest in einer offenen Kriegshandlung.

Gestern Abend haben unsere Schweine wie Hunde gekämpft; sie verbissen sich ineinander und rannten wie verrückt an Deck herum. Der Lärm, den sie veranstalteten, ähnelte mehr einem Bellen als einem Grunzen oder Quieken. Der Koch hat sich ins Bein geschnitten; Mr. Hird ist schwer erkältet; der Maschinist, Mr. Stoddard, niest, und Louis hat das Gefühl, dass auch bei ihm eine Erkältung im

Anzug ist; dem Kapitän geht es immer noch sehr schlecht; er hat sich gestern Abend auch noch erkältet. Lloyds Wunden von dem Riff auf Tin Jacks Insel beginnen zu heilen. Ich habe sie erst mit Seife und Zucker behandelt und dann mit Jod bestrichen.

Wir sind heute zu zwei Siedlungen gesegelt und kehren jetzt zur ersten zurück. Bei der zweiten kam Tom Day an Bord und nahm eine Mahlzeit ein; ebenso Kapitän Smith. Unser Kohlevorrat ist gering; tatsächlich ist kaum noch etwas übrig, und wir brennen vor Neugierde, wohin wir als Nächstes fahren werden: auf die Hebriden oder die Fidschis – oder vielleicht nach Brisbane. Habe den Abend im Gespräch mit Tom Day verbracht. Er erzählte mir viele Geschichten von Bischof Patteson* und über die Jagd nach »Halskettenzähnen«. Ein Vater, der gute Zähne hat, vermacht sie häufig seinen Kindern als Erbe. Sie sind sehr wertvoll – oder waren es. Tom Day hat oft erlebt, dass wegen der Zähne Morde begangen wurde. Meine Halskette ist, so scheint es mir jetzt, ein grausiger Besitz.

13. Juli

Haben morgens Noukanu verlassen; sind um elf Uhr in Piru eingetroffen; um ein Uhr am Montagmorgen nach Onoatoa ausgelaufen. Louis hat dort lange mit Frank Villiero gesprochen. Das Land hier ist in große und kleine Parzellen aufgeteilt; die großen anderthalb Morgen, die kleinen ein halber Morgen. Kleinere Einheiten gibt es nicht. Eine große Parzelle reicht völlig aus, um eine Familie zu ernähren. Manche Großfamilien sind im Besitz vieler Parzellen und ernten bis zu 1500 Nüsse in einem Monat. Wem durch Diebstahl oder Mord Schaden zugefügt wurde, der kann das Land des

Schuldigen konfiszieren. Das Stück Land, das einem Mörder weggenommen wurde, kann der Schuldige wiedererlangen, indem er eine Flasche Öl über die Leiche des Mannes gießt, den er ermordet hat. Sollte die bestrafte Person aber immer noch Groll gegen den toten Mann hegen oder ihm feindselig gesonnen sein, ist dieser Ausweg nicht möglich. Die Insel war früher viel wohlhabender, was darauf zurückzuführen ist, dass ein großer Teil der Bewohner damals als Sklaven gehalten wurde.

Die Pflichten der »Alten« (nach landläufiger Meinung werden die demokratischen Inseln von »Alten« regiert, die sich versammeln, um Gesetze zu beschließen) bestehen in Wahrheit darin, das verfügbare Land einzuteilen und dies zu registrieren; die Aufteilung des Insellandes kann über Generationen zurückverfolgt werden. Die Einwohnerzahl von Piru beträgt ungefähr 2500; die Polizei zählt gegenwärtig etwa 1000 Männer, uniformiert in blauen Hemden, Arbeitsjeans und einem roten Streifen am Arm. Die Insel ist in drei Distrikte aufgeteilt, in welchen des Nachts die Polizei patrouilliert, die jeden Erwachsenen zum Appell rufen kann, dem man sich nicht widersetzen darf. Die Geldbußen gehen zur Hälfte an die Lehrer (zu ihrem persönlichen Gebrauch), zu einem Viertel an die »Alten« und zu einem Viertel an die Polizei. Villiero hat erlebt, dass ein Polizist für die Arbeit eines ganzen Jahres nicht mehr als zehn Kokosnüsse erhält, und seine Uniform, auf welche er nicht stolz ist, muss er sich noch selbst beschaffen. Jedes Stückchen Land ist in Besitz genommen und die Abgrenzung festgelegt worden. Man trifft hier auf eine niederträchtige Gesellschaft: Ihre Kämpfe sind kleinliche Zänkereien, und sie zeigen kaum Anteilnahme füreinander. Ein abgedriftetes Kanu oder ein toter Mann ist sofort vergessen. Seit die Missionare auf der Bildfläche erschienen sind, wird wenig oder gar kein saurer Toddy getrunken. Mr. Clark, der Missionar von Samoa, sagte ihnen, wenn sonntags ein Schiff anlege, müssten sie ein paar Männern erlauben, die Händler an Land zu bringen, früher wurden die Bootsleute, die den Fährdienst anboten, immer mit Geldbußen belegt.

Mr. Villiero hat mir am Nachmittag seine Frau und seine Adoptivtochter, Miss Prout, vorgestellt. Ich geriet in große Verlegenheit, denn sie kamen beladen mit Geschenken, und ich hatte nichts Passendes, das ich ihnen im Tausch dafür geben konnte. Wir nahmen an einer Adoptionszeremonie teil, durch welche ich Mrs. Villieros Tochter oder Mutter wurde, niemand wusste so recht, was genau, nicht einmal ihr Mann. Miss Prout war ganz das »junge Mädchen«, scheu und schweigsam. Beide Frauen waren vortrefflich gekleidet und trugen europäische Ringe. Mrs. Villiero näht die Kleidung für ihren Mann selbst. Zum Geschenk erhielten wir ein kleines, voll betakeltes Segelschiff in einer Flasche, durch deren Hals es nicht passte. Mr. Villiero hatte während dreier Wochen pausenlos daran gearbeitet, ein echtes Seemannsgeschenk; außerdem eine große, feine Matte mit einem dicken Fransensaum aus roter Wolle, überaus geschmacklos, eine Anzahl geflochtener Matten, ein paar Muscheln und eine riesige Packung Pandanussüßigkeiten. Als wir Mrs. Villiero vorgestellt wurden, warf sie mir einen Strang Delfinzähne um den Hals, dick und lang, als Auftakt zur Adoption. Mit Louis' Hilfe fasste Mr. Villiero sein Testament ab. (Er ging später mit einem Schiff unter, das Kontraktarbeiter rekrutierte – in Wahrheit ein Sklavenschiff, das viele unglückliche Insulaner an Bord hatte und auf dem Weg nach Südamerika war.) Hier hat er das Gefühl, dass sein Leben nicht sicher ist, wegen der anderen Händler, die zum Teil Giftmischer sind.

Er berichtete Louis von einer unglückseligen Geschichte, die sich am 4. Juli ereignete. Villiero, Briggs und der chinesische Händler vereinbarten in einem schriftlichen Handelskontrakt, Kopra zu einem bestimmten Festpreis zu kaufen, wobei derjenige, der die Abmachung bräche, eine Buße von 200 Dollar zu zahlen hätte. Bald war die ganze Kundschaft in die Hände des Chinesen gefallen. Auf Nachfrage stellte sich heraus, dass der Chinese dem äußeren Anschein nach zwar zum vereinbarten Preis aufkaufte, nebenbei aber ein Tabakgeschenk machte und auf diese Weise die Abmachung umging. Auf Briggs unklugen Rat hin bewaffneten die anderen Händler sich bis an die Zähne und marschierten nachts zum Haus des Chinesen. Briggs und Blanchard bewachten die Tür, während Villiero dem Chinesen eine Pistole an den Kopf hielt und die 200 Dollar Buße verlangte. Die umgehend bezahlt wurde. Als das Missionsschiff bei der Insel anlegte, erzählte Villiero die Geschichte dem weißen Missionar, der riet, das Geld sofort zurückzugeben, und ihn darauf hinwies, dass er verpflichtet sei, das Verhalten der Händler zu melden. Ich kann mich nur wundern, dass ein Mann von Villieros Intelligenz sich von einem Burschen wie Briggs beeinflussen lässt.

Der Kapitän ist noch sehr schwach, aber Louis geht es besser.

14. Juli

Die Insel Onoatoa.

15. Juli

Am frühen Morgen in Tamana. Einer unserer Passagiere, der auf Tom Days Insel an Bord gekommen und von Tom als

»Kapitän Thomas, das alte Aschenputtel«, vorgestellt worden war, schiffte sich mit all seinen Besitztümern aus. Ein weiterer Passagier, den wir nach Sydney mitnehmen, fertigte einen Bohrer nach Inselmanier für mich an, welcher die feinste Muschel durchschneidet oder das Eisen eines Kochkessels oder einen Teller oder ein Glas. Ich bohrte Löcher in ein paar rote und weiße knöcherne Whist-Spielmarken und fädelte diese zu Halsketten auf, wirklich sehr hübsch. Seit wir das erste Mal in Tamana waren, hat sich dort ein Mord ereignet und eine Hinrichtung stattgefunden. Ein Mann von einer anderen Insel, der wütend war, weil er bei einem Ringkampf besiegt wurde, lauerte vor der Kirche und rammte einen Speer in sein Opfer, das bald darauf starb. Die Hinrichtung wurde durch Hängen vollzogen. Sie zogen den Mann am Hals hinauf und ließen ihn wieder herunter, um nachzusehen, ob er tot war, dann zogen sie ihn wieder hinauf, nur um ihn erneut hinunterzulassen und nachzusehen, und setzten diese barbarische Handlung fort, bis sie sich überzeugt hatten, dass kein Leben mehr in dem armen Kerl war.

16. Juli

Arorai am Morgen. Das Erste, was wir hören, ist die traurige Nachricht, dass der arme McKenzie, der halb verhungerte Mann, gestorben war, vermutlich am Übermaß unserer Suppen. Er aß gierig, sagte auf die Frage, wie er sich fühle: »Ich bin voll«, verfiel in eine dreitägige Ohnmacht und starb. Es kam mir nicht in den Sinn, ihn zu warnen, nicht zu viel in sich hineinzuschlingen; Suppe schien mir so harmlos zu sein; ich hatte nur Angst, ihm als Erstes feste Nahrung zu geben.

»Cockroach« – Kakerlake –, einer unserer schwarzen Jungs, hat sich die Finger übel zerquetscht. Er weint seither wie ein Kind. Der Kapitän immer noch schwer krank; wir haben gemeinsam zwei medizinische Bücher durchgeackert und sind beide zu dem Schluss gekommen, dass er vermutlich an einer Magenentzündung leidet. Er meint, sein Zustand habe sich an dem Tag verschlimmert, als drei schwarze Matrosen sich weigerten, am Sonntag zu arbeiten. Sally Day, sagt er, handelte äußerst unbesonnen, und er war zu schwach, Sally niederzuschlagen, eine Tatsache, die ihm aufs Gemüt drückt.

Heute verschwand eines der von Mr. Hird gesteuerten Boote in der Brandung, und Mr. Hird tauchte sofort hinterher, um es wieder aufzufinden. Das Boot war gekentert und hatte ein kleines Leck an einem Ende. Mr. Hird kam tropfnass von seinem unfreiwilligen Bad zurück. Zum Glück wurde niemand verletzt, außer dem Maschinisten und Mr. B. (einem aus Jaluit stammenden Passagier), diese aber nur in ihrem Stolz. Sie warteten lange Zeit unten am Riff; es kam kein Boot, das sie rechtzeitig zum Abendessen auf das Schiff zurückgebracht hätte.

Wir schlachteten heute ein Schwein, das erste, da uns die Schafe jetzt ausgegangen sind. Charley, ein Passagier aus Jaluit, der seine Reise abarbeitet, gab mir einen Gürtel aus Menschenhaar. Ein paar Insulaner brachten einen Hai zum Schiff, den sie gerade erlegt hatten, in der Hoffnung, ihn uns als Nahrung zu verkaufen. Mr. Hird erzählte die Geschichte von einem Hai, den er einen Fisch hatte jagen sehen. Der Hai hätte den Fisch mit Leichtigkeit fangen können, wenn der weiter in einer geraden Linie geschwommen wäre, aber er konnte nicht so schnell wenden wie seine Beute, und so schwamm der Fisch, dies wissend, eine ganze Weile immer um ihn herum. Als er in die Nähe des Schiffs gelangte, sprang der Fisch plötzlich aus dem Wasser, und der Hai schleuderte ihn mit seinem Schwanz blitzschnell in sein Maul. Wie man festgestellt hat, kommt hier ein Schwertfisch vor mit einer Schnauze wie ein Speer, lang und scharf, der hinter fliegenden Fischen herschwimmt. Wenn die Insulaner fischen, müssen sie auf der Hut sein, da er sie anspringt und mit seinem Schwert zu durchbohren versucht.

Ich vergaß zu erwähnen, dass Tom Day mir erzählte, er habe während der jüngsten Masernepidemie gesehen, wie eine Frau lebendig begraben wurde. »Sie war zu schwach, um sich zu wehren, und so hat ihr Mann sie einfach beerdigt.« Die gleiche Geschichte wie die von Mr. Hird auf Penrhyn.

17. Juli

Eine heftige Sturmbö in der Nacht. Lloyd hat sie verschlafen, obwohl alle seine Sachen im Wasser schwammen. Ich streckte meine Hand durch das Bullauge und schaute zu, wie die Regentropfen aufs Meer klatschten, wovon jeder Tropfen Fünkchen sprühte, als sei er ein Stern. Es war, als hätte der Himmel sich umgestülpt. Ich beobachte häufig, dass mein Bad, wenn ich es nach Einbruch der Dunkelheit nehme, wie ein sich verströmendes Feuerwerk funkelt. Das Wetter weiterhin schlecht, und wir schlingern die meiste Zeit; der Kapitän krank und recht schwach. Lloyds Bein, das er sich am Riff auf Tin Jacks Insel verletzt hat, zeigt unangenehme Symptome. Ich nehme an, ich sollte es ausbrennen, aber es erfordert Mut, diese Operation vorzunehmen.

18. Juli

Um zehn Uhr in Vanumea angekommen. Bei Einbruch der Nacht unter versiegelter Order ausgelaufen, Kurs S. S. W.

Boys setting sail on
S.S. Janet Nicoll.

24. Juli

Frühmorgens Eromango gesichtet, ungefähr 15 Meilen entfernt, und ein wenig später Tanna. Eromango ist die Insel, auf welcher der Missionar John Williams* von den Bewohnern getötet wurde.

Es ist schon eine Weile her, da amüsierten wir uns königlich mit Streitgesprächen über die Mango und die richtige Art, sie zu essen. Mr. Stoddard sagte, sie müsse mit einem Löffel gegessen werden, was unmöglich ist. Wir fanden bald heraus, dass er die Mango mit der auch unter dem Namen Riesengrenadille bekannten Barbadine verwechselt hatte, obwohl er es nicht zugeben wollte. Eines Abends, als das Brot nicht durchgebacken war, knetete ich die Krume zu einem löffelähnlichen Gebilde, das ich ihm feierlich als »Mangolöffel« überreichte. Heute Morgen fand ich einen großen Kürbis zum Ausreifen aufgehängt. Ich borgte ihn vom Koch, und Mr. Hird und ich schnürten ihn zu einem riesigen Paket zusammen, während Louis eine Karte beilegte, auf die er in Druckbuchstaben folgende Worte schrieb:

Für Walter Stoddard Esq.
- Eine Mango -
Mit inniger Liebe von den
Bewohnern Eromangos

(Dies ist, mit einem Löffel, im prächtigsten Mangosumpf der Insel gesammelt. Aber hüten Sie sich vor dem Schicksal des Märtyrers Williams, der umkam, als er eine mit einem zu kurzen Löffel zu essen versuchte. O Mango, und machen Sie es genauso.)

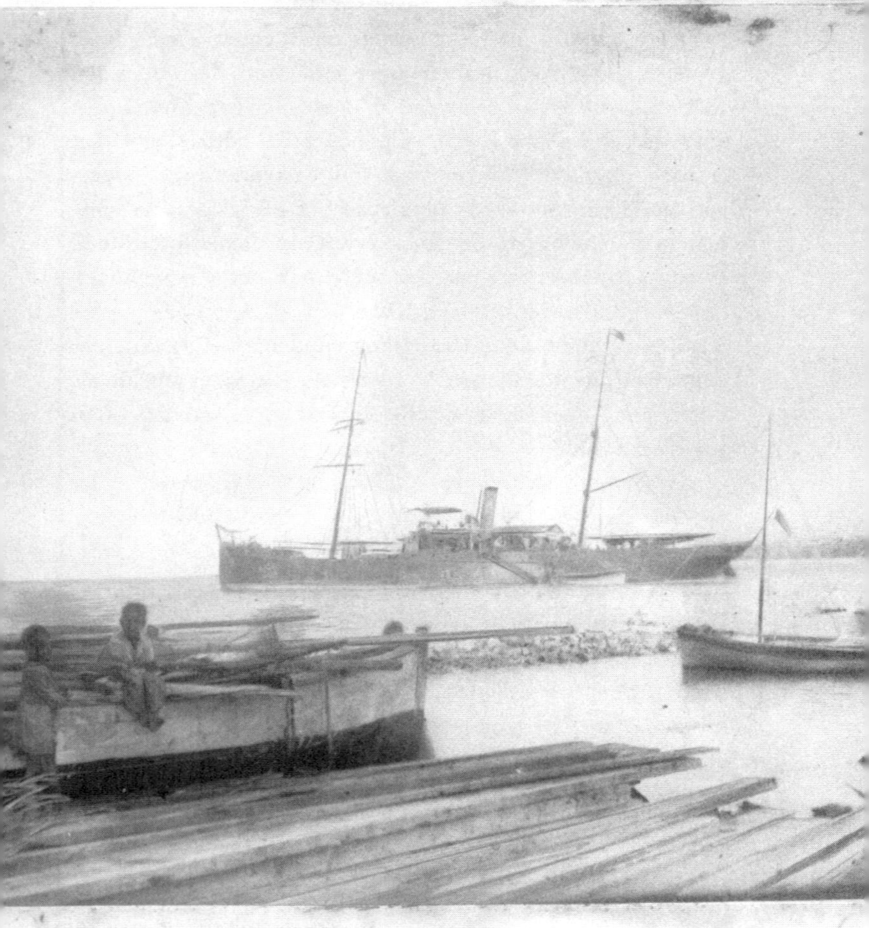

Um das Überreichen des Geschenks noch feierlicher zu gestalten, fertigte ich ein Paar falscher Augen an, die wie eine Brille zu tragen waren. Sie bestanden in einem Paar großer grüner Opercula von Katzenaugenschnecken, die ich an den Rändern mit Draht umwand und welche Mr. Henderson aufsetzte, sobald der Kürbis seinen Auftritt hatte. Das Paket wurde während des Abendessens vom Ersten Steward hereingetragen, mit der Versicherung, es sei per Boot von Eromango angeliefert worden, ein Geschenk der Inselbewohner. Etwas Diabolischeres als der Ausdruck der Katzenaugen lässt sich nicht denken. Ich hatte sehr klare, dunkle ausgewählt, mit einem deutlich markierten weißen Ring an einer Seite, welche ich die obere werden ließ, so dass es aussah, als träten die Augen in teuflischer Überraschung und Bosheit aus ihren Höhlen.

25. Juli

Mare, Loyalty-Inseln; die ganze Nacht vor der Sarcelle-Passage gelegen, ungefähr 45 Meilen von Numea entfernt, dem ersten Hafen, der wieder in der Zivilisation liegt, und dem letzten, den wir anlaufen, bevor wir in Sydney am Ende unserer Kreuzfahrt ankommen werden. Eine große, seltsame und pittoreske Insel. Auf den ersten Blick bestand sie anscheinend nur aus kahlen Klippen und Terrassen. Hier und da in weiten Abständen ein Baum, der, sehr hoch und eng wachsend, wie eine Nadel in den Himmel ragte. Als wir jedoch näher heranfuhren, breiteten sich bezaubernde kleine Buchten vor unseren Augen aus. Wir konnten Kokospalmenhaine erkennen und eine Anhäufung von Nadelbäumen, die eine bizarre Borte um die Klippen bildeten. In einer dieser Buchten befand sich die Missionsstation; wir konnten das weiße Holzhaus sehen, in den Bäumen halb verborgen, wobei die Palmpflanzung den Einschnitten der Küstenlinie folgte und sich weit nach hinten in die weißen und farbigen Klippen erstreckte, die sich die steilen Hügel hinaufzogen. In einer Nische am Rand der Klippen erhob sich eine große Statue der Heiligen Jungfrau blendend weiß in die Sonne. Vor dem Missionshaus lief ein breiter, glatter Strand entlang. Wir sahen dort viele Leute stehen. Am Ufer lag ein großes, schönes Boot.

26. Juli

Um halb neun Numea. Eine Folge malerischer Buchten breitete sich vor uns aus, als wir näher herandampften. Die Brandung rollt ungefähr 40 Meilen hinaus. Das Meer ist mit kleinen Inseln gespickt, manche ähneln kleinen Hügeln, die aus dem Meer ragen, und ein paar winzige niedrige Inseln sind mit Kokospalmen gesäumt. Wir kleiden uns alle zivilisiert, um an Land zu gehen; dabei sehen wir höchst fremdartig füreinander aus.

Anmerkungen

Seite 61

TABU

Das Tabu (*tapu*), der Inbegriff des zu Meidenden, des nicht zu Berührenden, in dem sich religiöse und gesetzliche Macht verbinden, war eine der wichtigsten Institutionen, die das Leben der indigenen Pazifikgesellschaften regelten. Mit Tabu belegte Personen oder Handlungen, Gegenstände oder Worte waren abgesondert, geheiligt oder verboten, entweder für alle, für ein bestimmtes Individuum oder für eine bestimmte Gruppe. In der Vorstellung des Tabu ist sowohl das Heilige als auch das Unreine enthalten.

Seite 61

RIDI

Kurzer Fransenrock aus Pandanusblättern, das traditionelle Gewand der Frauen auf den Gilbertinseln. Siehe Foto auf S. 219.

Seite 69

MR. LOW, DER KÜNSTLER AUS NEW YORK

Will H. Low (1853–1932), Maler und Illustrator. Der Freund von Bob Stevenson und Robert Louis Stevenson stand Pate für die Gestalt des Loudon Dodd in *Der Ausschlachter*, dem Roman von R.S. Stevenson und Lloyd Osbourne.

Seite 86

DER LETZTE KRIEG

Im September 1888 führte ein Aufstand gegen die deutsche Herrschaft in Samoa, repräsentiert durch den von den Deutschen eingesetzten Marionettenkönig Tamasese, zu einem Krieg zwischen den Parteigängern der rivalisierenden Häuptlinge und brachte die drei Großmächte mit Interessen in Samoa – Deutschland, England und die Vereinigten Staaten – an den Rand eines Militärkonflikts. Ein weltweiter Krieg wurde verhindert, als der Hurrikan vom März 1889 im Hafen von Apia sechs ihrer Kriegsschiffe zerstörte und die rivalisierenden Mächte sich um eine diplomatische Lösung bemühten.

Seite 87

DR. STÜBEL, DER DEUTSCHE GENERALKONSUL

Deutscher Konsul in Apia in den frühen 1880er-Jahren, nach dem Hurrikan 1889 an seinen Posten zurückberufen. In *A Footnote to History* (*Eine Fußnote zur Geschichte. Acht Jahre Unruhe auf Samoa*) nennt Stevenson ihn »meinen Freund« und »den unschätzbaren Staatsdiener«, kritisiert aber die Strenge mancher seiner Maßnahmen und seine mangelnde Sensibilität gegenüber den Inselbewohnern.

Seite 88

DIE DEUTSCHE FIRMA IN SAMOA

Die Deutsche Handels- und Plantagen-Gesellschaft der Südsee-Inseln zu Hamburg, im Allgemeinen einfach die »deutsche Firma« genannt, war das größte Handelsunternehmen im Pazifik. Die kommerziellen Interessen der »deutschen Firma« – insbesondere der Koprahandel – beherrschten die deutsche Politik in Samoa in der Zeit zwischen 1880 und 1890. Auf ihren samoanischen Plantagen arbeiteten aus dem westlichen Pazifik importierte Kontraktarbeiter.

Seite 107

TAHITI VON DEN FRANZOSEN EROBERT

Die Franzosen hielten Tahiti seit 1842 besetzt; die »neuesten« Nachrichten der Inselbewohner sind fast ein halbes Jahrhundert alt.

Seite 138

SOUTH PACIFIC DIRECTORY

Alexander Findlay, *A Directory for the Navigation of the South Pacific Ocean*, 5. Auflage, London 1884, das die Stevensons auf ihre Pazifikreisen mitnahmen und regelmäßig zu ihrer Information und Unterhaltung zu Rate zogen. »Wer Freunde auf den Inseln hat, sollte Findlays *Pacific Directories* kaufen«, schrieb Stevenson, »es ist in jedem Fall die beste Lektüre und könnte beinahe als Dichtung gelten.«

Seite 144

DAS GROSSE ERDBEBEN IN JAVA

Einer der verheerendsten Vulkanausbrüche der Welt ereignete sich 1883 auf der Insel Krakatoa (oder Krakatau) in der Sundameerenge zwischen Java und Sumatra. Eine Reihe heftiger Eruptionen des Krakatau vernichtete einen Teil der Insel und löste gewaltige Flutwellen aus, die ungefähr 36000 Menschen töteten und weit reichende Auswirkungen auf das Wetter und die Ökologie hatten.

Seite 167

HARTSHORN, UNSERE MEDIZINISCHE AUTORITÄT

Henry Hartshorne, *Essentials of the Principles and Practice of Medicine*, 3. Auflage, Philadelphia 1871.

Seite 170

PAINKILLER

Auf den Pazifikinseln war im 19. Jahrhundert »Painkiller« der Gattungsname für Arzneien.

Seite 172

WANDERING MINSTREL

Die Schiffbrüchigen der *Wandering Minstrel*, die im Februar 1888 vor der Insel Midway strandete, wurden nach Honolulu gebracht, während die Stevensons sich 1889 dort aufhielten. Die Reise, der Schiffbruch und die Rettung waren von einer Aura des Rätselhaften und Skandalumwitterten umgeben, die R.L. Stevenson und Lloyd Osbourne so faszinierte, dass sie den Untergang der *Wandering Minstrel* in die Handlung ihres Romans *Der Ausschlachter* verwoben.

Seite 189

TEUFELSKASTEN

Der Teufelskasten aus Apemama war ein oval geformter Kasten aus Pandanusholz, der auf vier Beinen stand und eine Muschel enthielt, in welcher, wie man glaubte, ein Geist namens »Tschentsch« wohnte. Die Kästen wurden von Hexern oder Heilern bei Heilungsritualen verwandt, und Stevenson wurde von einer Erkältung geheilt, nachdem er sich 1889 in Apemama einer solchen Zeremonie unterzogen hatte. Er erzählt die Episode und ihre Folgen – seinen Kauf des Teufelskastens – in seinem Reisebuch *In der Südsee*.

Seite 203

HAUPTMANN BRANDEIS

Eugen Brandeis (1846–1919), Teilnahme am Krieg 1870/71, Ingenieur beim Eisenbau in Kuba und Bau des Panamakanals, kam 1886 als Angestellter der »Deutschen Firma« nach Samoa und zog als »Premier« des Marionettenkönigs Tamasese 1887/88 die Fäden der deutschen Kolonialpolitik. Zur Zeit der hier berichteten Begegnung mit Brandeis hatte Stevenson bereits mit seinen Vorstudien zu den jüngsten politischen Konflikten auf Samoa begonnen, woraus später *A Footnote to History* erwuchs. Einer seiner Hauptinformanten war der amerikanische Händler H. J. Moors, ein entschiedener Gegner des Tamasese-Brandeis-Regimes – daher Fannys Unterstellung, Brandeis sei auf eine unangenehme Begegnung mit ihrem Mann gefasst. In *A Footnote to History* wird Brandeis jedoch mit Wohlwollen porträtiert: Stevenson schätzte seinen »romantischen und abenteuerlichen Charakter« und bewunderte seine Vision von der Zukunft Samoas, obwohl er der Auffassung war, dass Brandeis seine Ideen oft in unbesonnener Weise in die Tat umsetzte und sich als Handlanger deutscher Kolonialinteressieren korrumpiert hatte.

Seite 233

RAJAH BROOKE

Sir James Brooke (1803–1868), dessen koloniale Abenteuer und Errungenschaften in der englischsprachigen Welt legendär sind. 1839 kam er nach Sarawak auf Borneo und half dem Sultan von Brunei, der dort die Oberhoheit hatte, bei der Niederschlagung rebellischer Dayaks – der Ureinwohner Borneos. Zum Dank ernannte der Sultan ihn zum Radscha von Sarawak, ein Herrschaftsamt, das er 17 Jahre ausübte.

Seite 233

PATER DAMIAN

Joseph de Veuster (1840–1889), ein belgischer katholischer Missionar, der als Pater Damian, der Leprapriester von

Molokai, bekannt wurde. Er hatte jahrelang die 600 Kranken betreut, die in der Leprastation der kleinen Hawaii-Insel Molokai lebten, und war selbst an Lepra verstorben, trotzdem verunglimpften Protestanten seine aufopferungsvolle Arbeit. Reverend Charles Hyde, ein amerikanischer Kongregationalisten-Pfarrer in Honolulu, wandte sich in einem Schreiben, das in religiösen Zeitschriften weltweit veröffentlicht wurde, vehement gegen Damians Moral, Motive und Werke. Stevenson hatte die Leprastation im Mai 1889 besucht, wenige Wochen nach Pater Damians Tod. Tief beeindruckt von allem, was er von des Priesters Arbeit sah und hörte, nannte er ihn einen »Mann, beladen mit dem Schmutz und der Schäbigkeit der Menschheit; aber daher umso mehr ein Heiliger und Held«. Hydes Attacke, die er im Februar 1890 in Sydney las, empörte ihn, und er schlug mit dem *Open Letter to the Reverend Dr. Hyde of Honolulu* zurück, meist zitiert unter dem Titel *Father Damien*. Die Streitschrift, die auf den 25. Februar 1890 in Sydney datiert ist, wurde in Sydney privat gedruckt und im März verteilt. In den Ausgaben von Stevensons Werken wurde sie später einer breiten Öffentlichkeit bekannt.

Seite 234

DER GIFTMORD AN JIM BYRON

William Blanchard, ein amerikanischer Händler, stand im Verdacht, an der Vergiftung von Jim Byron, einem englischen Kaufmann, durch den schwedischen Händler Peter Grant beteiligt gewesen zu sein, als sie 1888 in Mariki miteinander zechten. Die Stevensons hörten während ihrer Kreuzfahrt auf der *Equator* von dem Fall, und R. L. Stevenson zog in Sydney Erkundigungen ein, um bei der offiziellen Suche nach dem Vermögen des Toten zu helfen. Solche

Geschichten von Rivalität, Alkoholexzessen, Mord und dem moralischen Niedergang weißer Männer auf den abgelegenen Inseln bildeten den Hintergrund von Stevensons Novelle *Der Strand von Falesa.*

Seite 236

BISCHOF PATTESON

John Coleridge Patteson (1827–1871), seit 1855 Missionar in Neuseeland und auf den pazifischen Inseln, war der anglikanische Bischof von Melanesien. Als erklärter Gegner der Kontraktarbeit fiel er dieser am Ende selbst zum Opfer. Er wurde von Bewohnern Nukapus ermordet, eines polynesischen Atolls, dem er nur wenige Tage, nachdem fünf junge Männer von einem Schiff, das Kontraktarbeiter rekrutiert hatte, mitgenommen worden waren, einen Besuch abstattete. Man vermutete, dass der Mord als Racheakt für die Übergriffe der Menschenhändler verübt worden war. Die modernen Sklavenhändler hatten sich offensichtlich als Priester verkleidet und den Namen des Bischofs missbraucht, um die Inselbewohner auf ihre Schiffe zu locken. Die Geschichte verbreitete sich wie ein Lauffeuer und schockierte die Engländer dermaßen, dass 1872 die erste *Pacific Islanders Protection Bill* erlassen wurde.

Seite 244

JOHN WILLIAMS

John Williams (1796–1839), kam 1830 als erster europäischer Missionar auf die Samoa-Inseln. Entsandt von der protestantischen London Missionary Society, war er einer der tatkräftigsten Missionare der Südsee. Seine Tätigkeit bewirkte insbesondere auf den Cook-Inseln und Samoa einschneidende soziale Veränderungen.

Abbildungen

Zu den Quellen

Das Manuskript von Fanny Stevensons *Janet-Nicoll*-Tagebuch und ihre Rezeptbücher befinden sich im Robert-Louis-Stevenson-Silverado-Museum in St. Helena, Kalifornien. Eine Auswahl von Fannys Briefen ist in der achtbändigen, von Bradford A. Booth und Ernest Mehew herausgegebenen Ausgabe der Briefe Stevensons enthalten. Andere wurden von Sidney Colvin als »More Letters of Mrs. R.L. Stevenson: Ocean Travels in the Pacific« in *Scribner's Magazine* 1924 veröffentlicht und von E.V. Lucas in *The Colvins and their Friends* (1928).

Austin Strongs Bericht über Fanny als »The Most Unforgettable Character I've Met« ist aus *Reader's Digest*, Bd. 48 (1946). Colvins Beschreibungen von ihr stammen aus *Memories and Notes of Persons and Places* 1852–1912 (1921) und aus seinem Beitrag über Stevenson für das *Dictionary of National Biography*. Henry James' Brief an Owen Wister sowie die Bemerkungen von Gosse und Symonds werden von Margaret Mackay in *The Violent Friend: The Story of Mrs. Robert Louis Stevenson* (1968) zitiert. William Clarkes Porträt von Fanny ist in Bd. 6 von Stevensons Briefen enthalten. Henry Adams Reaktionen auf Fanny sind in R.L. Stevenson: *Interviews and Recollections*, herausgegeben von R.C. Terry (1996), und in Band 7 von Stevensons Briefen zu finden.

Über die Faszination Amerikas schreibt Stevenson in *Emigrant aus Leidenschaft*, und seine Definition der Ehe ist Teil des Essays »Talk and Talkers: Second Paper« in *Memories and Portraits* (1887). Sein Porträt von König Tembinoka ist *In der Südsee* entnommen. Alle anderen Stevenson-Zitate stammen aus den Briefen.

The Cruise of the Janet Nichol, die englische Originalausgabe von *Kurs auf die Südsee*, erschien erstmals 1914 in New York bei Charles Scribner's Sons, eine identische Edition 1915 bei Chatto & Windus in London. Der publizierte Text, von Fanny Stevenson erstellt, ist eine manchmal gekürzte, manchmal erweiterte Version des Tagebuchs, das sie während der Reise handschriftlich führte. Sie schrieb ihre Einträge in ein *Letts's Australasian Diary and Almanac for 1890*.

Das vorliegende Buch folgt dem Text der ersten Ausgabe, außer dass die Fußnoten (von denen viele recht lang sind) in den Haupttext eingebracht wurden. Diese Fußnoten, die hinzugefügt wurden, als Fanny das Buch für die Publikation überarbeitete, sind in einigen Fällen rein erklärend; in einigen weiteren Fällen bringen sie Informationen und Perspektiven ein, die nach der Reise gewonnen wurden, und in anderen reproduzieren sie das Material eines früheren Tagebuchs von der Reise auf der *Equator* (1889). Die Textteile, die als Fußnoten in der ersten Edition erschienen, sind die drei Abschnitte, in denen die Fahrt mit der *Equator* erörtert wurde – »Bemerkungen zu einem früheren Besuch in Butaritari«, »Bemerkungen zu einem früheren Besuch in Apemama« und »Bemerkungen zu einem früheren Besuch in Maraki« – und die folgenden Passagen:

Seite 67	Die Flagge war … Zahnreihen.
Seite 68	Auf den Atollen … betrachtet werden.
Seite 68	Mir sind nur … zu ergattern.
Seite 69	(Da die meinen sämtlich … abzugeben.)
Seite 79	(Er hat den … zu können.)
Seite 87	Sitione litt an … zerschmetterten Schulter.
Seite 89–90	(Die Kontraktarbeiter … Arriki an Heimweh.)

Seite 137	(Wir hatten es … nicht schaden.)
Seite 145	(zwei ziemlich pittoreske …gestorben sind.)
Seite 149	(Wir haben … Handelsschiff.)
Seite 150	(Das muss … herbeigeschafft wird.)
Seite 156	Auf den meisten … Gebrauch ist.
Seite 165	Auf dieser Insel … Trinkglases hatte.
Seite 172	… als wir … festsaßen.
Seite 189	Butaritari war … neu bekehrt.
Seite 193–194	Seinerzeit … Samoa niederließ.
Seite 203	ein politischer Flüchtling aus Samoa.
Seite 207	(Frischer Toddy … andere Geschichte.)
Seite 220	(Gefolgsleuten)
Seite 228–230	Nun mag man … gekocht worden.
Seite 231–232	Tin Jack fand … mit sich herum.

Was die Fotos betrifft, so sind 13 in der ersten Edition von *The Cruise of the Janet Nichol* publiziert worden (Fanny Stevenson schrieb »Nichol« statt »Nicoll«). Zwei dieser 13 wurden während der *Equator*-Reise 1889 aufgenommen, der Rest auf der Fahrt mit der *Janet Nicoll* 1890. Weitere 12 Aufnahmen aus dem *Janet-Nicoll*-Fotoalbum der Stevensons und eines aus ihrem *Equator*-Album sind hier erstmals veröffentlicht. Die Umstände, unter denen das Foto auf Seite 54 aufgenommen wurde, sind unbekannt; anscheinend war es die Arbeit eines professionellen Fotografen.

Nicht jedes Foto in diesem Buch kann zweifelsfrei zugeordnet werden, aber die meisten, wenn nicht alle (außer besagter Aufnahme), wurden von Fannys Sohn, Lloyd Osbourne, aufgenommen. Osbourne hat alle drei Südseereisen der Stevensons fotografisch festgehalten. Die Aufnahmen sollten als Illustrationen für R. L. Stevensons Reisebuch *In der Südsee* dienen. Fannys Verweis auf ihren Mann und Sohn als »Fotografen« deutet darauf hin, dass Stevenson bei der Auswahl der Motive mit Osbourne zusammenarbeitete, auch wenn er die Kamera nicht selbst bediente. Fannys Tagebuch zeigt, dass auch sie mit Fotografie befasst war, obwohl das Malen für sie die bevorzugte Methode blieb, ihre Reisen optisch festzuhalten.

Stevensons Pläne für eine illustrierte Ausgabe von *In der Südsee* fielen durch, und es war *The Cruise of the Janet Nichol*, das schließlich einen Rahmen für die Publikation zumindest eines Teils der Südseefotos lieferte.

Weiterführende Literatur

Campbell, Ian C., *Worlds apart: a History of the Pacific Islands*, Christchurch 2003.
Crocombe, Ron, *The South Pacific*, Suva 2001.
Davidson, James W. und Scarr, Deryck (Hrsg.), *Pacific Island Portraits*, Canberra 1970.
Furnas, Joseph C., *Voyage to Windward: The Life of Robert Louis Stevenson*, London 1952.
Knight, Alanna (Hrsg.), *R. L. S. in the South Seas: An Intimate Photographic Record*, Edinburgh 1986.
Mackay, Margaret, *The Violent Friend: The Story of Mrs. Robert Louis Stevenson*, London 1970.
Palmer, George, *Kidnapping in the South Seas* (1871), Harmondsworth 1973.
Sanchez, Nellie Van de Grift, *The Life of Mrs. Robert Louis Stevenson*, London 1920.
Stevenson, Fanny, »Prefatory Notes« to *The Wrecker und Island Nights' Entertainments*. In: Stevenson, R. L., Works, Tusitala Edition, 35 Bde., London 1923–24, Bd. 12, S. XV–XXIV; Bd. 13, S. XI–XIV.
Stevenson, Fanny und Robert Louis, *Our Samoan Adventure*, hrsg. v. Charles Neider, London 1956.
Stevenson, Robert Louis, *The Beach of Falesa* (1893), hrsg. v. Barry Menikott, Stanford 2000; deutsch: *Der Strand von Falesa*, Leipzig 1927.
Stevenson, Robert Louis und Osbourne, Lloyd, *The Ebb-Tide: a trio and quartette* (1894), hrsg. v. Peter und Catherine Hinchcliff, Edinburgh 1995; deutsch: *Die Ebbe*, Zürich 1998.

Stevenson, Robert Louis, *A Footnote to History: Eight Years of Trouble in Samoa*, London 1892; deutsch: *Eine Fußnote zur Geschichte. Acht Jahre Unruhen auf Samoa*, Hamburg 2001.

Stevenson, Robert Louis, *From Scotland to Silverado*. Comprising »The amateur emigrant«, »The Silverado squatters«..., hrsg. v. James D. Hart, Cambridge, Mass. 1966; deutsch: *Emigrant aus Leidenschaft*, Zürich 2005.

Stevenson, Robert Louis, *Gesammelte Werke*, hrsg. v. Marguerite und Curt Thesing, 12 Bde., München 1924–1927.

Stevenson, Robert Louis, *In the South Seas* (1896), hrsg. v. Neil Rennie, London, 1998; deutsch: *In der Südsee*, Zürich o.J.

Stevenson, Robert Louis, *Letters*, hrsg. v. Bradford A. Booth, Ernest Mehew, 8 Bd., New Haven 1994–95.

Stevenson, Robert Louis, *A Pearl Island: Penrhyn*. In: Stevenson, *Vailima Papers, Works, Tusitala Edition*, London 1923–24, Bd. 21, S. 307–316.

Stevenson, Robert Louis, *South Sea Tales*, hrsg. v. Roslyn Jolly, Oxford 1996.

Stevenson, Robert Louis und Lloyd Osbourne, *The Wrecker* (1892), New York 1982; deutsch: *Der Ausschlachter*, München 2000.

Wawn, William T., *The South Sea Islanders and the Queensland Labour Trade: A Record of Voyages and Experiences in the Western Pacific, from 1875 to 1891* (1893), hrsg. v. Peter Corris, Canberra 1973.

Dank

Alle Fotos in diesem Buch sind mit Erlaubnis des Writers' Museum, Edinburgh, reproduziert worden; Zitate aus dem Manuskript von Fanny Stevensons Tagebuch der *Janet-Nicoll*-Reise und aus ihrem Rezeptbuch mit Erlaubnis des Robert-Louis-Stevenson-Silverado-Museums, St. Helena, Kalifornien. Ich danke der University of New South Wales für Zuschüsse im Rahmen des Special Studies Program 2000 und des University Research Support Program Grant 2002, die mir meine Forschungen zu Fanny Stevenson ermöglichten. Meine Arbeit wurde außerdem vom Australian Research Council 1999 unterstützt.

Weiter geht mein Dank an Elaine Greig für ihre Hilfe bei der Beschaffung der Fotos sowie an Roger Swearingen und Ernest Mehew, die mich großzügigerweise an ihrem Wissen über die Stevensons teilhaben ließen. Ann Kindred und Edmond Reynolds (Kurator) am Robert-Louis-Stevenson-Silverado Museum, Kris Quist im Stevenson-House-Museum, Monterey; Susan Snyder an der Bancroft Library, University of California, Berkeley; den Mitarbeitern der National Library of Scotland. Sandra Knowles und Rebecca Sheehan – ihnen allen gilt mein Dank für ihre Unterstützung meiner Forschungen.

Größten Dank schulde ich Simon Petch, der meine Arbeit von Anfang bis Ende ermutigt und gefördert hat.